大师 高校教材
高等学校经济与管理类教材 · 旅游管理类系列

旅游策划
理论、案例与实践

主　编◎钟　晟
副主编◎任晓蕾　孙　超
参　编◎鲁瑞虎　黄　鑫

华东师范大学出版社
· 上海 ·

图书在版编目（CIP）数据

旅游策划：理论、案例与实践 / 钟晟主编. —上海：华东师范大学出版社，2016
ISBN 978-7-5675-5894-6

Ⅰ. ①旅… Ⅱ. ①钟… Ⅲ. ①旅游业—策划 Ⅳ. ①F590.1

中国版本图书馆 CIP 数据核字(2017)第 006312 号

旅游策划：理论、案例与实践

主　　编　钟　晟
策划组稿　孙小帆
项目编辑　孙小帆
特约审读　程云琦
责任校对　林文君
版式设计　卢晓红
封面设计　俞　越

出版发行　华东师范大学出版社
社　　址　上海市中山北路 3663 号　邮编 200062
网　　址　www.ecnupress.com.cn
电　　话　021-60821666　行政传真 021-62572105
客服电话　021-62865537　门市(邮购)电话 021-62869887
地　　址　上海市中山北路 3663 号华东师范大学校内先锋路口
网　　店　http://hdsdcbs.tmall.com

印 刷 者　常熟市大宏印刷有限公司
开　　本　787×1092　16 开
印　　张　13
字　　数　282 千字
版　　次　2017 年 5 月第 1 版
印　　次　2021 年 8 月第 5 次
书　　号　ISBN 978-7-5675-5894-6/F·377
定　　价　32.00 元

出 版 人　王　焰

（如发现本版图书有印订质量问题，请寄回本社客服中心调换或电话 021-62865537 联系）

前言

近年来，我国旅游业发展十分迅速，旅游投资和旅游消费均十分旺盛，旅游业发展速度持续领跑宏观经济。与此同时，我国旅游产品的更新换代不断加速，旅游的新业态和新产品层出不穷，与旅游市场发展趋势和旅游者的消费需求相契合。我们可以看到很多传统旅游目的地风光不再，很多新兴旅游项目异军突起，旅游业的发展处在一种不断更新迭代的过程之中。因此，对旅游业的投资与建设不是一蹴而就的，任何一处旅游目的地和旅游项目必须保持持续创新，才能在瞬息万变的旅游市场竞争中立于不败之地。

在旅游业持续创新的过程中，旅游策划是针对旅游新产品和新项目开发的综合性设想，旅游策划的创意性与可行性对未来旅游项目的成功与否起着决定性的作用。旅游策划能力已经成为旅游目的地和旅游产品的核心竞争力，对旅游策划人才的需求也将持续增加。因此，不断提升旅游策划的能力，是旅游业人才培养的重要目标之一。

旅游策划离不开具体的旅游项目与产品，更需要针对旅游业发展的新趋势和新业态。因此，本书在体例上，除第一章介绍旅游策划的基础理论外，第二章至第十一章都围绕近年来旅游业发展所呈现出的主要新产品形态，分成十个专题旅游策划，包括旅游商品策划（第二章）、节事活动策划（第三章）、主题公园策划（第四章）、旅游演艺策划（第五章）、养生旅游策划（第六章）、乡村旅游策划（第七章）、旅游民宿策划（第八章）、文创园区策划（第九章）、旅游商业街区策划（第十章）和旅游度假地产策划（第十一章）。每个专题分别对每种类型旅游产品的发展概况、主要特点和类型、典型案例，以及策划方法和要领进行阐述，力求让读者对旅游策划的理论、案例与实践有全面的把握。

在全书的编写上，钟晟负责全书的体例结构和每章内容体系的审订、修改与统稿，任晓蕾具体负责第三章、第六章、第十章、第十一章的编撰，孙超具体负责第二章、第七章、第八章、第九章的编撰，鲁瑞虎具体负责第一章、第二章、第八章的编撰，黄鑫具体负责第四章、第五章的编撰。

此外，本书在编写过程中参考了国内外部分学者的相关研究成果、新闻媒体的报道和旅游学科的相关资料，在此谨向相关作者表示感谢。本书编写中出现的各种错误与纰漏，也希望各位专家和读者不吝指教。

编　者

2016 年 9 月

目录

第 一 章　旅游策划基础　1

案例导读　1

第一节　旅游策划概述　2

第二节　旅游策划的类型与原则　6

第三节　旅游策划的步骤和要领　10

思考题　12

第 二 章　旅游商品策划　15

案例导读　15

第一节　旅游商品发展概况　16

第二节　旅游商品的分类与特点　18

第三节　旅游商品的策划方法　25

思考题　31

第 三 章　节事活动策划　33

案例导读　33

第一节　节事活动发展概况　33

第二节　节事活动的分类与特点　35

第三节　节事活动策划方法　44

思考题　49

第 四 章　主题公园策划　51

案例导读　51

第一节　主题公园概况　52

第二节　主题公园发展历程　54

第三节　主题公园策划方法　59

思考题　66

第 五 章　旅游演艺策划　69

案例导读　69

第一节　旅游演艺概况　70

第二节　旅游演艺发展历程　74

第三节　旅游演艺策划方法　78

思考题　81

第 六 章　养生旅游策划　83

案例导读　83

第一节　养生旅游发展概况　84
第二节　养生旅游的分类与特点　86
第三节　养生旅游策划案例——武当·太极湖　95
思考题　100

第 七 章　乡村旅游策划　101
案例导读　101
第一节　乡村旅游发展概况　102
第二节　乡村旅游的分类与特点　105
第三节　乡村旅游策划方法　114
思考题　122

第 八 章　旅游民宿策划　123
案例导读　123
第一节　民宿发展概况　124
第二节　民宿的分类与特点　127
第三节　民宿的策划与管理　128
思考题　139

第 九 章　文创园区策划　141
案例导读　141
第一节　文创园区发展概况　142
第二节　文创园区的分类与特点　145
第三节　文创园区旅游策划方法　154
思考题　159

第 十 章　旅游商业街区策划　161
案例导读　161
第一节　旅游商业街区发展概况　162
第二节　旅游商业街区的分类与特征　164
第三节　旅游商业街区策划案例——宽窄巷子　173
思考题　178

第十一章　旅游度假地产策划　179
案例导读　179
第一节　旅游度假地产发展概况　180
第二节　旅游度假地产的分类与特征　182
第三节　旅游度假地产的开发模式与策划案例　190
思考题　196

参考文献　197

案例导读

篁岭景区：文化创意打造婺源旅游3.0版本

钟　晟

篁岭，曾经是婺源县一个默默无闻的小山村。据介绍，2009年前，篁岭村破败不堪，古村濒临消亡。如今，篁岭已经成为婺源乡村旅游3.0时代的代表性景区，婺源最热门的旅游景点，日接待游客量最高纪录突破3万人次。篁岭的成功，与其自身的资源禀赋、保护与开发模式不无关系，同时通过旅游策划形成的品牌营销突破，成为该景区在婺源众多古村落中脱颖而出的重要因素。

一、从中国最美乡村到晒秋人家

经过多年品牌塑造，婺源"中国最美乡村"的品牌形象已经深入人心，成为国人心目中梦寐以求的"梦里老家"。篁岭景区在品牌塑造上，并没有另辟蹊径，而是继续在"最美乡村"的文化意象框架内，寻找自身独特的突破点。

篁岭将"中国最美乡村"品牌延伸至"晒秋人家"，正是在乡村中发现了独具特色又能叩击灵魂的乡村之美，将农家晒秋图景凝结成了一个标识性的文化符号，以至于人们看到这个文化符号，就能勾起深藏在灵魂深处的对故乡的眷恋之情。于是，"晒秋人家"成了"中国最美乡村"一个新的文化符号，也是一个能够代表中国传统美学精神和乡村特质的文化符号，具有深刻的渗透力、广泛的影响力和长远的生命力。

在"晒秋人家"品牌符号的基础上，篁岭将晒秋做了更多的创意延伸。2015年10月1日，各大网站一条新闻足足赚够了国人眼球，新闻标题为"江西篁岭晒秋大妈用500斤朝天椒拼国旗迎国庆"，用农家晾晒的形式晒出了一幅国旗，又正好在国庆节，很

图1-1　篁岭晒秋

快令篁岭这个默默无闻的小山村远近闻名。实际上，通过农家晾晒的形式晒出有内涵的图案，是创意团队在背后创作的结果。在其他时间，篁岭也出现过中国地图、抗战胜利70周年标志、猴年等不同的图案，成为营销的热点。

二、从油菜花到四季花海

婺源最负盛名的乡村景观是油菜花，也是每年春天最让人眷恋的乡村踏青图景。但近年来油菜花景观在各地不断被模仿，同时自身也存在花期较短的季节性特点，因此，塑造适宜不同季节观景的景观系列是婺源丰富旅游产品的重要目标。

篁岭古村位于山谷中的一侧山坡之上，山谷两侧的山坡则是连片的万亩梯田油菜花海，颇为壮观，成为篁岭的一大景观特色。在春天油菜花的基础上，篁岭积极打造四季花海，不断丰富牡丹、月季、玫瑰、薰衣草、三角梅等主题花卉，与晒秋人家的色彩相结合，构筑了丰富多彩的四季景观。

在传统赏花旅游的基础上，篁岭景区为了丰富旅游体验和观景效果，开发了直升机赏花、热气球赏花、森林冒险等新型旅游项目，满足了青年游客群体追求浪漫、新潮、惬意的旅游方式。

三、从走马观花到精品民宿客栈

在观光旅游阶段，婺源旅游以游村观景为主，具有游客停留时间短、旅游消费层次低、旅游体验深度浅等特点。因此，在度假旅游、体验旅游时期，如何提升旅游体验的深度和层次是婺源旅游产品升级的发展方向。

篁岭景区依托独具特色的乡村景观，按照“以屋换屋”的模式，将山上村民整体搬迁至景区旁边的一个村庄，再聘请村民担任各类服务岗位，将村中的古民居改造成为“晒秋客舍”精品民宿客栈，并由景区统一经营管理，让游客能够住在古村的晒秋人家之中，夜游篁岭，深度体验婺源乡村文化。同时，篁岭景区在花海之中，打造了71间“花海客舍”，让游客住在万亩花海和四季花卉主题园之中，只要一推开窗，就能闻到自然的气息，看见满眼的鹅黄柳绿。

此外，篁岭还建成了独具文化特色的会议中心，能够满足公司年会、大型商务会议以及休闲娱乐需求。篁岭景区将从观光旅游目的地向文化旅游休闲度假转变。

（资料来源：新浪博客“钟晟旅游文化”）

处于不断变化的旅游市场环境之中，旅游策划可谓无章可依却有法可循，需要在策划实践中不断探索与总结。本章简要概括了旅游产品策划的基本理论，包括旅游产品和旅游产品策划的概念、旅游产品策划的原则，介绍和讲解了实际工作中经常采用的一些行之有效的策划基本技巧与方法以及旅游产品策划的步骤和程序，有助于提高旅游策划工作的质量和成效。

第一节　旅游策划概述

一、旅游策划概念

随着经济发展和生活水平的提高，旅游业在国民经济体系中扮演着越来越重要的角色。与此同时，旅游业突破了单一门类产业经济的范畴，已经发展成为传播国家和区域文化形象的“文化”产业，营造绿色生活环境的“美丽”产业，提高居民生活质量和幸福感的“幸福”产业，逐渐成为我国国民经济社会可持续发展的重要战略支柱性产业。

旅游策划是旅游开发和旅游经济发展的先导。杨振之(2005)认为，旅游策划是“对旅游资源的区域分布、可进入性、旅游者对旅游资源的感知、认知以及市场供需情况进行调查研究，掌握第一手数据后，充分把握旅游资源自身所具备的历史、文化、艺术、科学价值和品质，设计出满足客源市场需求、有独特竞争力的旅游产品”的过程。沈祖祥(2007)将旅游策划定义为通过理论创新和观念更新，审视旅游产品所处的背景环境，归纳和提炼概念，优化策划构思，并拟定既符合实际又有远见的目标的过程。李锋、李萌(2013)认为旅游产品策划是旅游策划的核心和基础，旅游产品策划是一种理性的创造性思维活动，是对旅游产品的开发、生产、经营等一系列活动进行全方位把握，并运用多种创意思维结合，以满足旅游者消费需求和偏好的动态过程。

旅游策划的本质是依据旅游资源、市场需求和产业状况，通过创造性的想象和科学性的统筹，对旅游产品进行创意、设计、开发、营销和管理的过程，实现旅游产品的文化性、体验性和经济性，进而实现和推动旅游产业的发展。成功的旅游策划可以突出旅游产品的特色，提升旅游产品的品位，对游客产生强大的吸引力，产生良好的经济、社会和文化效益。因此，旅游策划在旅游产品开发和旅游产业发展的过程中起着“源头活水”的关键作用。

二、旅游策划基本体系

旅游策划的基本体系包含旅游资源、旅游市场、旅游产品和旅游产业四个基本要素。

旅游策划的过程，首先是对旅游资源进行分析，深入挖掘旅游文化底蕴，突出旅游资源的独特性、差异性和代表性。其次，精确把握旅游市场，把握旅游市场发展趋势，将旅游资源特性和旅游市场需求进行精准对接。再次，创意设计旅游产品，开发出体现资源特色、符合市场需求、丰富文化体验的旅游产品，成为核心旅游吸引物。最后，将旅游产品开发融入区域旅游产业体系构建之中，打造具有影响力、竞争力和吸引力的旅游产业集群，成为推动区域经济社会转型的重要力量。

（一）旅游资源

旅游资源是旅游业发展的前提，是旅游业的基础。自然界和人类社会中凡是能对旅游者产生吸引力，可以为旅游业开发利用，并可产生经济效益、社会效益和环境效益的各种事物现象和因素，均称为旅游资源。

旅游资源主要包括自然旅游资源和人文旅游资源。自然旅游资源包括高山、峡谷、森林、火山、江河、湖泊、海滩、温泉、野生动植物、气候等，可归纳为地文景观、水域风光、生物景观、天象与气候景观四大类。人文旅游资源包括历史文化古迹、古建筑、民族风情、现代建设新成就、饮食、购物、文化艺术和体育娱乐等，可归纳为遗址遗迹、建筑与设施、旅游商品、人文活动四大类。根据国标《旅游资源分类、调查与评价》(GB/T18972－2003)，所有旅游资源被分成8个主类、31个亚类和155个基本类型。

表1-1 旅游资源分类表

主类	亚　类	基　本　类　型
A 地文景观	AA 综合自然旅游地	AAA 山丘型旅游地 AAB 谷地型旅游地 AAC 沙砾石地型旅游地 AAD 滩地型旅游地 AAE 奇异自然现象 AAF 自然标志地 AAG 垂直自然地带
	AB 沉积与构造	ABA 断层景观 ABB 褶曲景观 ABC 节理景观 ABD 地层剖面 ABE 钙华与泉华 ABF 矿点矿脉与矿石积聚地 ABG 生物化石点
	AC 地质地貌过程形迹	ACA 凸峰 ACB 独峰 ACC 峰丛 ACD 石(土)林 ACE 奇特与象形山石 ACF 岩壁与岩缝 ACG 峡谷段落 ACH 沟壑地 ACI 丹霞 ACJ 雅丹 ACK 堆石洞 ACL 岩石洞与岩穴 ACM 沙丘地 ACN 岸滩
	AD 自然变动遗迹	ADA 重力堆积体 ADB 泥石流堆积 ADC 地震遗迹 ADD 陷落地 ADE 火山与熔岩 ADF 冰川堆积体 ADG 冰川侵蚀遗迹
	AE 岛礁	AEA 岛区 AEB 岩礁
B 水域风光	BA 河段	BAA 观光游憩河段 BAB 暗河河段 BAC 古河道段落
	BB 天然湖泊与池沼	BBA 观光游憩湖区 BBB 沼泽与湿地 BBC 潭池
	BC 瀑布	BCA 悬瀑 BCB 跌水
	BD 泉	BDA 冷泉 BDB 地热与温泉
	BE 河口与海面	BEA 观光游憩海域 BEB 涌潮现象 BEC 击浪现象
	BF 冰雪地	BFA 冰川观光地 BFB 长年积雪地
C 生物景观	CA 树木	CAA 林地 CAB 丛树 CAC 独树
	CB 草原与草地	CBA 草地 CBB 疏林草地
	CC 花卉地	CCA 草场花卉地 CCB 林间花卉地
	CD 野生动物栖息地	CDA 水生动物栖息地 CDB 陆地动物栖息地 CDC 鸟类栖息地 CDE 蝶类栖息地
D 天象与气候景观	DA 光现象	DAA 日月星辰观察地 DAB 光环现象观察地 DAC 海市蜃楼现象多发地
	DB 天气与气候现象	DBA 云雾多发区 DBB 避暑气候地 DBC 避寒气候地 DBD 极端与特殊气候显示地 DBE 物候景观
E 遗址遗迹	EA 史前人类活动场所	EAA 人类活动遗址 EAB 文化层 EAC 文物散落地 EAD 原始聚落
	EB 社会经济文化活动遗址遗迹	EBA 历史事件发生地 EBB 军事遗址与古战场 EBC 废弃寺庙 EBD 废弃生产地 EBE 交通遗迹 EBF 废城与聚落遗迹 EBG 长城遗迹 EBH 烽燧
F 建筑与设施	FA 综合人文旅游地	FAA 教学科研实验场所 FAB 康体游乐休闲度假地 FAC 宗教与祭祀活动场所 FAD 园林游憩区域 FAE 文化活动场所 FAF 建设工程与生产地 FAG 社会与商贸活动场所 FAH 动物与植物展示地 FAI 军事观光地 FAJ 边境口岸 FAK 景物观赏点
	FB 单体活动场馆	FBA 聚会接待厅堂(室) FBB 祭拜场馆 FBC 展示演示场馆 FBD 体育健身馆场 FBE 歌舞游乐场馆

（续表）

主类	亚　类	基　本　类　型
F 建筑与设施	FC 景观建筑与附属型建筑	FCA 佛塔 FCB 塔形建筑物 FCC 楼阁 FCD 石窟 FCE 长城段落 FCF 城(堡) FCG 摩崖字画 FCH 碑碣(林) FCI 广场 FCJ 人工洞穴 FCK 建筑小品
	FD 居住地与社区	FDA 传统与乡土建筑 FDB 特色街巷 FDC 特色社区 FDD 名人故居与历史纪念建筑 FDE 书院 FDF 会馆 FDG 特色店铺 FDH 特色市场
	FE 归葬地	FEA 陵区陵园 FEB 墓(群) FEC 悬棺
	FF 交通建筑	FFA 桥 FFB 车站 FFC 港口渡口与码头 FFD 航空港 FFE 栈道
	FG 水工建筑	FGA 水库观光游憩区段 FGB 水井 FGC 运河与渠道段落 FGD 堤坝段落 FGE 灌区 FGF 提水设施
G 旅游商品	GA 地方旅游商品	GAA 菜品饮食 GAB 农林畜产品与制品 GAC 水产品与制品 GAD 中草药材及制品 GAE 传统手工产品与工艺品 GAF 日用工业品 GAG 其他物品
H 人文活动	HA 人事记录	HAA 人物 HAB 事件
	HB 艺术	HBA 文艺团体 HBB 文学艺术作品
	HC 民间习俗	HCA 地方风俗与民间礼仪 HCB 民间节庆 HCC 民间演艺 HCD 民间健身活动与赛事 HCE 宗教活动 HCF 庙会与民间集会 HCG 饮食习俗 HGH 特色服饰
	HD 现代节庆	HDA 旅游节 HDB 文化节 HDC 商贸农事节 HDD 体育节
数量统计		
8 个主类	31 个亚类	155 个基本类型

（二）旅游市场

旅游市场通常是指旅游需求市场或旅游客源市场，即某一特定旅游产品的经常购买者和潜在购买者。从经济学角度讲，它是旅游产品供求双方交换关系的总和；从地理学角度讲，它是旅游市场旅游经济活动的中心。旅游市场属一般商品与市场范畴，具有商品市场的基本特征，包括旅游供给的场所（即旅游目的地）和旅游消费者（即游客），以及旅游经营者与消费者间的经济关系。旅游市场与一般商品市场的区别在于它所出售的不是具体的物质产品，而是以劳务为特征的包价路线。同时，旅游供给与消费过程同步进行，具有很强的季节性。

旅游市场从经济学角度看，有广义和狭义之分。广义的旅游市场是指在旅游产品交换过程中反映的各种经济行为和经济关系的总和。在旅游经济活动中，旅游市场上存在着相互对立和相互依存的双方，一方是旅游产品的供给者，另一方是旅游产品的需求者，正是这种供需双方的矛盾运动推动着旅游经济活动的发展，其运动过程包含了旅游需求者与供给者之间、旅游需求者之间、旅游供给者之间的各种关系，并且通过市场作用表现出来。狭义的旅游市场是指在一定时间、一定地点和条件下，具有旅游产品购买力、购买欲望和购买权利的群体。从这个意义上说，旅游市场就是旅游需求市场或旅游客源市场。

（三）旅游产品

旅游产品是旅游业者通过开发、利用旅游资源提供给旅游者的旅游吸引物与旅游服务的组合，是旅游策划的产出。所谓旅游产品，从旅游目的地的角度出发，是指旅游经营者凭借着旅游吸引物、交通和旅游设施，向旅游者提供的可以满足其旅游活动需求的全部服务。从旅游者的角度出发，旅游产品是指旅游者花费了一定的时间、费用和精力所换取的一次旅游经历。

旅游产品由旅游吸引物、旅游设施、旅游服务、旅游商品等要素所构成。其中旅游吸引物的地位和作用是首要的，因为它是引发旅游需求的凭借和实现旅游目的的对象，也是在旅游策划中需要着重打造的核心产品。旅游设施是在旅游目的地中为了更加便利地开展旅游活动所配套的各种类型的旅游相关设施，是在旅游策划中不可忽略的部分。旅游服务是在旅游活动中旅游者所消费的各种类型的旅游活动，如餐饮、住宿、娱乐、体验等，是旅游策划中的核心内涵。旅游商品是在旅游活动中旅游者通过消费可以带走的，具有纪念意义或其他功能的消费品，是旅游产品体系中的重要补充。

（四）旅游产业

产业是从事同类物质生产或相同服务的经济群体，是具有某种同类属性的企业经济活动的集合。旅游需求与旅游供给之间的相互作用使得旅游经济活动中产生了一系列的经济现象和经济关系，由此形成了旅游产业。

旅游业一直被看作一个范围广、关联强的产业。从旅游活动的经济性质来看，旅游业的产业关联度非常大，与许多相关行业的发展密切相关。旅游业是具有高关联度的复合型产业。旅游业不仅仅需要交通运输业、餐饮业、酒店业、娱乐产业等直接相关产业部门作为其配套产业，在旅游业的发展过程中，它还会与休闲商业、文化产业、体育产业、会议会展业、林产业、水电业等产生密切关系，而这些与旅游业相关的产业都可称之为延伸产业。在一个地区的旅游业发展中，核心产业、配套产业以及延伸产业可以构成这个地区最基础的旅游产业体系。

2001年，世界旅游组织、经合组织、欧盟统计局等组织联合发布了《旅游卫星账户：推荐方法框架》（TSA：RMF），按照与旅游活动的关联程度将旅游业分为旅游特征产业、旅游相关产业和其他产业，作为全球统一的旅游产业统计标准。其中，旅游特征产业包括一般饭店业、旅行社业、交通业、文化设施、休闲娱乐业等；旅游相关产业包括纪念品销售等零售业；其他产业指与旅游业关联很不明显，但旅游者需要购买这类产品的产业，如饮用水、汽油等。在知识经济背景下，以软要素为核心驱动力的旅游产业边界可以无限延伸，旅游产业正在进入无边界时代，“旅游＋”时代、“泛旅游”产业和“全域旅游”时代已经到来。

第二节　旅游策划的类型与原则

一、旅游策划的类型

旅游策划的主要对象是旅游产品。旅游产品的类型是多种多样的，即使是同一个旅游景区也可形成多种不同类型的旅游产品。根据旅游产品的不同类型，旅游策划可以分为以下几种类型：

（一）单项旅游产品策划

单项旅游产品策划主要指的是针对单一类型旅游产品的策划。例如休闲旅游产品、娱乐旅游产品、度假旅游产品等。传统旅游产品包括“食、住、行、游、购、娱”六大核心组成部分。因此，在进行单项旅游产品策划时，需要提出策划项目、产品定位、发展方向、竞争优势等方面的内容。单项旅游产品策划的主要目的是突出某一类型产品的地位，但在实际运用中也可以和其他类型的旅游产品进行组合。

（二）融合性旅游产品策划

随着经济的发展，旅游产品在更多的情况下都是融合性旅游产品。融合性旅游产品是指旅游产业在不断发展的过程中表现出越来越明显的与其他如生态农业、文化创意产业、休闲产业、商业服务业等紧密融合的发展趋势，从而形成和衍生出一种旅游产业与其他产业交叉的融合性旅游产品形式。随着人们越来越表现出对文化创意和参与体验的兴趣和需求，可以预见，诸如旅游演艺策划、旅游节庆策划、文创园区策划、主题公园策划等将会成为越来越重要的旅游产品策划类型。

（三）旅游综合体策划

旅游产业具有非常强的综合带动作用，其他关联性产业与旅游产业高度融合，产业之间的界限不断模糊，日益呈现出形成产业综合体的发展态势，并带动其他产业所集聚形成的综合产业集群。如近年来策划和兴建的万达集团青岛东方影都、西双版纳国际度假区、长白山国际度假区、武汉中央文化区、湖北武当山·太极湖旅游度假区、西安曲江新区的大唐芙蓉园、深圳华侨城等，都是以关联性产业如影视产业、健康养生、生态农业、地产开发、城市发展等与旅游产业综合发展的旅游产品综合体。

二、旅游策划的原则

不同的旅游景区性质不同，拥有的资源和所处的环境也各不相同，其旅游产品策划自然也千差万别，但仍然有一些基本原则是旅游产品策划应该遵循的。

（一）创新性原则

创新是事物得以发展的动力，是人类赖以生存和发展的主要手段。旅游产品策划能否有新的突破是其成败的关键。策划需要创新性的思维，应伴随着具体情况而发生改变，只有这样，策划才能吸引人、打动人，才能取得成效。

创新性原则主要体现在：一方面，知识积累是创造性思维的基础。只有具备渊博的知识，才能形成策划人的文化沉淀，并在这种文化沉淀中培养创新的思维；没有知识沉淀和文化沉淀的旅游策划人员是很难做好旅游策划的。另一方面，创意是创新思维的关键。产品策划的关键在于创意，只有不断推出新的旅游产品才能有效提升旅游目的地的吸引力。例如湖南张家界天门山的玻璃栈道，尽管从建设之初，它的安全性、必要性就饱受争议，但不可否认的是它仍然是当今世界最惊险、最刺激的悬崖栈道之一。这种标新立异的旅游产品策划，成功吸引了众多游客争相来张家界体验天门山高空悬崖玻璃栈道。

（二）系统性原则

从哲学的角度来讲，系统是各要素之间、要素与整体之间相互独立、相互联系、相互作用的矛盾统一体。在进行旅游产品策划时，也应该遵循系统性原则。首先，旅游活动是一个系统，旅游策划是其中的一个子系统。旅游活动系统由食、住、行、游、购、娱这六个相对独立的子系统构成，旅游策划作为贯穿其中的一根主线，组织所有旅游活动内容或项目。离开旅游策划这个系统，旅游策划的各个系统便失去了中心，成为一盘散沙。其次，旅游产业是一个系统，在“旅游＋”和全域旅游思想的主导下，旅游业可以和包括农业、工业、文化产业在内的诸多产业形态融合发展，形成旅游产业集群的发展体系。再次，旅游策划是一个系统，它由旅游策划目标、旅游策划对象、旅游战略策划、旅游产品策划、旅游营销策划等子系统组成，旅游产品策划再怎么重要，也不能被强调为具有可以取代别的子系统的地位。

根据旅游产品策划的系统性原则，旅游策划者要着眼于全局观念和战略目标需要，从整体出发，进行整体谋划和系统性策划。

（三）市场性原则

好的旅游策划必须能够面向市场，能够接受旅游市场的检验，特别是在目前以买方市场为主的大背景下，旅游策划更应该以市场导向为原则。世界旅游组织预测，21 世纪最具有广阔旅游市场和市场支配地位的旅游产品包括自然与生态旅游产品，以及游轮、水上运动、地球极点旅游、沙漠和热带雨林旅游等项目，其中生态旅游的优势最大。因此，在进行旅游产品策划时，只有紧紧把握住旅游市场趋势的大方向，旅游市场需求变化以及竞争对手的发展态势，旅游产品策划才能落地，才能最终为旅游企业带来利润。

（四）文化性原则

随着现代社会的飞速发展，文化在现代旅游活动中扮演着越来越重要的角色，文化旅游正成为一种备受青睐的旅游形式。旅游本身是一种跨地域文化体验的实现，而旅游者又都是在特定的文化环境中成长并且在特定的文化背景中生活的。旅游产品策划必然会由于扎根于特定的文化土壤而带有鲜明的地域性和民族特色。因此，从事旅游产品策划时一定要对当地的文化底蕴有非常深的把握，善于发掘和引导需求背后的文化动机，而不能以一种“放之四海而皆准”的道理到处套用。如湖北恩施州利川市腾龙洞景区内打造了一款融合激光、球幕、水秀、喷泉、火焰、雾凇等多种元素的梦幻激光秀，讲述的是一个美丽的土家族传说。腾龙洞的洞穴大厅被打造成宏大的原生态歌舞剧场。这里每天上演的《夷水丽川》大型歌舞由国内顶尖导演编排，100 多位演员进行演绎，展示地道的土家画卷。腾龙洞《夷水丽川》大型歌舞节目展示了土家女儿会、对歌、摆手舞、哭嫁、西兰卡普、肉连响、上刀山、八宝铜铃舞、茅古斯、草把龙、六口茶、龙船调等具有代表性的土家族、苗族民间艺术。

（五）主题性原则

主题是旅游产品策划的灵魂，是贯穿旅游产品策划的一条主线。旅游产品策划只有首先搞好“主题”行动，才能不战而胜，并且充满活力。然而，在旅游产品策划具体实践过程中，不遵循突出主题性这一原则的旅游产品策划时有发生，比比皆是。具体表现如下：

一是缺少主题或主题缺乏新意。要么既无中心，也无理念，安排随意，产品组合无序；要么在进行旅游策划时简单照搬、照抄造成主题雷同，这些都是旅游策划缺少主题或缺乏新意的具体表现。

二是多主题、主题重复以及主题不突出。理论上来讲，一项旅游策划一般只允许有一个主题，但在具体的旅游产品策划实践中，主题重复或多重主题的现象却时有发生。再如，我国近年来如雨后春笋般策划建造的一些主题公园，大都存在主题不够突出、表达不充分这一现象。例如，位于厦门市的台湾民俗文化村虽以台湾民俗文化为主题，但在空间布局和项目内容设置方面，除高山族舞蹈表演等少数内容外，大都与台湾文化这一主题无关。

（六）可行性原则

"实践是检验真理的唯一标准"，任何一个旅游产品策划在本质上都是一种设想，无论看起来多么完善，在实施的过程中必然会遇到各种阻碍，甚至根本无法落地实施。因此，进行旅游产品策划一定要考虑其可行性，包括在经济上、环境上和技术上的可行性，并将可行性分析贯穿于整个旅游产品策划的全过程。在产品策划活动之前，一定要做可行性分析，以确保旅游策划目标的实现。策划方案形成之后，也必须进行可行性分析，以便选出最佳方案。可行性分析主要应从三个方面进行。

一是合法性分析，即考虑旅游产品策划方案是否符合相关法律、法规的要求，一方面，策划方案需要经过一定的合法程序和审批流程；另一方面，策划方案的内容一定要符合现行法律、法规的政策规定和要求。

二是经济性分析，即分析旅游产品策划方案预期产生的利益、效果和可能面临的危险情况、风险程度，综合考虑、全面衡量策划方案的利害得失，考虑策划方案是否符合以最低的代价取得最优效果的标准，力求以最小的经济投入实现策划目标。

三是科学性分析，一方面看策划方案是否在科学理论的指导下，是否建立在实际调查、研究、预测的基础上，是否严格按照策划程序进行创造性思维和科学构想；另一方面分析策划方案实施后各方面关系是否能够和谐统一和高效率地实施。

（七）灵活性原则

旅游策划中的灵活性原则，主要是指一种充满灵活性的策略和方法，能够使旅游产品策划一张一弛、刚柔结合、攻守相济、进退互补，如战略性旅游产品策划与战术性旅游产品策划、核心旅游产品策划与辅助旅游产品策划、淡季旅游产品策划与旺季旅游产品策划、近期旅游产品策划与长期旅游产品策划等。

例如在旅游产品策划过程中普遍出现的季节性问题。旅游产品策划强调对旅游资源特色和旅游者出行规律进行把握，根据季节的差异策划出不同的旅游产品，或者同一季节针对南北方不同客源地的旅游者推出不同的旅游产品。茶文化旅游转型就应该安排在采茶时节，蜡梅、樱花、油菜花、杜鹃花、荷花等文化旅游活动应该根据开花的不同时节来推出。例如湖北荆门的油菜花一般在每年的阴历一月或二月开放，武汉东湖的樱花一般在阳历三月开放，另外夏季的贵阳避暑节、秋季的浙江天台山红枫节、冬季的哈尔滨冰雪节等活动也充分利用了季节性原则。

第三节 旅游策划的步骤和要领

一、认识阶段：旅游资源特色挖掘

特色是旅游产品的灵魂，离开了特色，任何旅游产品的生命力都不长久，因此突出旅游产品特色将是旅游产品走向成功的关键。

（一）区域自然文化环境

任何一个旅游目的地都离不开其所处区域的自然与文化环境。在进行旅游资源考察，挖掘旅游资源特色的过程中，有必要对区域环境进行全面深入考察，寻找到具有地域代表性、典型性和独特性的特色文化资源，对其进行深入发掘、设计与包装。例如成都市作为我国著名的历史文化名城，具有深厚的文化底蕴和地域文化色彩，成都文旅集团以成都历史文化资源为基础，大力挖掘提炼成都文化意象，通过创意开发，开发出以宽窄巷子为代表的一系列反映成都文化特色的旅游项目，将项目所在地打造成为著名的文化旅游目的地和文化旅游产业集聚区。

（二）旅游资源自身特色

深度挖掘提炼旅游资源的自身特色，形成独特的旅游品牌形象，是策划旅游产品、形成旅游吸引力的重要环节。旅游资源往往展现出多个不同方面的价值，一定要选择最具有独特性、唯一性、代表性和衍生性的特色价值，对其进行演绎、发挥和创意，成为有价值的旅游吸引点。尽管旅游资源特色并不完全等同于旅游产品特色，但旅游资源特色是旅游产品特色的重要因素之一。例如，泸沽湖旅游就以神秘独特的纳西族摩梭文化为特色；大唐芙蓉园则是以盛世大唐文化为切入点；古隆中风景区则是以刘备为请诸葛亮出山的“三顾茅庐”典故以及刘备、关羽、张飞“桃园三结义”的三国文化为主题资源。

（三）旅游资源区域分布

旅游资源的区域分布对旅游产品的特色定位影响较大，有时候区域旅游部门甚至有可能完全放弃很有影响力的旅游资源，而选择其他更能使其“突围”的旅游资源。例如，处于敦煌和嘉峪关之间的安西，尽管其边塞风光和沙漠风光很吸引人，但考虑到敦煌和嘉峪关的知名度及其旅游发展现实状况，为了突破敦煌和嘉峪关的旅游发展阴影并避免正面竞争，则不得不选择“丝路旅游的心灵驿站，大漠深处的水上乐园”作为其旅游形象。另外，针对“三孟”旅游资源，尽管它很有特色，但相比“三孔”旅游资源又逊色不少，并且处于“三孔”旅游资源的发展阴影之中，因此邹城只能从“孟母三迁”上做文章才能获得较好发展。

二、分析阶段：旅游产品市场定位

所谓旅游产品的市场定位，就是根据目标市场上的竞争情况和企业自身条件寻求旅游产品在旅游者心目中的最佳位置，突出产品特色，从而塑造与众不同并富有个性的旅游产品形象，并把这种形象传递给旅游者的行为及过程。进行旅游产品的市场定位应该综合考虑目标客源市场、同行业竞争者、旅游者需求等方面的信息。

（一）目标客源市场

旅游产品定位必须针对不同类型的目标客源市场，不同地域和不同类型的旅游者对于旅游产品的选择不尽相同。市场细分不仅是企业选择目标市场常用的方法，同样也是寻求市场机会的重要工具。在进行旅游策划时，通过对市场的深度分析，从而寻求市场空缺，把握机遇，这是旅游策划最终得以实现的重要方面。如年轻人更喜欢刺激性和参与性的旅游项目，高收入阶层更有可能选择消费较高的温泉度假旅游产品。

（二）同行业竞争者

针对同行业竞争者，旅游策划人员要在充分掌握其产品特色的基础上，根据自身旅游资源特色，采用不同的方法来获得自己旅游产品的合理定位。例如苏州乐园在开业之初的旅游宣传口号为"迪士尼太远，去苏州乐园"，巧妙地与迪士尼乐园进行比较，从而让游客选择苏州乐园，在开业初期取得了较大成功。

（三）旅游者需求

在进行旅游产品策划时，策划人员应该充分考虑旅游者的需求和利益，最大程度地满足旅游者的合理愿望，如一些旅行社推出"纯玩团"就是根据旅游者的现实需求而设计的，尽管价位相对偏高，但同样受到旅游者的欢迎。因此，关注旅游者的利益特别是核心利益，是旅游产品策划取得成功的重要保证。

三、创意阶段：旅游产品反复打磨

（一）旅游产品命名

旅游产品的名称设计是旅游产品策划的重要内容。好的产品名称能让人耳目一新，有如沐春风之感，旅游者通过产品名称就能够很直观地接收到旅游产品所包含的最有价值的信息，从而在第一时间接受该产品。

旅游产品命名策划要求旅游产品名称的设计做到因人而异，针对不同类型的游客各有不同，既准确体贴又不失艺术性。例如，针对感受西域风光的旅游者可设计为"阳光怀古：荒漠与柳绿红花的时间之旅"，针对寻求品质旅游的旅游者可设计为"海南四星双飞品质游"。

（二）旅游产品质量提升

旅游产品质量是旅游者最终的、真实的感受，是衡量旅游产品策划成功与否的重要指标。评价旅游产品质量的标准是旅游者的满意度。任何一个旅游者都希望在消费旅游产品时获得良好的体验，达到物有所值甚至物超所值的目的。因此，提升旅游产品质量需要旅游策划人员跟踪访问旅游者，并结合旅游者的合理反馈意见及时对旅游产品作出调整，从而使旅游产品一直保持高吸引力、高认可度。

（三）旅游产品创意呈现

经过针对旅游产品的深入挖掘与分析探讨，由专业策划设计人员精心编制出完整的旅游产品，通过丰富的表现手段进行创意呈现，如三维效果图、视频短片等，充分表现旅游产品的原创性、特色性与可行性，并提交旅游产品投资开发机构研究、甄选与实施。

四、实施阶段：旅游产品确定推广

（一）旅游产品策划方案甄选

旅游产品在进行策划时可以有多个初始方案，最终选择哪一个方案，需要旅游一线工作人员、旅游策划人员、旅游专家、旅游者及其相关人员共同探讨，并经过一系列的评定之后再进行选择。旅游产品策划方案的甄选通常需要考虑旅游产品的内容、资金状况、竞争者产品状况和市场需求程度等。

（二）旅游产品试验

确定好一个旅游产品之后也许并不能保证它一定能获得成功，还需要对其进行小范围的试验，观察旅游者的消费反应，根据旅游者的反馈信息最终决定是否放弃该产品，抑或是在原有的基础上进行适当调整以满足旅游者的合理要求。判定旅游产品是否符合当前旅游发展的实际，需要考虑旅游者的购买程度和该产品的市场吸引力。

（三）旅游产品推广

旅游产品推广包括产品推出时机和地区的选择，以及目标市场和销售策略的选择。推出时机可根据旅游产品的内容进行考量。如采摘游一般安排在瓜果成熟的季节，婚恋旅游产品更多地考虑在情人节、圣诞节等特殊节日期间推行。如果同行业竞争对手也有相似的旅游产品，则要根据自身的实力及旅游产品的市场吸引力，采取抢先进入、同时进入及延后进入等方式。不管是采取哪种做法，都需要进行充分的准备和调研，熟悉市场及旅游者的需求和竞争对手的产品特点，从而找准最佳时机。

旅游产品落地的地点选择同样不可大意，是把它放在一个小的市场推出还是放在一个大的市场推出，或者直接推向全国市场，都需要旅游策划人员根据旅游产品的特点慎重考虑。目标市场和销售策略的选择应根据旅游产品本身的内容及营销组合要素的先后次序进行把握，对不同的消费群体采取不同的营销策略。

思考题

如何挖掘地方文化素材开发旅游产品？

中国是文化大国，各地都有很多地方文化素材。地方官员往往敝帚自珍、引以为豪，号称自己资源丰富、历史悠久、文化璀璨。但是，它们有的是遗迹（如古田会议会址），有的是遗址（如赤壁之战），有的是传说（如黄粱美梦），有的是风情（如开渔、民歌）。它们往往具有“小、散、虚”的弱点——一个凄凉的小墓，一个残缺的古碑，一个不起眼的石桥，一个空中漂浮的传说，谁谁经过这里，谁谁在这里打过仗。但是，号称 1 000 年历史的，往往现在只能看到近 10 年修的新建筑，有的什么都没有，只是废墟；有的已经无处可寻，只有传说。长坂坡，游客按照想象就是金戈铁马、壮烈非凡，到现场一看，却是一片麦地。当阳桥，当年张飞一声怒吼、水倒流，现场一看，只是一个小木桥。游客被文化吸引而来，却往往大失所望。

游客所消费的，是产品，不是资源！

如何挖掘地方文化素材开发旅游产品？

三大原则是：

一、存真。尊重历史，不戏说。再现，但是不一定恢复。

二、做深。挖掘其内涵，丰富其内容。像讲课一样让游客通过游览完全了解那段历史，包括其前因后果、大小人物及喜怒哀乐。用细节打动游客。

三、活化。不是简单地盖一个博物馆、放几个雕塑、摆几个玻璃柜子和凳子椅子。要通过演出、互动、声音、影像等让人感受文化。中国的博物馆之所以不受游客欢迎，原因主要就是没有活化文化！

四大手法是：

一、归类：从点做到类，抽象化。如胡雪岩的题材，他属于徽商，可以做整个徽商的文章。

二、扩面：从点做到面。如广西的铜鼓文化，可以做全国或者世界鼓文化的文章。

三、延线：把点拉长出它的发展历史链。如宁波东钱湖的宰相石碑遗存做出南宋石刻公园，介绍中国石刻发展历史。

四、拓链：形成产业链。如梁祝故事遗迹，可以做出婚庆文化产业，做出爱情文化产业园区。

（资料来源：陈南江新浪博客“江南游子”）

1. 简述旅游策划有哪几种类型，并请举例说明。

2. 进行旅游策划时，需要遵循哪些基本原则？有哪些基本技巧？

3. 进行旅游策划时，有哪些步骤和程序？同时，结合你的家乡或所在地那些你所熟悉的旅游景区或旅游项目，谈谈你应该如何进行旅游策划。

案例导读

云南旅游商品多而不精

李思凡

云南旅游商品是什么？是动辄上万元的珠宝翡翠，还是让人挑花眼的银器、普洱茶、鲜花？在许多云南旅游从业者看来，如果要用一个词来形容云南旅游商品，大概会是“多而不精”。

数据显示，2015年，云南旅游购物占旅游收入的比重仅为24.68%，2014年为20.4%。而在国外旅游业发展较为成熟的国家和地区，游客的旅游购物支出可占旅游支出总额的50%—70%。

“我进入旅游这个行业已经快30年了，但到目前为止，可以说，云南的旅游市场上仍然还没有能称得上具有云南代表性的旅游商品。尽管云南任何一个景点都有旅游购物店，但卖的东西却大同小异。”昆明市旅行社行业协会会长、云南风光国际旅行社总经理朱伯威说。

经过20多年的发展，目前，云南旅游商品大致可以分为珠宝玉石、茶叶、药材、植物花卉、土特食品、民族工艺品六个大类、万余种。在朱伯威看来，总体来说，云南旅游商品的品种虽多，却不精致，同时性价比不高。对云南旅游商品，许多旅游业内人士并不满意：样式陈旧，没有区域特色；包装滞后、技术落后，达不到规模经济；知名品牌缺失，营销手段滞后。

云南旅游商品的“多而不精”也在一定程度上受到云南“零负团费”地接模式的影响。“云南旅游商品虽然多而不精、性价比不高，但是云南旅游购物企业都是盈利的，因为前提是与客源挂钩。”朱伯威说，旅行社用超低价把客源引到云南，支撑旅游相关产业的发展。旅游购物作为游客在旅游中的重要环节，对云南旅游经济产生巨大拉动。利润空间巨大的“石头”等常规旅游商品足够支撑企业经营，旅游商品企业、旅游购物企业设计和推出新的旅游商品的动力自然不足。

不过，随着国家加大对“零负团费”的整治以及游客越来越理性，旅游购物店的游客量在下降，游客进店后的购买力也在下降，云南的旅游购物、旅行社都在思考如何改善现在由旅游商品虚高定价支撑的旅游市场。将旅游商品做“精”，无疑是一个好的选项。

“我们其实并不缺少旅游商品，缺的是文化、包装，所以云南的旅游商品不精致，”朱伯威说，“而要精致起来，与经济发展水平都有关，与旅游消费、旅游商品生产者和经营者的消费理念有关，并且需要有一个过程。”

在朱伯威看来，一个好的旅游商品，应该具备区域代表性，有艺术价值、值得收藏，有文化内涵、能讲得出故事，并且便于携带。所以，云南旅游商品要做“精”，需要有智慧地结合游客个性、当地纪念标志、实用价值和审美价值等元素。

目前，云南正在全省范围内推动旅游产品开发，并推进100个优质旅游产品、100个特色旅游商品店的“双百评选”。预计到2017年底，将打造出100个优质旅游产品和100个特色旅游商品店，并不断优化其中的旅游商品。

云南省旅游商品协会会长蔡超介绍，“双百评选”中，先要理顺购物秩序，提升旅游购物在旅游业中的占比，同时优化旅游商品，开发云南土特产加以二次设计、提升包装、提升产品价值，向市场推出优质的旅游产品。“双百评选”将在云南128个县中选出当地最好、最具特色的旅游产品进行包装销售，坚持“一地一优”的模式，在推广当地文化、历史、景观的同时，融入当地土特产加以推广，将土特产打造成能带动当地旅游文化推广和旅游经济增长的商品，推广真正能代表云南特色的旅游商品。

同时，《云南省特色旅游商品评定与划分地方标准》拟定工作也在推进中。按照标准，通过专家的评选和市场需求，为特色旅游商品进行认证贴标，让游客能够买到真正能代表云南特色的旅游商品。

（资料来源：《昆明日报》2016年7月5日，有删节）

第一节 旅游商品发展概况

一、旅游商品的概念界定

旅游活动由“食、住、行、游、购、娱”六大要素构成，与这些要素相关的所有需要付费购买的旅游活动都可以被称为旅游商品，包括有形的产品和无形的服务。由于多样化的旅游商品既能丰富游客的旅游体验，又能为地方带来良好的经济效益和社会效益，对旅游商品的研究越来越引起政府部门和学术界的关注。但目前国内学术界还没有统一的认识，对旅游商品概念比较模糊，常常将“旅游产品”、“旅游购物品”、“旅游纪念品”和“旅游商品”相混淆，互相替代使用。另外有的学者还将旅游商品的概念与一般物质商品区分开来，认为旅游商品是非物质形态的文化商品，工艺品、纪念品和购物品等都是一般物质商品。

随着旅游经济的深入发展，国内旅游界对旅游商品的概念和认识逐渐明确。旅游商品的概念主要有两种：第一种是广义的旅游商品的定义，认为旅游商品是旅游者在旅游活动中所购买的，由旅游企业和部门生产与提供的所有实物产品以及一系列服务的总和；另一种是狭义的旅游商品的定义，认为旅游商品特指旅游者为实现其旅游目的或在旅游过程中所购买的以物质形态存在的一切实物商品。本章所研究的旅游商品策划主要指狭义的实物旅游商品策划。

二、国外发展历史与现状

目前全世界旅游购物的平均消费指数约为30%。在旅游业发达的国家，如美国、法国、泰国等国家，旅游购物收入占到了旅游总收入的50%—60%，而德国、日本、新加坡等更是占到了60%以上。旅游商品的发展状况，业已成为衡量一个国家和地区旅游业成熟与否的重要标志。

许多欧洲国家依托当地的资源禀赋或传统民间工艺开发特色旅游商品，如意大利的面具、德国的吹烟娃娃、俄罗斯的套娃等。荷兰将其国花郁金香、特色的风车和独特的木鞋等文化元素作为设计原型，开发饰品、小摆件、围巾等等，在大街小巷的旅游商品店里随处可见。法国的旅游商品以具象形态直接嫁接于产品之上或者以具象与抽象形态交替的简易设计形式为主，比如将埃菲尔铁塔、凯旋门等地标性建筑的形象制作成不同大小的模型，或者把图案印在杯子、笔记本、磁贴、钥匙扣等产品上。法国的奢侈品也成为其重要的旅游商品，吸引来自世界各地的游客前来购买。英国的旅游商品以其具有特色的人文、历史和景观进行设计延伸，英国的各大博物馆、纪念馆、美术馆等都注重创意产品的开发，比如印有英国国旗图案的杯具和T恤、根据莎士比亚小说设计的衍生创意产品、哈利·波特主题纪念品等等，在强调主题的同时凸显英国的典雅气质。

在美国，各大城市会将标志性建筑的图案运用到旅游商品的设计之中。以纽约大都会博物馆为代表，美国的各类博物馆、美术馆等也非常注重开发文创产品，将其作为重要的收入来源。围绕美国享誉世界的橄榄球、棒球、篮球等运动同样诞生了一系列的衍生商品。美国发达的动漫产业为其提供了许多开发旅游商品的素材。在迪士尼主题公园，游客可购买到文具、玩具、家居服饰等数千种旅游商品，不同年龄层次的顾客都可以找到适合自己的商品。迪士尼还经常推出限量版的纪念品，具有收藏价值。由于迪士尼每年出品的动画作品源源不断，其旅游商品同样频繁地进行更新，维持对游客的吸引力。随着迪士尼主题公园在全世界的布局，迪士尼旅游商品也走向世界，并且根据不同地区的文化背景和风俗习惯开发出迎合当地顾客消费心理的旅游商品。

日本的旅游商品开发注重对本土文化的传承与保护，从纯手工艺品到日用品、电子产品等一应俱全，且面向不同的消费人群划分产品层次。日本的旅游商品在注重体现传统文化的同时兼具设计感，把握现代人的审美风尚，为传统文化注入新的活力。日本的旅游商品还常“寄情于物”，将日本传统文化中的祈福、招财、辟邪等思想元素融入旅游商品之中，比如招财猫、晴天娃娃、和式风铃、护身符等。由于日本的动漫产业尤为发达，很多动漫形象享誉世界，通过授权形式开发动漫形象衍生品也成为日本旅游商品的一大类别。

泰国的旅游商品一般以民间传统工艺品为主。工艺师们沿袭世代相传的技艺，创造出各式各样的泰丝、瓷器、漆器、木雕、丝绵织品、手绘纸伞等艺术品，图案精致、特色鲜明，且具有实用价值。泰国也有设计师开发的创意旅游商品，如著名的Mr. P(Propaganda)品牌，把充满造型趣味的Mr. P小男孩形象注入杯、盘、开关、钥匙扣等生活常用物品中，突出简单、幽默的特点，深受游客的喜爱。

图2-1 泰国Mr. P品牌的创意泡茶器

三、国内发展历史与现状

我国旅游商品随着改革开放以后旅游业的兴起而萌生。20世纪七八十年代，随着境外游客陆续涌进，中国的旅游商品应运而生。随着经济的发展，中国的旅游业逐渐发展并兴旺起来，但作为旅游要素之一的旅游购物却长期处于缓慢的自然发展状态。2009年，国务院发布《关于加快发展旅游业的意见》，提出要发展旅游购物，提高旅游购物在旅游收入中的比重，标志着旅游商品进入了政府引导的发展期。国务院于2014年发布的《关于促进旅游业改革发展的若干意见》和2015年发布的《关于进一步促进旅游投资和消费的若干意见》都指出应丰富提升特色旅游商品、扩大旅游购物消费，由此旅游商品市场快速发展。各地方也先后出台地方性政策，通过资金扶持、旅游商品大赛等手段，大力扶持地方旅游商品开发。国家旅游局每年举办中国国际旅游商品博览会、中国旅游商品大赛、中国旅游商品论坛等活动，为旅游商品的发展起到了示范和推动作用。

台湾地区的旅游商品开发起步较早，且与文化创意产业高度融合，十分注重品牌建设和文化理念运营。在台湾地区有许多风格独特、特色鲜明、设计感强、创意突出的旅游商品小店，体现出生活美学与人生态度。台湾地区的传统文化创新意识极强，同时注重挖掘文化资源的经济价值，善于把握市场需求，给消费者以情感体验。在品牌形象建立方面，台湾的旅游商品从主体产品到产品周边，其包装、宣传卡片、品牌标识等都做得十分精细。定制化是台湾地区旅游商品的一大特色，注重对台湾本土地域文化的表达和提升，强调运用现代设计理念和超前时尚元素表达主题。

目前国内许多地方的旅游商品仍以当地土特食品、手工艺品为主，对传统文化资源的运用缺少创新和深度价值挖掘，仅仅是对传统文化资源的批量化生产或简单复制，忽视旅游商品的创意设计和实用价值，导致旅游商品难以激发消费者的购买欲望。不少地方的旅游商品趋同，同类别旅游景区的商品大同小异，缺乏鲜明的地方特色，且长时间风格不变。随着大众生活方式和价值观的改变，传统的旅游商品已无法满足当代旅游者的需求，正逐步丧失市场。

旅游商品和文化创意、设计服务的融合是我国旅游商品的发展方向，将旅游商品与创意设计、时尚风格相结合的新型旅游商品正越来越受到大众的青睐。2014年3月，国务院发布《关于推进文化创意和设计服务与相关产业融合发展的若干意见》，提出要推进文化资源向旅游产品的转化，支持开发具有地域特色和民族风情的旅游演艺精品和旅游商品。众创时代的到来以及国家对于"大众创业、万众创新"的支持政策也为旅游商品行业的发展带来了新的活力，许多年轻的创业者投入到了旅游商品的开发之中，在北京、南京、西安、苏州、武汉等地已经涌现出了一批兼具文化特色、创意设计和实用价值的旅游商品。

文物文博单位开发文创产品正成为我国旅游商品的新亮点。博物馆、美术馆等文物文博单位是地方文化资源最为集中的区域之一，运用其馆藏资源开发文创产品既能够凸显地方文化特色，又能产生良好的经济效益。国务院2014年发布的《关于推进文化创意和设计服务与相关产业融合发展的若干意见》、2015年发布的《博物馆条例》、2016年发布的《关于进一步加强文物工作的指导意见》、《关于推动文化文物单位文化创意产品开发的若干意见》等鼓励文物文博单位开发文创产品的促进政策先后出台，通过机制创新激发文创活力。

第二节　旅游商品的分类与特点

一、旅游商品的分类

旅游商品涵盖面较为广泛，按照材料、工艺等要素均可对其进行分类。按功能划分，旅游商品可以分为旅游纪念品、旅游工艺品、旅游用品、旅游食品和其他商品五大类。按旅游商品的美学依据，可将旅游商品划分为实用品、工艺品、艺术品、文物制品及其仿复制品。也有学者按照是否有特色将旅游商品划分成没有明显地域特色的常规旅游商品和有明显地域特色的特色旅游商品。根据创新程度的由浅入深，可将旅游商品划分为传统手工艺类旅游商品、创新型旅游商品、创意时尚型旅游商品三类。根据商品机能的不同，又可将旅游商品划分为物理性机能商品、心理性机能商品和混合性机能商品。

本书对现有的旅游商品进行梳理和归纳，从便于策划的角度，按照所利用文化资源的类型，将旅游商品划分为以下五类：普通纪念品类、传统工艺类、资源特产类、文化创新类、现代创意类。

（一）普通纪念品类

即机械化、批量化生产的一般旅游纪念品，包括手镯、手链、挂饰、手提包等等，是最常见的一类旅游商品，几乎遍布所有的旅游景点。此类旅游商品的一般特征有：第一，在生产方式上进行大批量的机械化生产，在销售流程上一般按照“生产厂家—小商品批发市场—零售商”的模式进行。第二，创意元素含量低，易于进行大批量的生产加工，文化附加价值含量较低，一般均为无商标、无品牌、无厂家的“三无产品”。第三，价格低廉，由于生产成本极低，因此能够以较低的价格进入旅游市场销售，加上一些游客喜欢追捧廉价低质的纪念品，这些商品便占据了绝大部分的旅游商品市场。第四，地方文化特色不鲜明，同样类型的旅游商品在其他同类别的旅游景区都可看到，缺乏纪念价值，同质化、低质化现象明显。随着“小而精”的个性化旅游时代到来，消费者更加看重旅游商品的制作质量和文化内涵，普通纪念品越来越难以满足现代消费者的需求，所占的市场份额将越来越小。

案例 2-1

北京旅游纪念品的同质化

始建于元代的南锣鼓巷是北京最著名的旅游街区之一，以老北京胡同特色文化、文艺气息吸引了大量国内外的游客。沿小巷分布着各种售卖小吃和旅游商品的店铺，许多店铺的旅游商品都打着“创意产品”的旗号，但许多店铺出售的商品基本雷同。景泰蓝手镯、刺绣钱包、手串、脸谱挂件、牛角梳等千篇一律的商品在南锣鼓巷的许多店铺中都能看到。这些旅游商品都没有单独包装和商标，而且价格相对而言都不太贵，并且可以讲价，有时店主甚至主动降低价格。由于价格低，这些所谓的“大路货”普通纪念品受到不少游客的青睐，销量不错。

在北京的其他著名旅游景点，比如颐和园、大栅栏、天坛、王府井等地，也都能看到和南锣鼓巷差不多的纪念品，甚至“老上海雪花膏”、“民族风情”饰品等不属于北京的特产也在许多店铺中出现。有游客表示，这些普通纪念品在北京以外别的地方也能看到，比北京还便宜一点。

各景区的雷同、低质普通纪念品一般来自北京的各大批发市场，在景区零售价 10 元以上的刺绣手包批发价不足 2 元，多数刺绣、荷包等纪念品的生产地都在

图 2－2　大同小异的普通纪念品充斥北京旅游市场

广东。而在北京各景点都能看到的廉价景泰蓝手镯，大部分都来自浙江义乌的小商品批发市场，并且所用材质也是成本较低的合金而非纯铜。这些普通纪念品批发数量越多则批发价格越低，不但北京市内的商贩会来进货，甚至还吸引了来自云南、河北等其他地方的商贩前来批发。有些产品的设计来自设计师的辛苦劳动，但一旦投产便很快被模仿和复制，廉价低质的"山寨"产品立即充斥各大景点。

（二）传统工艺类

即以当地传统的民间工艺、传统美术等非物质文化遗产资源为基础，通过现代化的工艺改进、外观设计、包装设计和品牌化打造而形成的旅游商品。此类型旅游商品的主要特征是：第一，文化底蕴浓厚，所利用的非物质文化遗产资源都具有悠久的发展历史，本身即可作为能代表所在地区的文化符号；第二，产品质量高，此类产品一般具有自己品牌的特色，且多为手工艺人的精心制作，做工精湛；第三，由于此类旅游商品多为人力制作，因此生产量小，价格相对普通纪念品而言较高。

此类型旅游商品可能存在的问题有：第一，由于时代变迁，流传下来的民间工艺或者传统美术等有可能与现代人的生活方式、审美观念脱节，难以引发消费者的共鸣，开发旅游商品需要不断根据现代人的心理进行改进；第二，由于此类旅游商品多为手工艺人亲手制作，难以实现量产，因此生产成本较高，定价也相对较高，令许多普通游客望而却步，出于利润考虑，许多商家宁愿去批发大批量生产的普通纪念品；第三，我国目前的知识产权保护制度还不健全，民间手工艺人的作品一经面世，便有被不法商家模仿、"山寨"货遍地的风险；第四，不同地区传统工艺产品出现趋同现象，例如不同地区的剪纸艺术、泥塑艺术等，在图案或者造型设计上的差异越来越小，看不出明显的区别。

案例 2-2

杭州半山泥猫

半山泥猫是浙江省第二批非物质文化遗产、杭州市首批民间艺术保护项目。传说宋朝年间，杭州市拱墅区北部的半山地区为桑蚕文化的发祥地，家家户户养蚕，有一姓倪的人家为了防止老鼠伤蚕，就养猫护蚕。宋建炎年间，金兵入侵，倪家的女儿为保护家园而捐躯，后宋高宗封她为“半山娘娘”并建造庙宇供奉，据说半山娘娘庙内时常出现黑、白、黄等七彩神猫。后来，倪氏后人除了忙于桑事，就自制双面泥猫摆放在半山娘娘庙前出售给前来进香的人。泥猫一面表情狰狞对老鼠，一面表情讨喜对人们。那时候杭嘉湖地区的蚕农们都流传半山买的泥猫能驱散老鼠，护佑蚕桑丰收，每逢二月初八“蚕秧会”、三月清明“蚕花会”、五月初一“娘娘诞辰庙会”都会来半山娘娘庙请只泥猫回家护蚕。时间长了，蚕农们就把泥猫当作一种吉祥物，希望能消灾祛邪，带来好运，祈求家业丰足。

图 2-3　第五代半山泥猫形象

半山泥猫的制作技艺曾在近代失传。21 世纪初，倪家后人几经调研、挖掘，并借鉴无锡惠山泥人的制作工艺，重新让这门手艺得以传承。在 2013 年的杭州文博会上，第五代半山泥猫的形象——灵猫正式对外发布。灵猫在继承原来泥猫神韵的基础上，融入了戏剧脸谱的设计元素，用色以黑、白、黄为主，与“七彩神猫”传说相应，同时做了卡通化的尝试，深受现代年轻人的喜爱。文博会上还展示了用灵猫形象设计的书包、扇子、潮鞋、婴儿车等 72 种创意活化衍生产品，得到不少消费者的青睐。现在，半山泥猫已经属于杭州市拱墅区的旅游商品，不过由于工艺复杂、产量有限，目前仅限量发行。

（三）资源特产类

即依托当地占有优势的矿藏资源、农林牧副渔业特色产品等，经过一定的加工和包装而形成的旅游商品。此类旅游商品也是最早出现、最为常见的旅游商品之一。这类旅游商品的一般特征是：第一，消费者购买资源特产类旅游商品主要是从人文情怀、文化积淀、地方特色等角度出发，具有非常强烈的感性因素；第二，品质难以把控，此类商品的品质往往与产量成反比，而且通常需要借助传统工艺和人工操作，在商品质量上很难做到标准化；第三，部分食品类土特产品，由于带有典型的本土色彩，并不适宜所有消费者的口味，因而注定只能面向小众市场进行包装推广。现在许多地方的资源特产类旅游商品也在与文化创意相融合，在品牌形象、包装设计方面融入许多创意元素，如创意农产品等，已成为资源特产类旅游商品的发展趋势。

这类旅游商品可能存在的问题有：第一，地方特产缺乏相应的质量标准，一些商家浑水摸鱼以次充好，所生产的商品达不到标准化的要求，甚至属于“三无产品”，食品类的土特产品还可能出现食品安全等方面的问题；第二，准入门槛低，地方商家一拥而上生产、销售同类土特产品，陷入价格战，出现恶性同质化竞争的局面，排挤质量好但价格高的商品，也给游客留下不良印象；第三，忽视品牌化打造，包装低劣，产品不上档次，难以吸引游客的青睐，不利于长远发展。

案例 2-3

台中宫原眼科甜品店的伴手礼

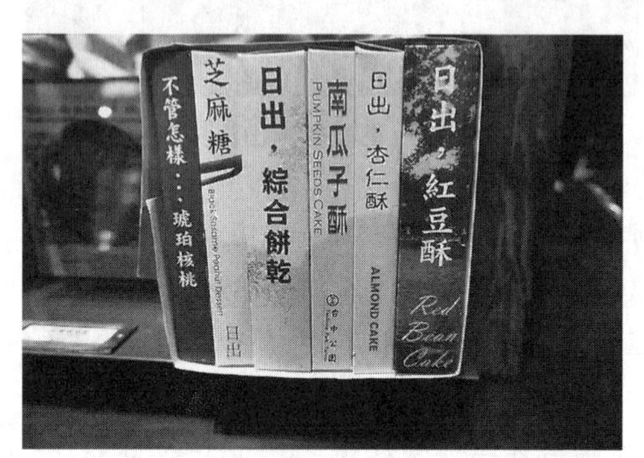

图 2-4 台中宫原眼科精致糕点伴手礼

宫原眼科是台中市的一家甜品店。日据时代一位日本眼科医生曾在此开设眼科医院。2010年，以做凤梨酥出名的台湾地区日出公司收购了这一建筑，将宫原眼科修整成具有巴洛克风格的甜品店。建筑保留了日式的怀旧风格，建筑内的装修装饰还融入了欧洲古典图书馆的风格，并加入了许多中国风的元素，显得富丽堂皇。在宫原眼科可以购买到精致包装的凤梨酥、牛轧糖、茶叶等伴手礼，还能品尝到众多口味和搭配的冰淇淋。

在宫原眼科，无论是巧克力、果酱还是茶品的包装设计，都不禁使人眼前一亮。在老式木架上展示的各类伴手礼都用彩色纸包裹成书本的样子，营造出图书馆的感觉。其他特产的包装也都风格鲜明，有走中国风路线的，有走近代包装风格路线的，也有走文艺小清新路线的，但均图案精美。每一款产品都推出包裹装和礼盒装两种，满足不同顾客的需要。一些特产的外包装上，还印上了不同的富有个性色彩的话语，充满趣味。每盒食品包装中还附有一张专门的说明书，有的是对产品讲究和寓意的介绍，有的是为介绍产品优点而编的趣味文字，有的是适合赠送亲友的诗文。宫原眼科一经开业便深受游客的喜爱，已经成为前往台中市必去的旅游景点之一。店内还直接为游客提供邮寄服务，大陆游客可在购买伴手礼后直接寄回内地。

（四）文化创新类

即基于当地的民俗传统或文化元素，在继承文化的基础上进行创新设计和创意发挥而诞生的旅游商品。此类旅游商品的一般特征是：第一，集合民间传统文化精髓、现代创新设计于一身，既能体现核心的文化特征，又能适应现代人的生活方式和审美观念，是在现代视角下对文化的重新解读；第二，承载文化故事，设计师把文化故事通过自身的认知灌输到了产品当中，让消费者感动、共鸣，从而产生购买意愿；第三，由于消费者对创意的理解和喜好因人而异，因此该类旅游商品也属于面向小众市场的旅游商品，专注于吸引特定群体消费者的青睐。

此类旅游商品可能存在的问题有：第一，在注重发挥创意的同时忽视了产品质量或者实用性，消费者购买商品后出现质量问题，致使消费者产生不良印象；第二，市场与创意脱节，有的文化创新思路虽然新颖，但可能并不能得到消费者的青睐，导致生产出的旅游商品“叫好不叫卖”；第三，创意雷同、互相模仿，例如许多地方都推出风格相近的手绘地图、明信片等，使商品特色大打折扣，有些独特的作品推出后也会被其他商家模仿甚至抄袭，造成恶性竞争。

案例 2-4

苏州猫的天空之城概念书店

图 2-5　猫的天空之城出品的苏州平江路跳棋手绘地图

猫的天空之城概念书店于 2009 年 7 月诞生在苏州市的著名古街平江路上。在之前，店主徐涛夫妇从外地来到苏州，深深地被古城吸引，历时两年完成了一份苏州手绘旅行地图，并在平江路上购置店铺用以展示和销售，顺带卖一些和设计有关的书籍。徐涛夫妇在外旅行时也会带些饮品的配方和原料回来，开始在店铺中售卖特色饮品。书店也出售明信片，图案的设计都是徐涛夫妇招募不同的摄影师和插画师做的，但有着统一的理念和风格。一次偶然的机会，他们从国外寄回的明信片延误了期限，等寄到手时旅行的经历又浮现出来，徐涛便想到了明信片慢递服务，客人可以在店内购买自己心仪的明信片书写，约定十年以内的一个日期，等待店员寄出。

猫的天空之城在手绘旅行地图的基础上，又衍生出了许许多多的创意旅游商品。他们以苏州文化为元素，融入陶瓷产品、礼盒包装、手账纸本、手机壳、手提包、文具用品等产品的设计之中，深受前去苏州旅游的青年群体的喜爱。猫的天空之城苏州店坚持凸显苏州文化风情，并坚持产品从包装到内容的精致化，受到了消费者的好评。现在猫的天空之城概念书店已在苏州多个标志性景区开设分店，并在上海、成都、扬州、大连、武汉等城市布局分店或加盟店，在每个城市的分店也都能运用当地的文化元素设计创意旅游产品，成为创意旅游产品的一大连锁品牌。

（五）现代创意类

即完全在现当代文化基础上开发出来的、专门针对年轻消费者的时尚、前卫的旅游商品。此类旅游商品在现代地域特征的塑造上正在发挥越来越重要的作用。此类商品的一般特征有：第一，建立在现当代的文化资源基础之上，如动漫卡通形象、现代建筑造型、主题公园等，时代感强，较易被现代消费者所接受；第二，运营方式成熟，产业化发展强劲有力，文化版权、艺术授权等管理制度起步较早，营销模式灵活多变；第三，推陈出新速度快，紧紧把握市场需求，时尚触觉敏锐，注重产品的市场接受度和消费者的深层情感体验，能够满足现代游客对个性化的心理需求。

此类旅游商品可能存在的问题有：第一，定价虚高，导致消费者不愿意购买，甚至转而购买便宜的盗版商品；第二，此类商品衍生于当代文化，要求紧紧跟随时代潮流，不断根据大众喜好的变化推出新品，因此这类旅游商品生命周期短，如果更新换代速度过慢会导致商品很快被市场淘汰；第三，与旅游目的地的定位脱节，由于此类旅游商品大多针对当代先锋文化的聚集地，突出个性，因此并不适合所有的旅游目的地开发，要根据市场定位选择开发合适类型的旅游商品。

案例 2－5

日本的手办产业

图 2－6 精美的日本手办产品

手办，又称人形，起源于日本，主要指以动画、漫画、游戏、小说和电影里的角色为原型而制作的人物模型类动漫作品，讲究质量和艺术性，具有收藏价值。手办一般较为昂贵，其生产成本非常高、产量低，其间需要耗费大量的人工成本，而另一方面，手办生产也需要向相应公司购买授权。日本的动漫产业特别发达，手办作为动漫作品最为重要的衍生品之一，尤其受到动漫爱好者的关注。由于日本的手办产业起步较早，设计精巧、制作工艺精湛、营销模式成熟，因此手办产业已成为日本动漫产业的支柱，吸引着世界各地的动漫爱好者购买。

手办也是日本具有吸引力的旅游商品之一，购买精美的或限量版的手办是许多二次元爱好者赴日本旅游的首要目标。日本国家旅游局在推介日本旅游时，也特别介绍传承模型文化的日本手办产品，并且推荐购买手办的地点和商店。在日本机场的免税店里也经常能看到各种正当红的手办产品。从2014年11月开始，中国知名的二次元文化网站bilibili还正式推出赴日定制旅游产品，为热爱动漫游戏文化的二次元用户提供专属旅游企划和推介，其中就包含直通日本购买手办的定制行程。

二、旅游商品的特点

（一）轻便易携

小型化和便携式是旅游商品所具有的一般外观特征。旅游商品是消费者在旅行过程中购买的商品，应当便于消费者长途携带。因此旅游商品通常要做得小巧、轻便、结实、易包装。大而无当的旅游商品会让消费者望而却步。

（二）文化内涵

旅游商品的价值不仅仅停留在物质本身的价值，其美学价值、精神价值等共同构成了旅游商品的高附加值。消费者购买旅游商品多出于纪念目的，许多旅游商品的文化附加值甚至超过了商品本身的物质价值。高附加值的旅游商品也对旅游业的产业结构调整和转型升级有重要意义。

（三）层次多样

旅游商品具有个性化、多样化的特点，由此又衍生出旅游商品的层次性。不但在旅游商品的种类上要多样化，能够满足不同游客的需求，在商品层次上也要做出区分，划分出高、中、低档的旅游商品，让不同层次的旅游者都能够找到适合的商品。

（四）纪念价值

具有文化内涵的地域性是旅游商品的突出特点，也是其走特色发展之路的关键所在。旅游商品的地域文化性使旅游者寻求旅游纪念物成为可能，而游客购买旅游商品很大程度上是出于其纪念意义。因此旅游商品一定是对当地文化的深度挖掘，要有鲜明的特色和较高的纪念价值。

第三节　旅游商品的策划方法

一、旅游商品开发与设计策划

（一）挖掘地方文化

旅游商品开发要立足目的地的自然和人文特点，不断挖掘、提升其文化内涵，顺应市场需求，开发出文化味浓、个性强的商品。特色是旅游商品的生命，开发旅游商品要从表现题材、材料、制作工艺、实用功能、包装等方面体现地域文化特征，注重文化内涵。在旅游商品的开发过程中，可以邀请旅游、历史、文化等相关领域的专家或科研机构、公司团体参与其中，全程参与旅游商品的市场调研、概念设计、样品制作和正式上市。旅游商品在种类选择、文化内涵等方面应紧紧围绕特色地域文化，将地域性、民族性与纪念价值和使用价值有机地结合起来，促进旅游商品产业的可持续发展。

案例 2-6

常州梳篦的文化挖掘

图 2-7 常州梳篦主题系列——《西厢记》

常州自古以来就一直以制作篦箕和木梳而闻名，因其选材精良、工艺讲究，有"常州梳篦甲天下"和"宫梳名篦"之盛誉，史书中就有"梳篦世家延陵地"的记载。湖北江陵拍马山古墓中出土的战国时期木梳就刻有"延陵西门"字样，说明常州梳篦至少有 2 000 年的历史。常州梳篦在设计上注重与当地所处的吴越文化紧密结合。1981 年在全国旅游产品内销工艺品交流会上，工艺造型梳篦"西厢记"荣获优秀作品奖。如今作为旅游商品的常州梳篦工艺更加精良，构思巧妙，绘画精细，既有实用性，又有装饰性。以手工生产梳篦而著名的常州篦箕巷也被作为旅游文化街区得到修复和开发，并建造了常州梳篦博物馆。

（二）注重现代化表达

旅游商品是面向市场的产品，要紧紧把握市场需求，开发出适销对路的旅游商品。有些种类的旅游商品衍生自当地的传统地域文化甚至是非物质文化遗产项目，这些旅游商品则要在挖掘文化的基础上还要注重现代化表达，在传统文化与大众文化消费需求之间，找到贴切的表达方式。旅游商品的开发和设计一方面要坚守中华传统文化价值体系，另一方面要找到兼顾地域特色和时代特性的表达方式，做到既符合文化审美情趣，又生动鲜活，得到消费者的青睐。要增加旅游商品的创意含量，通过现代的创意设计去重新解读传统文化，让传统文化走入现代人的生活，在当代获得新生。

案例 2-7

北京故宫博物院文创产品开发

从 2006 年开始，北京故宫博物院邀请各大美术学院的设计人员为其设计文创产品，作为故宫的旅游商品出售。截至 2015 年底，故宫文化创意产品达 8 700 多种，营业额超 10 亿元。故宫博物院院长单霁翔对外介绍故宫开发文创产品的经验，其中包括要以社会公众需求为导向，注重实用性；要以文化创意研发为支撑，一方面力求把握传统文化脉络，另一方面注重探索现代表达方式。在旅游商品销售上，故宫通过实体店、APP、电商平台等渠道"多管齐下"，通过现代人喜爱的"卖萌"宣传吸引消费者的关注，取得了良好的宣传效果。

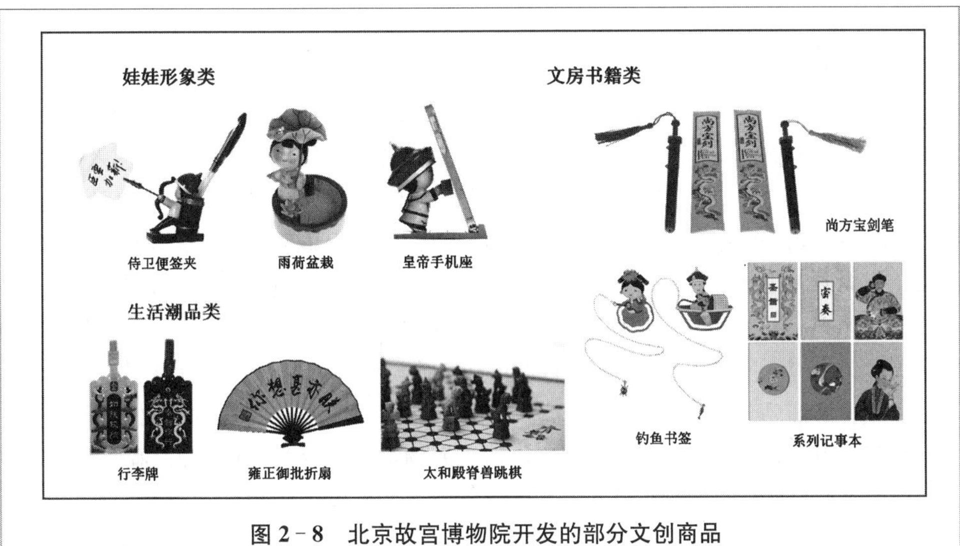

图 2-8 北京故宫博物院开发的部分文创商品

二、旅游商品销售模式策划

（一）制定合理价格

旅游商品根据种类和定位的不同，其定价主要基于 4 种导向：谋求较大市场份额的销售导向、追求利润最大化的利润导向、应对或者回避竞争的竞争导向、塑造产品或品牌形象与声誉的形象导向。例如限量版、珍藏版、定制版等面向购买能力强且对价格不敏感的消费群体的旅游商品，则可以利用消费者追求名牌效应和身份地位的心理而制定较高的价格，在仿制品出现之前尽快收回成本。对于面向一般人群的旅游商品，则可以采用满意价格策略制定适中的价格，也可以根据大多数消费者追求便宜的心理制定较低的价格以渗透市场。在旅游商品销售过程中还可以通过节事折扣、淡季折扣、多买多送、预订折扣等策略进行定价调整以刺激旅游商品的销量。

案例 2-8

山东阿胶糕的形象导向定价策略

阿胶糕是山东省著名的特产之一。传统的阿胶糕包装过于简单化，虽然定价比较低廉，但因为游客购买此类旅游商品多出于馈赠目的，传统阿胶糕的档次就显得较低，销售量也不够高。根据阿胶糕能够美容养颜的功效，有的公司包装开发了“桃花姬”品牌阿胶糕，邀请香港设计师设计产品包装，主要面向白领女性群体销售。虽然该款旅游商品的价格比传统的阿胶糕翻了数倍，却也因此塑造了高端商品的形象，仍然受到不少目标群体消费者的青睐。有的游客表示，这样精美漂亮的包装加上能够接受的价格，馈赠亲友特别有面子。

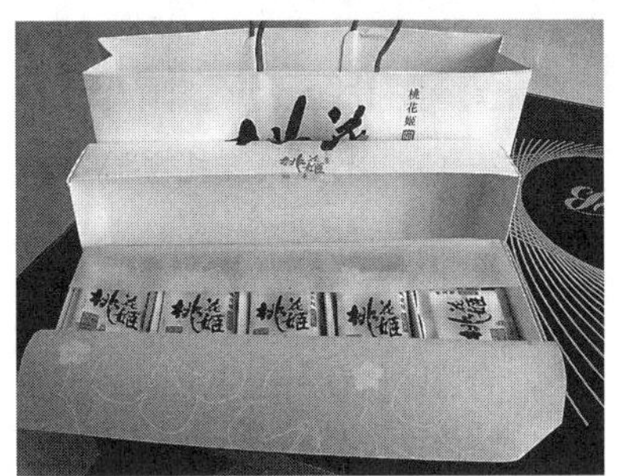

图 2-9 包装精美的阿胶糕产品

（二）建立分销系统

旅游商品营销渠道指的是旅游商品从旅游生产企业向旅游消费者转移过程中所经过的各个中间环节连接起来而形成的通道。旅游商品供应商、第三方中间商和旅游消费者构成了旅游商品分销系统。目前我国旅游商品的销售渠道比较单一，主要是在景区内及周边设购物点，或者在车站、机场等地设置旅游商品专卖店。在旅游商品销售中，商家应该首选短渠道的营销方式，即由旅游商品生产商将商品出售给零售商，由零售商承担向游客出售的任务。在渠道的建设上可以先着手建设旅游商品旗舰店，然后逐步推进建立旅游商品分店，授权机场专卖店、大型商场专柜、星级酒店旅游商品专柜、景区周边销售点等零售商销售，最终打造出知名旅游商品品牌，走向连锁经营。

建立旅游商品分销系统还要重视网络的作用。游客前往旅游目的地之前通常会借助网络了解目的地的旅游信息，其中就包括旅游商品。部分种类的旅游商品可以在网上的电商平台上线销售，即使不适合通过线上销售的旅游商品也能通过在网络上的宣传让即将前来的游客有所了解，起到促销的作用。

案例 2－9

南京“秦淮礼物”的分销布局

图 2－10　南京“秦淮礼物”夫子庙总店

“秦淮礼物”是南京洛可可公司和夫子庙文旅集团共同打造的文创产品品牌。2013 年，双方合资成立夫子庙洛可可文化发展有限公司，从六朝文化、民国文化、秦淮文化中挖掘开发出了全新的文创产品“秦淮礼物”。目前“秦淮礼物”除了现有的夫子庙总店，还在南京老门东历史文化街区开了分店。接下来公司将着手进行商业模式及产品的复制，预计在夫子庙地区打造五家分店，并将对南京秦淮区所有景点商店和文化街区商店进行全面整合，力争把秦淮礼物品牌打造成国内文化创意品类最丰富、销售规模最大、店面管理最专业的城市文化品牌。

（三）合理利用促销

促销是旅游商品营销策划中的一个重要部分，其主要功能是提高旅游商品的知名度和刺激游客的购买。在旅游购物过程中，游客时间仓促，对旅游商品的性能、特点、用途、质量等了解甚少，而此时促销便成为刺激消费者购买旅游商品的有效手段，能够促使消费者产生购买欲望并做出购买决定。旅游商品促销办法可以分为三种：人员推销、大众推广和营业活动。这些促销办法之间也有着密切的联系，在实际使用中，可以采取多种营销方式相配合的办法，使促销活动有声有色，达到水到渠成的效果。

案例 2－10

日本商家吸引中国游客的春节促销行动

图 2－11 春节期间挂出中文招牌的日本商家

春节是中国游客赴日本旅游的高峰期之一，如今日本各大零售商和旅游周边行业将“春节商战”视为提升销售额的关键战役。贴“福”字、打出欢庆春节的标语，不少日本商家不仅营造出春节气氛，还纷纷推出吸引中国游客的措施。位于东京银座核心地段的高档商场三越，在商场入口的咨询处旁边设置了专门面向中国游客的咨询台，由懂中文的工作人员提供各类咨询服务，咨询台还免费提供各类中文宣传手册。每年元旦期间，商家将多件商品打包优惠出售的“福袋”销售活动是日本的特色，而如今不少日本商家开始在春节也推出“福袋”活动。东京有乐町一家电器店就在入口处竖起春节“福袋”的广告牌，推出保温杯、剃须刀等较受中国游客欢迎的电器“福袋”。为解决部分电器较大、游客携带不方便的问题，该店还推出购买商品超过一定额度，免费送货至机场的服务。

三、旅游商品宣传展示策划

（一）展现生产过程

旅游商品的生产在注重自动化、标准化和定制化的同时，也要突出生产者、销售者和消费者之间的互动，增加消费者对旅游商品生产过程的知情和参与。尤其是近年来消费者对食品安全问题尤为重视，而特产食品又是旅游商品中的重要组成部分，许多旅游目的地把特产食品的生产流程对游客展示，让游客放心购买。展现旅游商品的生产过程可以一举两得，一方面这样的生产过程本身就成为旅游吸引物，吸引游客前来观看、体验，另外一方面还增加了游客对该旅游商品的兴趣和信任，游客更愿意购买，增加商品的销量。

案例 2－11

青岛啤酒博物馆的生产展示

图 2－12 青岛啤酒博物馆内售卖原浆啤酒的柜台

青岛啤酒博物馆设立在青岛啤酒的老厂房之内，以青岛啤酒的百年历史和啤酒生产工艺流程为主线，集文化历史、啤酒生产流程参观、啤酒娱乐、购物、餐饮为一体。游客在博物馆内可以了解完整的啤酒生产工序，参观青岛啤酒一厂真实的生产车间，并且品尝新鲜的原浆啤酒。在参观结束后，游客可以选择购买青岛啤酒厂独家生产的啤酒豆，各种原装或鲜榨啤酒，青岛啤酒厂专供出口的各种啤酒，以及各种啤酒礼品装。游客还可以选择购买将自己的头像印在啤酒瓶上的纪念版啤酒。

（二）构建体验式场景

在旅游商品的销售过程中进行体验营销，将商品销售与游客的亲身体验相结合，能够取得较好的效果。体验营销要求增加消费体验，激起游客的感官感受，能够让游客得到身心愉悦，提高产品和服务的附加值，满足消费者的个性化需求，从而进一步促进旅游商品的销售。例如生产传统工艺类旅游商品的地点，可以建立一些集设计、制造、生产和销售于一体的旅游商品中心，将旅游商品制成半成品，留下容易完成的工序由游客亲自参与制作，可以让游客留下自己独特的印迹后再出售，这样更容易得到游客的青睐。这种旅游商品体验营销的模式在旅游发达省份已得到广泛运用，但在体验项目与方式设计上还需要大胆设想，勇于开拓。

案例 2-12

江苏宜兴紫砂器皿的体验营销

图 2-13 家长带着孩子进行动手制作紫砂体验

中国陶都——江苏省宜兴市向以生产紫砂器皿闻名于世，原先宜兴的旅游商品也是以销售成品紫砂器皿为主。在宜兴旅游业不断发展的过程中，经营商家开始运用体验营销的手段。游客到宜兴可以参观紫砂器皿的制作工艺和生产流程，在现场还可以指定紫砂器皿的样式，经营商家根据游客的要求提供紫砂器皿的生胚，游客可以亲自在生胚上留下印记，或诗或画或名，既可留念，也可送友，具有独特的意义。在游客前去观赏游玩的时候，经营商家把游客留下印记的生胚进行烧制，在游客离开的时候送到游客的手中，此举深受游客喜爱。宜兴紫砂器皿的营销堪称体验营销的杰作。

思考题

海南省三沙市于 2012 年 7 月 24 日正式挂牌成立，管辖西沙群岛、中沙群岛、南沙群岛的岛礁及其海域，市政府驻西沙永兴岛。三沙的群岛散布于热带海洋之中，在自然因素的综合作用下，形成了得天独厚的热带海洋海岛自然景观，岛上陆地与附近海域非常洁净，热带海岛风光旖旎，完全具备“阳光、空气、沙滩、海水、绿色”五大旅游要素，是大陆和近海任何海岛无法替代和比拟的自然资源，发展热带海洋海岛旅游业潜力极大，是一块尚待开发的广阔的旅游处女地。据三沙市委书记、市长肖杰介绍，2015 年三沙成立了旅游公司来研究开发一些旅游纪念品，比如为每个岛设计不同的徽章，设计一些冰箱贴、折叠帽等等。2016 年 5 月至 6 月，为开发一批具有三沙特色，集纪念性、观赏性、收藏性于一体的旅游商品，充分展示和宣传三沙市神圣海疆、神秘丝路和神奇海洋的旅游形象，三沙市政府举办了以“南海丝路，神奇三沙”为主题的旅游商品创意设计大赛。

图 2-14

三沙市政府驻地——西沙永兴岛

1. 请梳理三沙市开发旅游商品有哪些可用的资源？
2. 三沙市适合开发哪些类别的旅游商品？
3. 针对三沙市旅游商品的营销模式，你能提出哪些建议？

案例导读

旅游节庆活动成酉阳桃花源景区旅游营销推进器

邱洪斌

"大型活动定期举办造声势扩大知名度，中小型活动不定期举办提高影响力。"笔者在酉阳自治县桃花源景区获悉，今年来，景区不间断、常态化举办的旅游节庆活动，成为提升酉阳旅游知名度和影响力，推动旅游营销提档升级和加快旅游产业快速发展的助推器。

全年来，景区先后与中新社、腾讯大渝网、大秦网、新浪、湖北经视频道《经视团购》、南京电视台、《快乐老人报》、重庆风行天下车友会、雪花啤酒等媒体、自驾车俱乐部以及企业，成功举办了第二届酉阳桃花源大型传统汉式集体婚典，第二届酉阳桃花源雪花啤酒露营节、全国中老年模特大赛、第四届万名驴友走进酉阳桃花源暨全国山地自行车大赛、首届酉阳桃花源大学生旅游狂欢节暨"桃女郎"选拔赛、2015年"雪花勇闯天涯——大学生挑战未登峰"重庆·酉阳桃花源终极挑战赛、重庆市第二届酉阳桃花源闪亮星主播小主持人才艺大赛等20余项大型主题营销节庆赛事活动。

"节庆活动是吸引游客眼球的载体和纽带，提升了景区知名度，带来了人气，做大了品牌。"据景区负责人介绍，其中的"酉阳桃花源大型传统汉式集体婚典"不但走进了央视，还成为广大婚恋男女崇尚追捧的旅游文化品牌。

（资料来源：华龙网2015年12月4日）

节事活动作为一种重要的活动形式，在我国城市的飞速发展中正在扮演着越来越重要的角色。它集旅游观光、购物娱乐、经贸洽谈、科技文化等多种活动于一体，具有在短时期内集中展示主办地的自然及人文资源独特魅力，强势推销城市目的地并迅速提高其国内外知名度，以及繁荣城市经济、文化的作用。节事活动不仅是一种文化现象，更重要的是一种经济载体。节事活动策划是通过举办具有浓郁的文化韵味和地方特色的活动达到市场营销的目的，从而提高举办地的知名度和美誉度，树立举办地的良好形象，促进当地旅游业的发展。

第一节　节事活动发展概况

一、节事活动的概念界定

"节事"是近几年国内在旅游研究中新出现的一个术语，它是由英文"event"创造出来的，其他相应的中文术语还有"活动"、"事件"等。根据《韦氏词典》，节事的定义为：发生的事；值得注意的事件；特殊的事件；运动会中一项竞赛。从中文意义上，要将"event"理解为"节日和事件"，简称"节事"。

节事活动是指目的明确的、群众参与的大型活动，包括：节日、庆典、地方特色产品展览会、交易会、博览会、会议，以及各种文化、体育等具有特色的活动或非日常发生的特殊事件。从概念上来看，节事是节庆、事件，是精心策划的各种活动的简称，其形式包括精心策划和举办的某个特定的仪式、演讲、表演和节庆活动，各种节假日、传统节日以及在新时期创新的各种节日和事件活动。

二、国外发展历史与现状

世界范围内节事活动的举办拥有上千年的历史积淀，比较传统的庆典活动与季节、宗教、重要生命阶段有关。近年来，节事活动已发展成为全球性产业，作为国家、区域、地方以及企业吸引旅游者的一种重要方式。

在国外，节事活动发展历史悠久，其举办已经为其城市及国家带来了巨大的收益，并且无论是节事活动的理论研究还是具体活动的举办都较为成熟。国外举办的节事活动颇有特色，所以很多知名的节事活动具有悠久的历史，作为每年的盛会，现已形成了品牌基础上的文化冲击力和特色震撼力。如奥运会的举办始于 1896 年，世博会则是从 1851 年开始举办，慕尼黑啤酒节开始于 1810 年，而西班牙奔牛节可以追溯到 1591 年。其他具有百年历史的节事活动更是不在少数。显然，这些拥有百年节事活动举办经验的地方已累积了上百年的宣传影响力，知名度已远播全球，吸引了无数来自全世界各地的游客前来参加，从而带动着当地旅游业快速发展。

国外的节事活动之所以有如此大的影响力，与所举办的每个活动的独具特色是分不开的。丰富的旅游体验是举办方为游客提供的最好的服务。如世界著名的西班牙奔牛节和德国慕尼黑啤酒节，是全民参与的节日活动。在奔牛节中，来自世界各地的人们穿上白衣裤，缠上红腰带，被 6 头经过驯养的公牛追赶，狂奔穿城而过。此外，还有民间表演、乡间运动比赛等项目。考虑到儿童的需求，主办方还专门为孩子们准备表演和活动。在慕尼黑啤酒节中，除了在大广场畅快痛饮啤酒之外，盛装游行也是一大特点。每年啤酒节的第一个周日，来自全德国各州的人穿上富有民族特色的服装，演奏音乐，浩浩荡荡穿过慕尼黑，最后来到啤酒节的现场。

表 3－1 国外著名节事活动按主题划分一览表

活动类型	特点	典型事件
文化庆典 (Cultural Celebration)	包括节日，狂欢节和历史纪念活动等，以每个国家人们的生活方式和文化习俗为主	西班牙奔牛节 澳洲 Anzac Day 庆典
文艺/娱乐事件 (Art Entertainment)	包括音乐会、文艺展览等，主要卖点为演出或娱乐事件	美国伍德斯托克音乐节 维也纳音乐节
商贸及会展 (Business and Trade)	以商业贸易为基础，包括展览会、展销会、博览会等子项目	世界博览会国际车展
体育赛事 (Sport Competitions)	以运动体育项目为基础，包括各种职业比赛、巡回赛等	奥运会 F1 巡回赛 Indy 赛

（续表）

活动类型	特　点	典型事件
教育科学事件 （Education and Science）	主要以学术交流为目的，包括学术会议、学术大会等	国际环保大会 国际传播学协会年会
休闲事件 （Recreational）	包括一些以娱乐休闲为主要目的，强调全民参与的事件；主要包含游戏和趣味体育项目等	英国滚奶酪比赛 新西兰剪羊毛大赛
政治/政府事件 （Political/State）	包括国家政要的就职典礼、授职授勋仪式等	英女王继位庆典 美国总统自由勋章授勋仪式
私人事件 （Private Event）	包括宗教礼拜、周年纪念、皇室家庭事件等	皇室婚礼 墨西哥亡灵节

资料来源：戴光全，保继刚（2003）。

三、国内发展历史与现状

同其他国家情况一样，节事旅游在我国经历了从无到有、从混乱无序到逐步完善规范的过程。依据节事活动的主题，可以将我国节事活动的发展分成三个时期：

第一时期，20世纪80年代中期到90年代。比较重视当地群众庆祝和娱乐功能，节事活动的主题大多与农业活动或者当地传统有着直接关系。如1983年开始的洛阳牡丹节。

第二时期，20世纪90年代到20世纪末。沿海大城市意识到节事的重要性，开始举办以工业化产品为主题的节事活动。如1988年的大连时装节、1991年的青岛啤酒节和1993年的上海啤酒节等。这一时期的节事活动缺乏特色，以带动当地经济为主要目的。

第三时期，兴起于世纪之交，开始出现大型盛事，主要集中在国际大都市，规模大、国际性影响强。如1999年昆明园艺博览会、2008年北京奥运会、2010年上海世博会。

中国节事活动在近10年来取得的成就有目共睹。节事活动向着国际化和大规模化方向发展，如2001年的APEC会议，2005年的上海F1赛车，2008年的北京奥运会及2010年的上海世博会，2011年的深圳大学生运动会，等。这一系列活动的举办，将中国节事活动的发展推向新的高度。借助这些活动的举办，每个举办城市都提高了自己的国际知名度，发展了城市建设，使得旅游业的发展更加完善，吸引了来自世界各地的游客。目前，我国大大小小的节事活动数量达到5 600多个，种类多样化。节事活动也正在从旅游需求向旅游休闲需求发生转变，从而带动目标市场和节事产品的转变，以适应“多样化、多层次的消费需求”。

第二节　节事活动的分类与特点

一、节事活动的分类

按节事活动的主题，可以将节事活动划分为商贸、文化、宗教、民俗、自然景观、体育赛事及综合等七大类型。

（一）以商贸为主题的节事活动

这类节事活动是以地区的工业产品、地方特色商品和著名物产特产为主题，辅以其他相关的参观活动、表演活动等而开展的节事活动。商贸节事活动除了可以起到促进商品交流、经贸洽谈等经济功能以外，还可以为举办城市带来巨大的社会效益。

案例 3-1

中国（道滘）美食文化节

图 3-1　第七届中国（道滘）美食文化节现场

道滘镇地处岭南水乡东莞市，美食传统由来已久，水乡美食（如道滘粽、道滘肉丸）更是闻名遐迩。近年来，道滘镇委、镇政府以食品为特色产业，努力将传统食品产业化，并致力于策划推广“品味道滘”的品牌，使之成为广东省著名商标。道滘先后获得了全国食品工业名镇、美食名镇、食品专业镇的美誉。每年端午节期间，道滘镇会举办万众瞩目的美食文化节。

国字当头，规模宏大

自 2008 年起，道滘镇美食文化节获得了良好的社会效益和经济效益，同时得到了国家、省市有关部门的肯定。2010 年，道滘镇美食文化节升格为中国（道滘）美食文化节，由食品工业协会、东莞市政府、广东省食品工业协会主办。截至 2016 年，道滘已成功举办了 7 届美食文化节，历届都是规模宏大、场面火爆、人气十足。以 2016 年第七届美食文化节为例，整个美食文化节以“品味道滘·和美水乡”为主题，举办跨境电商论坛、直升机展示、航模表演、游龙趁景、七夕贡案等活动吸引群众参与，通过美食节平台展示东莞道滘传统优势食品、跨境电商产品，吸引更多的意向商家前往东莞道滘进行商品采购，打造东莞水乡食品交易中心。

珍馐荟萃,百味交集

历届美食文化节除充分展示道滘的传统水乡美食外,也搜罗了全国各地的特色美食,将其荟萃于一地,同时还邀请法国、日本、韩国、马来西亚、越南等国家和我国港澳台地区的知名美食品牌企业参展。在美食节期间,道滘镇成了一片珍馐荟萃、百味交集的美食海洋。无论你是多么挑剔的食客,都可以在这片美食海洋里寻到几款称心的食品,觅到几种合意的口味。

同时,为丰富美食节的内涵,更好地增进人们对美食的理解,历届美食文化节还设计安排一系列活动。以2012年第三届美食节为例,组委会开设了美食体验区、岭南水乡烹饪文化展示长廊等活动区域,让广大市民游客亲自动手、亲身体验,于玩乐中加深对水乡美食的认识。

文化盛宴,高潮迭起

道滘是著名的中国民间文化艺术之乡、中国曲艺之乡,传统文化底蕴深厚,历届美食文化节都将美食活动与龙舟竞渡、粤剧曲艺、放河莲花灯、七夕贡案等民间文化活动有机结合,让美食节不仅成为一场珍馐百味荟萃的美食盛会,也成为一席文化盛宴。以2012年第三届美食节为例,在美食节期间,组委会共设计了包括“睇大戏来道滘”粤剧曲艺专场、原生态曲艺茶座、放河莲花、沐浴龙舟圣水等9大项30多个小项的美食文化活动,共吸引游客群众50多万人。节庆期间,会场里人山人海,热闹非凡。各方游客慕名而来,或驻足于各个特色美食摊位前,大快朵颐;或流连于各活动现场,乐在其中;憧憬而来,尽兴而归,更期待下一年的美食盛典。

另外,道滘旅游资源丰富,粤晖园、诺华中国家具博物馆、儿童乐园、蔡白湿地沿江景观大道等景点风景靓丽、独具特色,因而历届美食文化节期间,组委会都以美食文化节为契机,整合各种旅游资源,积极开展旅游推广,让广大游客在享受美食之余能够饱览独特的水乡风景。

商贸盛会,硕果累累

历届美食文化节对道滘镇的经济起到了不小的拉动作用。如首届美食文化节在短短5天内拉动消费额高达2.5亿元;第二届美食文化节拉动消费额更是翻一番,高达5亿元;第三届美食文化节也有3亿元的消费额。如果说美食文化节对道滘经济拉动多少仍有数额可参照的话,那么其对于道滘镇的城市形象方面的提升则是无法估量的,我们无法量化道滘镇的城市形象在他人心中究竟提高了多少,但是我们确确实实感受到人们知道有道滘这一座美丽的城镇,知道道滘有一个盛会叫道滘美食文化节。

(二) 以文化为主题的节事活动

文化节事活动就是依托当地的文脉,以现存的、典型的、特质性的地域文化类型而开展的节事活动。这类节事活动文化底蕴深厚，对游客吸引力强。文化类主题节事活动常常与当地特色文化的物质载体相结合，开展丰富多彩的观光、文化活动。如中国淄博国际聊斋文化节，以人人耳熟能详、流传很广的聊斋文化为主题，举办各种与聊斋主题相关的活动，讲述活化人们心中的聊斋故事，从而被游客所推崇与喜爱。

案例 3－2

淄博国际聊斋文化节

图 3－2 淄博国际聊斋文化节

每年的5月初，淄博市政府和淄川区政府都会在聊斋城内举办国际聊斋文化旅游节，旅游节以“乡俗民风伴古韵，聊斋故事醉游人”为主题，每年都邀请国内外知名人士及当红歌手现场助阵，自2002年首届承办以来，在省内外产生了巨大的影响，已成为齐鲁大地的一项大型文化旅游活动，使游客在游览中感受到聊斋文化及浓郁的乡土风情。

国际聊斋文化旅游节每年在淄博市淄川区蒲家庄举行。淄川是清代著名文学家蒲松龄先生的家乡，是独具魅力的聊斋文化的发祥地。淄川西汉初建县，悠久的历史和灿烂的文化给淄川留下了极为丰富的文化资源。全区共有包括5处国家级、12处省级在内的148处重点文物保护单位、非物质文化遗产，其中著名的蒲松龄故居、柳泉、蒲松龄墓园为全国重点文物保护单位，聊斋俚曲为国家级非物质文化遗产。

（三）以自然景观为主题的节事活动

自然景观节事活动是以当地地脉和具有突出性的地理特征的自然景观为依托，综合展示地区旅游资源、风土人情、社会风貌等的节事活动。这类节事活动与自然景观的观光旅游活动有相似之处，也有不同之处。自然景观仅仅是该类节事活动的主打产品而已，不是全部。因此，在节事活动中，除了突出自然景观的主体地位之外，还有很多其他的相关活动作陪衬。类似的节事活动有：中国哈尔滨国际冰雪节（我国历史上第一个以冰雪活动为内容的区域性节目）、张家界国际森林节、中国吉林国际雾凇冰雪节、云南罗平油菜花旅游节。

案例 3-3

吉林国际雾凇冰雪节

由吉林省旅游局和吉林市人民政府共同举办的雾凇冰雪节,现已成为提升吉林省旅游形象的亮丽名片。借大自然赐予的神奇雾凇资源,吉林全力打造特色旅游品牌。

图 3-3 吉林雾凇场景

在每年1月中旬,吉林省吉林市将举办盛大的冰灯、彩灯游园会,冰雪运动会,开展放河灯、放焰火和彩船大游行活动,有东北大秧歌表演,满族、朝鲜族民俗节,关东风味美食节,大型的经贸洽谈会、交易会、订货会等活动。冬季的吉林,是冰雪观光的乐园。吉林雾凇,俗称树挂或雪柳,与桂林山水、云南石林、长江三峡并称为中国四大自然奇观。流经吉林市区的松花江,历严寒而不结冰,两岸苍松翠柳,凝霜挂雪,形成冰清玉洁的雾凇美景。

中国吉林国际雾凇冰雪节始于1995年,迄今已走过二十多个年头,目前已经发展成为集旅游、文化、体育、经贸于一体的综合性活动,冰雪冷资源正成为当地的热经济。主办方称,雾凇、冰雪、温泉、陨石是吉林市的四大特色自然景观,雾凇冰雪节期间,游客在这里可以赏雾凇奇观,畅游冰雪乐趣,感室外温泉。

(四) 以民俗风情为主题的节事活动

民俗风情节事活动是以本民族独特的民俗风情为主题,涉及书法、民歌、风情、风筝、杂技等内容的节事活动。我国是多民族的国家,各民族和不同地域的习俗各不相同,可以作为节事活动的题材非常广泛。因此,民俗风情类节事活动在我国丰富多彩。

案例 3-4

中国(象山)开渔节

浙江象山是一个中国著名的滨海城市。每年一届在此举行的"开渔节"开创了中国独一无二的海洋庆典活动,具有浓郁的渔乡风情和海滨旅游特色,是中国著名民间节日之一。

中国开渔节创办于1998年,每年一届,至今已举办了14届。中国开渔节是以感恩海洋、保护海洋为主题,以渔文化为主线的海洋民俗文化类节庆,它以浓厚的渔文化为底蕴,在承袭传统习俗的基础上,通过节庆活动推进当地社会经济的发展,引导广大渔民热爱海洋、感恩海洋、合理开发利用海洋。开渔节已经成为宁波市三大主要节庆之一,并跻身国家旅游局十大民俗节庆活动行列。中国开渔节已经成为在国内有较大影响力的,具有浓厚渔文化底蕴的一个海洋文化

图 3-4 中国(象山)开渔节

和海洋旅游节庆活动，也是象山县对外宣传和展示形象的一个平台，是传统文化、民俗特色和时尚元素的综合演绎。

开渔节期间，旅游是一个重要方面和内容。每年的开渔节都设置“开渔之旅”、“海鲜之旅”等相关旅游活动，也专门设置了如“百名女记者看象山”、“百名海外游客看象山”等活动，同时，与各旅行社合作，组织游客参加开渔节活动，结合象山港大桥的建造，第十三届开渔节活动期间，在上海世博园内举办了“开渔之旅”启动仪式，影响面很广，活动期间共接待游客总人数达 10 余万人次。

东海渔民自古以来就有开捕祭海的民俗。当地政府和有识之士将渔民的自发仪式上升为一个海洋文化的盛大典礼，集文化、旅游、经贸活动于一体，赋予其丰富的文化内涵和鲜明的渔乡特色。传统的祭海仪式表达了渔民出海平安的祝愿；“蓝色保护志愿者”行动体现了人们保护海洋生态环境的意识；而锣鼓齐鸣、千帆竞发的开渔盛况吸引了来自全国的数十万名游客。

(五) 以宗教为主题的节事活动

宗教文化是中国传统文化的重要组成部分，内容丰富、风格多样。宗教节事活动就是基于宗教对于游客的吸引力而创办的。宗教节事活动吸引的游客大多是宗教信仰者，这类参加者由于信仰的关系，对宗教节事活动的参与热情程度比较高，并且重游率很高。

案例 3-5

中国（成都）道教文化节

成都是道教文化的重要发源地，历史悠久，宫观众多，高道辈出。道教祖天师张道陵开宗圣地鹤鸣山、青城山及二王庙、青羊宫、老君山等道观在海内外都有着深远的影响。杜光庭、孙思邈、陈清觉、张三丰以及近现代的彭椿仙、易心莹、傅圆天等高道都在这里修持修行。成都作为文化古都，道教文化资源已成为其重要的人文资源之一。青城山是中国道教发祥地，中华仙道思想策源地，天师道的祖山祖庭，世界文化遗产地，其悠久的历史与深厚的文化底蕴，丰盈的自然与人文景观，在中国乃至世界的名山文化中都具有独树一帜、唯一、不可再造的文化特征。

图 3-5
道教文化节表演现场

中国（成都）道教文化节是经国家宗教事务局批准，由中国道教协会、四川省道教协会、成都市道教协会联合主办的节日。道教文化节的主要活动包括：太极神韵（开幕式暨《道韵青城》大型文艺晚会）、祈福众生（老君阁灾后重建落成典礼暨感恩祈福大法会）、论道青城（“中华之道”中国传统文化巅峰论坛）、天籁之音（蜀派古琴表演）、仙山新姿（名人书画暨摄影作品展）、知恩感恩（上海、澳门系列感恩活动）、道在养生（道家养生体验与展示活动）、仙山对弈（围棋邀请赛）、道解都江堰（闭幕式暨“道解都江堰”实景演出）九大系列专题活动。

（六）以体育赛事为主题的节事活动

体育运动是人类展示健康体魄、冲击人体极限的主要方式之一，竞技体育由于其强烈的观赏性、高度的对抗性以及所体现出来的拼搏精神引起了众多体育爱好者的兴趣，由此也形成了体育型节事旅游活动，如奥林匹克运动会、世界杯足球赛、亚运会等。我国各地还有众多富有地方特色和民族特色的民间体育赛事活动。

案例 3-6

潍坊国际风筝节

潍坊国际风筝节是一年一度举办的国际风筝盛会，每年 4 月 20 日至 25 日在世界风筝之都潍坊举行。潍坊风筝节自 1984 年开始，迄今已连续举办 34 届，吸引着大批中外风筝专家、爱好者和游人前来观赏、竞技和游览。

潍坊风筝历史悠久、做工精巧、造型优美、放飞平稳、易于起飞。位于市区东北 15 公里的杨家埠村便是风筝的故乡。杨家埠风筝以做工考究，绘制精细，起飞高稳而闻名，分为串子类、板子类、立体类、软翅、硬翅和自由式六大系列，60 多个品种。杨家埠木版年画也是驰名中外，与天津杨柳青、苏州桃花坞并列齐名，被称为中国的三大画市。

图 3-6 第 32 届潍坊国际风筝节现场

整个风筝节期间伴有丰富多彩的节事活动，如民间传统歌舞表演，传统的民族花灯展览，民族焰火的燃放，风筝音乐会……4 月 20 日举行隆重的开幕式，21 日举行国际风筝赛暨中国风筝精美比赛。中外风筝，各以自己独特的造型、色彩和风格及放飞技巧吸引着数以万计的观赏者。22 日起，游客根据自己的兴趣和爱好游览“千里民俗旅游线”，潍坊的民俗风情尤其给游客留下极为深刻的印象。这里的传统婚礼表演，坐花轿、拜天地、交杯酒、入洞房，再现古代婚俗，令游客心驰神往。村内的民俗博物馆，可让游客了解鲁中农村的百年习俗。“吃农家饭、住农家屋、学农家活、随农家俗”，在这里游客可尽情地体验享受农家生活。同时，风筝节又是与发展外向型经济相结合的盛会，其间潍坊市举办对外经济技术贸易洽谈会，吸引着大批中外客商前来洽谈贸易，投资办厂，进行技术交流和观光游览。

（七）综合性的节事活动

综合性节事活动大多是综合几种主题在大城市举办。这种节事活动一般持续时间比较长，内容综合、规模较大、投入较多，取得的效益也会相对较好。在我国许多大城市都有此类节事活动，比如 2010 年的上海世博会，以及各地举办的旅游节庆典活动。

案例 3－7

上海旅游节

图 3－7 上海旅游节

上海旅游节是由上海市黄浦区旅游节演变而来的，开始于 1990 年，每年活动安排于 9—10 月，历时 20 天。上海旅游节的各个主题内容涉及范围广，涵盖了观光、休闲、娱乐、文体、会展、美食、购物等七大领域，具体分为文化艺术节、民俗风情节、花车巡游大赛、都市森林狂欢节、电影节、音乐节、时装节、美食节以及购物节等 40 多个项目，是目前国内旅游节事中极具特色的大型节庆活动。上海旅游节大众化程度高，能吸引到更多旅游者的关注，据统计每届旅游节均可吸引中外游客高达 800 万人次，是促进上海旅游经济的重要节庆活动。

上海旅游节发展至今已 20 余年，其运行模式主要经历了三个阶段。第一阶段是由黄浦区政府为主导，联合本区内各旅游相关行业共同参与承办的模式，即“政府搭台，企业唱戏”运行管理模式。第二阶段由上海市主管部门带头，联合各社区组织、企事业单位、社会团体共同筹划举办的模式，这种运行模式能加大上海市各区县之间的学习和交流，体现出同发展、同提高、同进步的和谐思想，极大地促进了节事活动的知名度和各社区参与度，也使各社区内部旅游文化资源得到展示；同时参与旅游节庆的各组织和企业单位可以在市政府的统一协调和组织下充分展示其市场发展能力。第三阶段是“政府引导、市场合办”模式，该模式为上海市带来了很大的经济效益和社会效益，推动上海旅游节逐渐走向了市场化，但又不是完全市场化的运作，是一种促进上海旅游节得以持续发展的成功模式。

二、节事活动的特点

节事活动作为会展的一个部分，除了具有会展活动的一般性特点以外，其自身还具有一些特性，主要包括：文化性、地域性、休闲性、交融性、持续性等。

（一）文化性

节事活动本身就是文化活动，其所包含的文化因素，使每一个节事活动都拥有自己独特的内在品质和个性。这也是节事经济重要的、富有创造性的推动力。以民族文化、地域文化、节日文化和体育文化等为主导的节事活动往往具有浓郁的文化气息。在创新驱动成为我国今后的主要经济动力，文化产业成为我国重点发展产业的背景下，节事产业的文化创新将在今后一段时间内受到重视。

（二）地域性

节事活动一般都是在某一地域开展的，以展现地方特色文化为主，带有明显的地域性，可成为目的地形象的指代物。有些节事活动已经成为区域的“名片”，而少数民族节日更是独具地方特色。

（三）休闲性

节事活动作为一种旅游活动，是人们现代生活休闲的重要内容。促进人们生活质量的提高并满足人们日益增长的对休闲生活的需求，必将是节事活动的一个重要目标。同时，节事活动本身作为休闲产业不可分割的重要组成部分，要求其体现出浓厚的休闲特征。

（四）交融性

节事活动的多样性和大众参与性决定了其必然有强烈的交融性。纵观国内外著名的节事活动，无不包含会展等其他活动，从而成为带动当地经济发展的引擎。同时，节事活动是一种参与性很强的活动，当地群众和外来旅游者的广泛参与是任何节事活动得以蓬勃发展的基础。

（五）持续性

节事活动作为一种经济、文化活动，只有做到可持续发展才能继承和创新。实践也证明，凡是具有特色的节事活动，都将可持续发展作为推动节事活动出规模、创特色、打品牌的重要举措。如巴西里约热内卢的狂欢节、法国戛纳的电影节、奥地利维也纳新年音乐会等节事活动举办历史较长，周期持续稳定，富有传统特色，获得了极高的知名度。

第三节　节事活动策划方法

一、节事活动策划的原则

节事活动是复杂的、涉及面非常广的一项系统工程。不同区域所拥有的旅游资源属性、数量、分布、历史基础等千差万别，环境条件、经济基础、技术力量更是各有所异，从而造成节事活动策划的内容、方式、规划设计也不尽相同。然而，作为一种旅游资源，节事活动仍有其共性，从我国节事活动的开发策划实践案例中，不难发现其策划理念与方案必须遵循一定的基本原则。

（一）独具个性原则

想要出奇制胜，必须个性鲜明、与众不同，即具有独特的创意思想、表现手法、传播方式、营销主张。深圳锦绣中华的策划就具备了空前绝后的性质，而后来的众多模仿者只能是惨淡经营。节事活动的策划也应基于本地独特资源，包括旅游资源的地方性与旅游产品的独创性，开发出具有个性和特色的节事活动，从而突出本地区的鲜明个性与魅力。

（二）突出文化原则

文化是节事活动策划的核心与灵魂，整个节事活动策划必须依附某种文化，有明确的文化主题、浓郁的文化色彩，使旅游者情不自禁地陶醉在文化氛围之中，接受文化洗礼。美国迪士尼乐园的成功，与其依附于美国文化有直接关系，具体在于文脉的把握。

所谓“文脉”是指旅游开发的自然地理背景、文化发展脉络和社会经济背景所形成的“地方性”。

（三）市场导向原则

旅游资源开发中一个极其重要的问题，就是如何处理好资源与市场的关系。节事活动来源于传统的民俗文化与时令节庆，在市场经济生活的氛围中，已经蒙上了一种浓厚的市场化色彩，不再局限满足于当地社区群众自娱自乐的参与，而将吸引更多的外地游客参与作为节事活动的举办目标之一，这也是地方塑造鲜明的区域旅游形象、取得良好经济效益的必要途径。因此，节事活动的策划应以市场为导向，根据客源市场的需求进行节事活动的策划与开发。

（四）参与体验原则

节事活动的策划要充分考虑到游客的参与和体验，要尊重人本身对解脱束缚、节事狂欢、回归自然的心理需求，增加活动的参与性，力求营造节事活动的氛围，同时满足节事活动参加者对旅游商品购买、旅游活动参与的需要。将节事活动参与主体的需求作为节事活动策划的出发点，可以使游客融入旅游节庆的氛围中，留下美好的记忆。

（五）社区开发原则

旅游业的开发牵涉到方方面面的利益，单独依靠管理和经营部门很难保证旅游发展畅通、高效地进行。社区居民始终是地方旅游业开发的主体，对于节事活动的策划开发尤其如此。因此，进行旅游节事活动策划时，应注重社区开发，主要体现在当地的交通条件、基础设施、卫生状况、城市形象的改善上。另外应注意，节事活动的商业化氛围日益浓厚驱使举办地追求更大的经济效益，会对社区传统文化、生活环境造成一定冲击，如何促进经济、社会、生态协调发展是旅游节事活动的关键问题。

二、节事活动的定位

（一）主题定位

节事活动一般都需要围绕着某一特定的主题，在某一特定时段展开主题突出的系列活动。主题的选择可以来自许多方面，但一般来说主题必须和当地的自然、人文、物产、城市形象相匹配。唯有如此，才能使节事活动具有强大的生命力和吸引力。

节事活动可以依托的主题一般可以分为以下几类：

第一，依托自然景观类，如“哈尔滨国际冰雪节”、“舟山国际沙雕节”、“国际钱江观潮节”、“吉林雾凇冰雪节”、“张家界国际森林节”、“桂林山水旅游节”等。

第二，依托人文景观类，如“四川自贡灯会”、“九华庙会”、“五台山国际旅游月”、“嘉峪关国际滑翔节”、“西安古文化艺术节”、“郑州国际少林武术节”、“曲阜国际孔子文化节”等。

第三，依托地方物产类，如“海南国际椰子节”、“洛阳牡丹花会”、“青岛国际啤酒节”、“中国贵州名酒节”、“新疆葡萄节”、“苏州丝绸旅游节”等。

第四，依托民俗文化类，如“云南傣族泼水节”、“广西国际民歌节”、“潍坊国际风筝节”、“福建妈祖节”、“中国京剧艺术节”等。

第五，依托城市综合条件类，如“中国长春国际电影节”、“上海国际旅游节”、“大连国际服装节”、“上海国际电影节”等。

创造性主题大多出现在为满足当地旅游业的发展需要，而人为创造设计的旅游节事活动中。节事活动的主题是节事的核心，主题选择的好坏往往决定了节事活动的成败。

（二）内容定位

节事活动在内容定位上出现了较多的雷同，通常由许多板块组成，无非是开幕式、闭幕式、歌舞表演、巡游、商品展销会、经贸洽谈等司空见惯的内容，缺少创新性和娱乐性。因此，有创意的节事活动的内容应突出本地资源的特色，紧扣当地形象，寻找“唯一性”和“特殊性”。例如海南以“椰风海韵醉游人”闻名遐迩，因而推出海南国际椰子节，每项具体活动都紧扣了椰子的题材。

此外，应把握市场的需求，坚持“留下精品、创造新品”的宗旨，通过节事活动新颖的内容安排，打造强势的旅游节庆品牌。品牌定位要标新立异，品牌是节事活动参与市场竞争的标签，是一笔巨大的无形资产，成功的节事品牌是一个旅游目的地的灵魂，要突出其“独一无二”的特征。

三、节事活动的运作

（一）品牌化运作

1. 产品化。打造地方营销品牌。

2. 制度化。建立和完善节事品牌的开发与创新体系。

3. 产权化。特别注重节事品牌注册与知识产权保护，对节事相关的知识产权进行资本化的保护开发和应用。一个节事活动要想永葆青春，就要显示出与其他节事活动的独特之处和高明之处。节事活动的雷同化使这种旅游产品失去了吸引力，所以当务之急就是注册节事品牌，在此基础上丰富和创新它的内涵，让节事活动以新的姿态出现。

（二）逐步市场化运作模式

节事活动的市场化运作在实践操作中存在4种基本模式。

1. 政府包办的模式

政府包办模式曾是一些城市特别是小城镇在举办节事活动中采用较多的一种运作模式。这种模式的特点是政府在节事活动的举办过程中身兼数职，扮演着策划、导演、演员等众多角色。其中，主要内容由政府决定，活动场地、时间由政府选择，参加单位由政府行政指派。这种运作模式给政府带来很大的财政负担，同时给城市、社会、当地民众带来的经济效益、社会效益等也大打折扣。

2. 联合主办的模式

这种模式是目前许多专题城市节事活动采用较多的模式，它具有政府包办模式的一些特点，但也在不断地加入市场化运作的一些成分。如中国国际高新技术成果交易会(深圳)，由商务部、科学技术部、工业和信息化部、国家发展和改革委员会、农业部中国科学院等部委和深圳市人民政府共同举办，坚持“政府推动与商业运作相结合，成果交易与风险投资相结合、技术产权交易与资本市场相结合、成果交易与产品展示相结合、落幕的交易会与不落幕的交易会相结合”等原则，面向国内外科研院所、企业、高等院校、投资和中介机构，提供交易服务。

3. 市场化运作模式

节事活动首先是一种经济活动，举办的重要目的之一就是要获得良好的经济效益和市场效果。因此，不论是节事活动举办的需求还是供给方面，都应当遵循一定的市场规律，将节事活动纳入市场经济的轨道，从而达到市场化运作目的。可以说，市场化运作模式是节事活动走向市场化的终极模式。一方面，该模式可以较大程度地节约成本。在节事活动举办过程中，时间地点选择、广告宣传方式等方面完全可以遵循市场规律，按照市场的需求；另一方面，该模式可以做到收益最大化。这里的收益包括参加企事业单位的收益、政府的形象收益，也包括给当地带来的其他社会效益。

4. 政府引导、社会参与、市场运作的模式

政府引导、社会参与、市场运作是一种比较适用于中国国情的节事活动运作模式，这种模式显现出来的优越性、带来的效益，正在越来越多地被认同。如青岛国际啤酒节、哈尔滨冰雪节、中国潍坊风筝节、广州国际美食节、南宁国际民歌节等国内几个著名的大型节事活动就是按照该模式来运作的。

这种运作模式的特点是：

(1) 政府是重要的主办单位，政府的引导作用主要体现在确定节事活动的主题及名称上，并以政府的名义进行召集和对外宣传；

(2) 社会参与就是充分调动社会各方面的力量来办好节事活动。社会力量的参与主要体现在节事活动主题选择时的献计献策，节事环境氛围的营造，各项活动的积极参与等方面；

(3) 市场运作则是将节事活动的举办过程交由市场来运作。如节事活动的冠名权、赞助商、广告宣传等方面，都可以采用市场竞争的方式，激励更多的企事业单位参加。这样一方面可以为企事业单位扩大知名度，另一方面还可以节省大量开支。

(三) 系列化运作

节事活动举办的时间是有限的，短则几天、一周，长则 2—3 个月，而节事活动的发展要求具有长期可持续性，两者之间存在一定的矛盾。因此，必须考虑到通过系列化运作，加强节事活动影响力的持久性和连贯性，使节事活动的品牌形象长久地深入人心。

节事系列化运作包括节事主题的连贯性、节事时间的相对固定性、活动安排的延续性。从节事的生命周期发展来看，节事系列化可以使节事在可持续发展的过程中不断优化发展模式。在节事生命周期的介入期和探索期，应逐次加深既定的节事主题和活动内容，不断增强叠加效应，树立鲜明的节事形象。在发展期和稳定期应注重探索创新，延长其发展稳定期，防止衰弱期的到来，或在衰弱期到来之前，未雨绸缪进行再开发，实现更新换代，以使节事活动进入一个新的发展阶段，步入复兴期的良性循环。

四、节事活动的营销推广

(一) 宣传口号

节事促销除了需要有明确的节事活动主题，更需要有鲜明的宣传口号。只有源于

地方文脉的口号才能避免过于泛泛表达。此外，口号的创意设计必须基于对游客市场的心理需求和偏好语言的充分了解；其次，节事的主题口号还需反映时代特征，具备时代气息，呈现出游客所关注的热点。从市场营销要求出发，节事口号必须首先打动旅游者内心，激发其旅游欲望，要让旅游者永久而深刻记忆；其次需要广泛且迅速地加以传播，才能形成宣传推广效应。

（二）**营销策略**

1. 营销媒介

传播媒介既包括电视、杂志、广播、报纸等传统媒体，还包括互联网、户外媒体等新兴的媒体渠道。随着互联网时代的到来，节事活动要达到较好的营销效果，就需要将传统的媒体与网络媒介相整合，以便产生最大的传播效果。

如香港进行节事活动营销传播的方式十分多样，不仅通过电视、印刷媒体、刊登主题广告等方式进行节事活动营销，还通过网络手段进行营销。随着网络媒体逐渐成为主流的营销渠道，香港旅游发展局在进行节事活动营销传播时便利用网络媒体向全球的旅客进行推广，充分发挥网络整合营销传播的作用，并鼓励旅客通过网络媒体分析其在香港的旅游体验，通过网络口碑进行进一步推广。

2. 营销内容

信息是节事活动传播的内容，是节事组织者与节事消费者进行沟通的主要依据。为了使传递的信息效率更高，需要对节事消费者的需求信息进行了解和调查，即旅游消费者想要了解哪些信息以及什么样的信息最易被接受。

(1) 确定所有接触点

为了有效和高效地利用媒介向节事消费者传递节事活动信息，就需要找出节事消费者的所有接触点，可以从人流和物流两条线入手。物流线，即价值链，分析从节事活动创办期间、举办前期、举办期间及举办后期的全过程，在这个过程中所有消费者能接触到的点，都可视为接触点。人流线，即信息链，对节事活动的目标消费者的工作、生活、娱乐等行为和心理进行全方位了解和分析，研究其所有可能接触到节事活动信息的点。

(2) 确定关键接触点

由于节事消费者接触到节事活动相关信息的途径很多，节事组织者为了提高效率，不可能对所有的接触点都进行营销，所以需要选出关键的接触点。关键的接触点最能影响到节事消费者的行为决策过程，引导其传递节事活动信息，再次参与节事活动。如香港进行节事活动营销所传播的内容，归结起来就是香港品牌。香港旅游发展局以“亚洲国际都会”为自己的品牌定位，借以突出香港动感澎湃、时尚多元又中西荟萃，散发着国际都会的独特魅力。

3. 营销对象

成功的节事活动离不开对消费者需求、动机和感知的调查研究。节事活动的营销传播是整合营销传播在网络时代的延伸和发展。因此，节事营销需要针对目前消费者的特点，针对其媒体习惯，整合不同的网络传播媒介，向消费者传达一致的节事活动信息，从而达到提高节事活动营销传播效果的目的。如香港进行节事活动宣传的对象同时也是其营销的传播对象，通过对香港最新推出的旅游宣传片“爱在此，乐在此”、“亚洲国际都会”进行分析，可以看出香港在进行营销宣传时，其传播对象包括单独旅游者、伴侣、朋友、家庭等，同时还涉及不同的地域，包括中国、讲英语的国家等。

思考题

1. 举例说明节事活动的类型与特点。
2. 潍坊国际风筝节举办的亮点有哪些？
3. 旅游目的地如何结合节事活动进行创新式发展？

案例导读

造梦者们：广东主题公园旅游的发展启示

李亚蝉　许伟明

对广东旅游做观察研究，有一个绕不过去的主题是主题公园。和国内其他的地方相比，广东缺少名山大川，更多时候，广东是许多外省旅游目的地的最大客源地。但是现代主题公园改变了这种局面，生生地创造出多个5A级景区，并且吸引了数千万量级的游客量，产生了惊人的经济与社会效益。

过去几年，这些主题公园的建设，早已突破了一城一地，而在市场、资本、技术、文化创意的多重驱动之下，在全省和全国内进行布局，在国内形成了主题公园"粤军"崛起的格局。而且，这些代表性的广东主题公园集团，已不仅仅在国内拥有难以撼动的地位，更因为其国际化的视野、世界级的水准，而在全球同行的比拼中毫不逊色。

世界主题公园权威研究机构美国主题娱乐协会（TEA）与第三方旅游行业研究及咨询机构美国AECOM集团联合发布的一份报告显示，2015年全球主题公园运营排名中，前10名中有4家为中国主题公园，而3家总部是在广东的。其中，华侨城主题公园游客量达到3 018万人次，位居世界第四，领跑亚洲同行；长隆集团2 358.7万人次的游客量排名第七，深圳华强方特2 309.3万人次排名第八。

现代的、大型的主题公园，已经成为广东旅游的重要名片，并且在文化、酒店、影视、地产等产业链条上逐步延伸，使得这些主题公园集团成为所在城市的软硬实力的象征。

主题公园的"粤军"崛起

在深圳，华侨城1989年以文化类主题公园锦绣中华一炮而红。锦绣中华被誉为以"一步迈进历史，一日游遍中国"的恢宏气势"开中国人造景观之先河"的杰作。

27年来，深圳华侨城一直是国内主题公园开发和创新的先行者。目前华侨城已形成以锦绣中华、中国民俗文化村、世界之窗、欢乐谷四大品牌为核心，遍布全国的主题公园矩阵。而深圳华侨城旅游度假区，也是中国最具规模和实力的主题公园群之一，年均接待游客800万人次。

近年来，华侨城以"旅游+地产"的核心竞争优势，提出"文化+旅游+城镇化"发展模式和"旅游+互联网+金融"补偿模式的双驱动创新发展模式。未来，华侨城拟在全国建设更多的欢乐谷、一定数量的城镇化项目、成批的轻资产运营的旅游景区和特色小镇，在一线城市开发地产项目。

创新主题公园的品牌营销模式

主题公园是一种变化发展的旅游发展模式，必须随着旅游业的发展变迁而做出及时的改变和回应。尤其是要随着市场需求的变迁，及时进行转型升级，以引领市场发展。这当中，主题公园的营销极为重要，而广东的几个主题公园，在不同层面的营销模式创新探索，也颇具价值。

长隆典型的营销模式是影视营销。如2014年，湖南卫视《爸爸去哪儿》的大电影在长隆野生动物世界和长隆国际大马戏全程取景拍摄；2014年底，与湖南卫视合作拍摄动物明星真人秀《奇妙的朋友》；2015年，拿到票房神话《捉妖记》中胡巴卡通形象的授权；2016年1月，更是借《功夫熊猫3》冲进好莱坞，成为国内主题公园影视营销的又一大经典案例。

不同类型的主题公园有各自不同的营销之路。以迪士尼为代表的梦幻主题公园，以及电影主题公园，其模式是“营销在前”，即先打造深入人心的创意形象，再对这些影视 IP 进行挖掘，打造主题公园。相较而言，长隆在国内主题公园大面积亏损的环境下脱颖而出，依靠的是先寻求市场空白，以独特、稀缺性取胜。等达到一定规模后，再跟进大规模营销，也就是“营销在后”的模式。

深圳的华强方特则探索出了一条文化科技产业规模化、多元化、国际化的发展新路，业务分为文化内容产品及服务和文化科技主题乐园两大类，其中文化内容产品及服务包括特种电影、动漫产品、主题演艺、文化衍生品，这些产品最终汇聚融合在方特主题乐园得以应用和展示，增加主题公园旅游价值，形成了优势互补的全产业链。

（资料来源：方塘智库，有删节）

主题公园是集休闲娱乐和旅游两种功能为一体的新型景点，是一类休闲旅游目的地。主题公园作为旅游活动中的一种重要形式，近年来在我国开发建设得如火如荼。据不完全统计，我国目前建设了超过 2 500 个主题公园旅游点，总投资金额超过 3 000 亿元，每年吸纳客流 1.5 亿人次，消费额超过 120 亿元。其中盈利和亏损案例均频频出现，因此对主题公园的策划研究具有重要的实践意义。

第一节　主题公园概况

一、主题公园的界定

世界上最早的主题公园是 1952 年开业的荷兰的马德罗丹（Madurodam）小人国，第一个真正现代意义上的主题公园是 1955 年开业的美国洛杉矶的迪士尼乐园（Disney Land）。无疑，这两家主题公园均获得了巨大的成功，而之后随着主题公园的发展，主题公园的概念也众说纷纭。

美国国家娱乐公园历史协会（National Amusement Park History Association）将主题公园界定为“乘骑设施、吸引物、表演和建筑围绕一个或一组主题而建的娱乐公园”；保继刚将主题公园定义为以其特定的主题，由人创造而成的舞台化的休闲娱乐活动空间，已形成一种休闲娱乐产业①；董观志认为主题公园是指为了满足旅游者多样化休闲娱乐需求与选择而建造的一种具有创意性游园线索和策划性活动方式的现代旅游目的地形态②；张安民运用内容分析法，将主题公园定义为具有创意鲜明的主题以及特殊环境和气氛的一种现代人造休闲娱乐景区③。

本书认为主题公园是围绕特定主题展开，以满足游客休闲旅游需求为目的的现代休闲娱乐场所。目前，我国的主题公园主要以游乐场、水上娱乐、动漫、动画、游戏、动植物、影视、人文地理、军事、体育等主题为主。

---

① 保继刚. 主题公园发展的影响因素系统分析[J]地理学报，1997，52，(3)：237－245.
② 董观志. 旅游主题公园管理原理与实践[M]. 广州：广东旅游出版社，2000.
③ 张安民，梁留科. 基于内容分析法的主题公园概念识别标准研究[J]. 桂林旅游高等专科学校学报，2008，19(1)：39－42.

二、主题公园的特点

（一）主题的独特性

在主题公园内，不仅景观的建筑设计和表演活动的开展需要围绕主题公园的主题，甚至旗杆、路灯这样的小件物品也要围绕该主题创造。一个主题公园若要成功，主题的选择至关重要，必须有自己的特色，让人难以复制。比如迪士尼乐园中人们最熟悉的就是白雪公主、灰姑娘的故事等。

（二）区域的独立性

为了保持公园的完整性，需要尽可能地隔绝园外城市环境。再加上园内景观与园外环境的巨大差别，观众在主题公园所感受到的在别处是无法体会的。也正因为如此，主题公园成为了城中之城。

（三）内容的娱乐性

主题公园和一般公园存在一个明显的区别，就是主题公园以娱乐消费为导向。不管主题公园的主题是何种类型，都是以人类文明为基础的，具备一定的文化水平。在轻松快乐的游玩中，观众就能感受到公园主题内包含的文化。澳门某些中小学曾经就把参观锦绣中华作为深入感受中国古代历史和地理的环节；而在深圳中国民俗文化村，凭借员工与游人的互动及园区环境，可以让观众对于我国各民族风俗文化有深入的理解。

（四）定位的创新性

主题公园是强烈个性与普遍适应性的结合，具有较强的创新性。主题公园如果缺乏个性，没有明确的细分市场，则很难取得成功；但同时主题公园的内容对游客群体又要有普遍的适应性，要能够对不同年龄、性别和文化背景的游客都具备一定的吸引力，这样才能吸引到更多的游客。

（五）投资的周期性

不同于自然遗产资源，文化遗产旅游资源丰富多样、形式多元，所以主题公园复制的比例极高。而且主题公园所围绕的主题有一定的时间效应，开园后随着时间的推移，游客对主题的新鲜感就会逐渐下滑，因此主题公园的运营周期相对其他旅游项目较短。如何延长生命周期，是主题公园管理的难题，一般的解决办法是不停地对游览项目进行更新。自 1994 年深圳世界之窗开业以来，它一直致力于变换其中的项目，比如“大峡谷漂流探险”（1999 年推出）、“阿尔卑斯山室内滑雪场”（2000 年推出），以崭新的面貌吸引着国内外游客。而“阿尔卑斯山室内滑雪场”不仅是我国第一个室内滑雪场，而且位于常年不见下雪的深圳地区，对游客自然形成了很大的吸引力。

三、主题公园的分类

目前，关于主题公园的划分，国际上还没形成统一标准。本书主要给出比较常见的两种分类：

（一）主题公园规模分类

按主题公园的规模大小来分，即按照主题公园的投入资金额以及占地面积大小，可以将主题公园分为小（微）型主题公园，中型主题公园和大型主题公园。

（二）主题公园内容分类

按照主题公园的内容标准来划分，即根据不同的主题内容类型及其展现的文化内涵，可将主题公园大致分为七大类型，即：生物景观类、历史文化类、民俗文化类、异国风情类、产业文化类、娱乐运动类和体育运动类。

表 4－1 以主题内容为标准划分的主题公园类型

类　型	主 题 内 涵	典 型 代 表
生物景观类	动物、植物、花卉等	成都大熊猫基地，青岛海底世界
历史文化类	与历史相关的文化，包括名人、宗教文化	锦绣中华，杭州宋城，西安大唐芙蓉园
民俗文化类	民族民俗、艺术文化等	中国民俗文化村，中华民族园
异国风情类	异国文化、世界微缩景观	北京世界公园，山东太阳部落
产业文化类	工农业文化	无锡中视股份三国水浒景区，横店集团八面山影视城
娱乐运动类	游乐型项目，游乐狂欢项目	北京石景山游乐园，上海欢乐谷
体育运动类	竞技体育项目或素质拓展项目	上海东方绿舟，益阳奥林匹克公园

除此之外还有其他的标准，例如按主题公园的服务半径或客源市场，可分为国际级主题公园（德国的欧洲主题公园）、国家级主题（加拿大奇幻乐园）、地区级主题公园（大连发现王国主题公园）、市级主题公园等类型；按主题公园所在的位置来分，可分为城市主题公园、交通干线沿线主题公园等类型；根据主题公园的主要功能来划分，可分为静景观赏型主题公园、动景观赏型主题公园、艺术表演型主题公园、活动体验型主题公园、科幻探险型主题公园等类型；根据主题公园的造园原理，可以分为以园林景观为环境载体的主题公园和以非园林景观为环境载体的主题公园，也称为园林类主题公园和非园林类主题公园；根据主题公园的表现形式，可以分为室内主题公园、室外主题公园、地面主题公园和地下主题公园等类型。

第二节　主题公园发展历程

一、国外主题公园发展概况

主题公园起源于早期的游乐园，其前身最早可追溯至古希腊、古罗马的角斗场、竞技场等，人们在那里参加如射箭、狩猎、竞技的休闲娱乐活动。自 1955 年华特迪士尼诞生后，主题公园开始迅速发展。半个世纪后，世界上建成 200 多个大型主题公园，上千个中型主题公园，带来了巨大的经济收入。

美国的主题公园业在世界上一直拥有领先和主导的地位，在发展自身的同时，也向其他国家和地区输出其主题公园旅游产品。美国的主题公园主要分布在加州的洛杉矶、佛罗里达州的奥兰多这两座城市及周边。1955 年 7 月，美国第一座迪士尼乐园在加州建成并对外开放，其距离洛杉矶市中心大约有 20 分钟的车程，迪士尼加州乐园也是世界上第一座主题公园。迪士尼乐园之父是美国迪士尼公司的总裁华特・迪士尼先生。自迪士尼成立来的半个世纪里，共有10亿名游客游览过迪士尼公园，平均每天的门票收入就近百万美元。美国不仅拥有迪士尼乐园，还有很多为世界游客所喜爱和熟悉的主题公园。环球影城就是闻名于世的美国大型主题公园。环球影城以著名电影为背景主题，广泛使用高科技成分及借用著名电影的场景和特技，给游客带来新奇刺激的感官体验，并更重视开发度假功能。此外加州还分布着圣地亚哥海洋世界、六旗魔术乐园、加州乐高乐园等一系列主题公园，形成了完整的主题公园产业集群。美国主题公园业以其独特的主题创意、完善的游乐设施、精致的园区建设、丰富的游乐活动，领导着世界主题公园业的发展。

图 4－1

美国迪士尼乐园

欧洲主题公园业发展较早，并且融合欧洲各个时期的文化特色和民族特点。欧洲的主题公园多分布在人口集中且经济发达的地区，如德国、法国、英国等。近几年东欧和南欧的主题公园也在不断发展。2003年，欧洲主题公园的数量达到300多个，大型的主题公园共有21个。法国巴黎的“欧洲迪士尼乐园”是欧洲最大的主题公园，同时欧洲迪士尼乐园也是世界上第四个迪士尼乐园。不过，由于欧洲居民更喜欢出国游玩，对于主题公园的认同率不高，所以在欧洲仅有16%的居民曾经游览过主题公园，大大低于美国的36%。欧洲居民在主题公园游览的时间也较短，平均为2到6个小时，更倾向于假日的短期休闲旅游。

图 4－2

法国未来世界主题公园

亚洲以其巨大的市场和快速的发展，已经成长为仅次于北美的世界第二大主题公园市场。由于人口密集，游客数量大，到2012年累计游客量达到9 000多万人次。亚洲的主题公园起步较晚，最早的主题公园诞生在经济较发达的日本。东京迪士尼乐园累计1 770万人次的客流量使它成为亚洲最受欢迎的主题公园。不仅是迪士尼，位于日本大阪的环球影城年游客接待量也达到了800万人次。日本的大型主题公园不论是客流量还是人均消费额都已经接近美国水平，是主题公园业发展较好的亚洲国家。韩国和中国香港的主题公园也进入了高速发展阶段，而中国大陆主题公园的发展则处于快速变化之中。日本、中国香港、中国内地和韩国等经济发达地区将成为亚洲主题公园业的主要消费市场。东南亚地区主题公园的主题主要是民俗文化及风土人情，虽然规模不大，但独具特色。

图 4-3

香港海洋公园

二、国内主题公园发展历程

改革开放后，人们的收入和生活水平都比以前大幅度提高，对休闲娱乐活动的需求日益增长。20世纪80年代末，主题公园开始在我国出现。虽然我国的主题公园较欧美国家相比起步晚，投入小，但发展迅速。在30多年的发展中，我国的主题公园主要经历了四个发展阶段：

（一）第一阶段：以模仿或复制为主

我国主题公园建设深受国外的影响（主要是受迪士尼乐园的影响，上海的迪士尼度假区已于2016年春开业），此外还受到20世纪80年代初国内影视拍摄基地（如建于1984年的北京大观园、河北正定荣国府等）建设的启发。深圳华侨城的锦绣中华是我国第一个以微缩景观为特点的主题公园。该园以"一步迈进历史，一日畅游中国"为主题，按1∶15的比例建造了82个中国著名的景点，如故宫、长城、西湖、龙门石窟等。这些建筑都是由各地有代表性的建筑设计单位负责建造，所用建筑材料也大多取自当地，最大限度地保持了建筑的原汁原味。锦绣中华一开业即受到游客热捧，第一年接待游客超过300万人次，9个月就收回了投资。锦绣中华的巨大成功掀起了全国第一轮微缩景观型主题公园的建设热潮，各地纷纷效仿，在20世纪80年代末90年代初，大量以微缩景观和民族、民俗文化为主要特色的主题公园出现，如深圳的中华民俗文化村、昆明的云南民族村、北京的世界公园、长沙的世界之窗等。然而，各地的纷纷效仿造成了相当严重的重复建设问题，最典型的例子莫过于西游记宫的建设：从山海关到秦皇岛短短160公里的区间内，3年里修建了30多个西游记宫，全国共有460多个。许多景观粗制滥造，缺少艺术性和文化价值，没有产生多少影响。这一阶段的主题公园建设以移植和模仿为主，真正属于原创的并不多。

案例4-1

西游记宫走向终点

曾经是全国接待游客最多的人造西游记景点——广州越秀公园西游记宫景区被拆除，取而代之的是一座免费的韩国风情园。这标志着曾经红遍全国的人造西游记景区已经走到了终点。

图4-4 西游记宫主题公园

西游记宫建于1991年初，同年12月5日正式开放，占地面积为7 000平方米，是由越秀公园和南海海信投资有限公司合作兴建的。它以古典名著《西游记》的故事为内容，用蜡像人物、简易构筑物、声光等组成30多个故事的景点。

由于吃了人造景点的“头啖汤”，西游记宫创造了众多纪录——它创造了全国人造西游记景点开放时间最长、接待游客最多、经济效益最好的神话。据越秀公园有关人士透露，西游记宫营业的最初几年是黄金期，当时广州的这类游乐场所不多，所以吸引了大批游客，最旺的时候门口广场排满了等待入内的人群，而小孩子是最高兴的，因为里面的人造妖精总会配合声光出其不意地窜出来，吓得所有人大呼小叫。一位知情人士透露，作为投资方的南海海信投资有限公司赚得盆满钵满，很早就收回了投资。据越秀公园透露，1999年双方合同期满，当时这类人造景点已经受到了市场的冷落，因此西游记宫的项目停办。此后越秀公园先后和其他合作方在西游记宫的原址推出了“童话大世界”、“世界名鸽大观园”，但市场反应平平。

（二）第二阶段：体现地方文化特色

早期的简单模仿、过度竞争造成短期内我国500多家主题公园相继倒闭关门，引起了人们的反思。1995年开业的苏州乐园为当时我国主题公园的建设探索了一条新路——深入挖掘地方文化资源，突出地方特色；同时，充分体现旅游的参与性和体验性，增强游客的切身感受，提高游客对旅游目的地和旅游产品的认同度。苏州乐园号称"东方迪士尼"，它集现代游乐园的欢快、开放、色彩斑斓和中国园林的清新、自然、宁静等特点于一体，既壮观又雅致，深受游客的喜爱。园中建筑依山傍水，与自然景观水乳交融，构成了一幅生态画卷。再如1998年开业的开封清明上河园，它以展示宋代文化为主，仿宋建筑、饮食、歌舞、服装和实景演出以及民间工艺等引起游客浓厚的兴趣，令他们流连忘返。

（三）第三阶段：丰富多元主题内涵

主题公园不能只走观光游览这一条道，有了主题，还要丰富其内涵，并在此基础上形成多元化经营模式。深圳华强集团是多元化经营的代表，华强集团确立了文化产业、科技产业、旅游产业融合发展的思路，之后通过有效整合各方资源，包括特种电影、动漫制作、设备制造、主题公园及其衍生产品等，形成了多元化产业链。目前，华强集团已在沈阳、济南、郑州、厦门、芜湖等12个二、三线城市建立了方特欢乐世界，园内配套商业每年都能为旅游园区带来高额收入。

图4-5

芜湖方特欢乐世界

（四）第四阶段：实施品牌化发展战略

2013年3月8日，国家发改委发布《关于规范主题公园发展的若干意见》，掀起了新一轮主题公园建设热潮。为应对国际巨头的竞争，深圳华侨城集团（欢乐谷）、华强集团（方特）等大型企业均决定实施品牌化发展战略，发挥自身的品牌优势，巩固企业的市场地位。目前，我国的主题公园已进入全球化和品牌化经营的新阶段。企业集团纷纷在内部建立产业链，实行多元化的盈利模式。未来的主题公园竞争不再是单体主题公园之间的厮杀，而是产业链之间的角逐。由主题公园衍生出来的产业，反过来会为主题公园的可持续发展在投融资等方面提供支持。

案例 4－2

内地访客下滑香港迪士尼将裁员，国内主题公园机会来了

2015 年亏损的香港迪士尼乐园传出裁员的消息，职员调整（转岗、解聘）涉及近百人，不过均为后勤职位。香港迪士尼回应称是公司业务发展的正常调整，业内人士则认为，内地游客大幅下滑导致业绩亏损，才是此次裁员的原因。

图 4－6　香港迪士尼乐园

虽然香港迪士尼短期有不少麻烦，但凭借其强大市场号召力以及优秀的运营能力，渡过难关并不是太大问题。据称，香港迪士尼乐园“铁甲奇侠飞行之旅”将于 2016 年面世，并且 2017 年迪士尼探索家度假酒店也将落成，这些将有助于提振其业绩。

香港迪士尼只是在 2015 年出现亏损，在此之前，到 2012 年间是盈利的。反观国内主题公园，有近八成处于亏损状态。亏损原因很多，除了前期投资高昂外，主要是后期持续投入少，生命周期较短，季节性强致使节假日人数多、拥挤，游客体验极差，企业对主题公园管理能力偏弱，园区内消费意愿低，整体营业收入不高。

随着我国旅游消费形式逐步迈向休闲度假旅游，主题公园因其鲜明的主题概念、独具特色的观光和游乐环境，在体验、互动和参与感方面较强，其发展前景其实极为广阔。但国内主题公园营收来源单一、后期持续投入少、季节性明显、区域分布不均等问题还需尽快解决，迪士尼乐园或许就是学习的最佳对象。

第三节　主题公园策划方法

公园的总主题是主题公园策划设计的核心，是城市设计、景观、建筑、园林设计等相辅相成的结果。

一、主题公园规划的原则

（一）独特性原则

独特性原则，是指在创意策划中不因循守旧、墨守成规，而是勇于和善于标新立异、独辟蹊径，形成独有的成果。独特性的创意策划充满新奇感，激发人们的强烈兴趣，并能够在受众脑海中留下深刻的印象，这也应该是创意策划所追求的效果。旅游策划中的独特性应具有极强的垄断性，难以被模仿，这样才能保证独特魅力的持久性。主题公园创意策划的独特性可以表现为形式的独特、创意的独特、表现手法的独特、传播方式的独特、营销主张的独特等。

（二）市场化原则

主题公园的创意策划首先应坚持以市场为导向的原则。主题公园所面对的消费群体具有多样性和多变性的特点，这就要求创意策划应从游览者的角度出发，分析游览者的态度、爱好、动机和游赏决策倾向。为此，应加强市场调研，做好创意策划前的市场调研分析工作，让旅游者在主题公园里的休闲娱乐活动成为人生值得回忆的经历和体验。要分析建设主题公园的外部环境，认清其有利和不利因素，避免盲目性建设，使创意策划尽可能发挥有利条件，尽量避免不利因素的影响，甚至想办法将不利因素转化成对建设主题公园有利的条件等。

（三）文化性原则

首先，创意策划离不开一定的文化背景。创意策划所面对的游客都是在特定文化环境中成长并且在特定的文化背景中生活的。这种背景文化将在语言形式、思维习惯和价值观念三个层面上构造游客的文化性格，进而影响游客的需要、习惯、审美感受和价值判断。

其次，主题公园的创意策划要关注文化差异。在长期的历史发展过程中，由于生存环境的不同，各民族自然而然地形成了自己独有的民俗习惯、宗教信仰、价值观念、审美感受、语言习惯，如果创意策划建立在一个对民族文化充分了解的基础上，往往会产生事半功倍的效果，而忽视文化差异的影响，就可能会造成创意策划的失败。

第三，主题公园的创意策划要以大众文化为内涵。市场经济条件下主题公园一般都是人工构造物，具有明显的时代特征，反映着当时的经济实力、科技水平、文化观念、社会思潮、审美时尚以及生活水准等多个侧面，与传统景观所体现的精神、理想与意义相比具有差异性，功能上亦有拓展。因此，主题公园的创意策划不应刻意去追求高深的文化品位，不能脱离大众的消费特点和欣赏口味，也不能只是去迎合少数人的低级趣味。

（四）可持续原则

自然和人文生态具有脆弱性，在开发中极易受破坏。因此必须坚持可持续发展原则，在开发中求保护，使主题公园开发与生态环境相协调，与历史人文景观保护相统一，不以破坏生态环境和旅游资源为代价去换取短期经济效益。另外，主题公园的创意策划也应该是一种持续的行为，能够连续不断地进行，使游客形成连续性的消费。总之，主题公园创意策划方案应对以后留下“伏笔”，同时兼顾社会效益和环境效益，做到经济效益、环境效益和社会效益的统一。

（五）效益性原则

主题公园创意策划涉及大量的人力、物力、财力的投入，若考虑不周，可能会导致资源和投入的浪费，使旅游地和旅游企业的形象遭受巨大的负面影响，具有较高的风险。因此，必须坚持效益性原则。主题公园创意策划的成功能为旅游目的地带来丰厚的经济收入，创造良好的经济效益，同时也能改善旅游目的地的形象，保护传统文化和自然特色，从而促进当地居民的就业和生活质量的提高。因此，策划项目时必须坚持效益原则，即考虑用最小的投入获得最大的回报，而且在考虑经济效益的同时，还要考虑社会效益，要让这种旅游产品的开发促进社会进步、提高社会文化水平。

（六）可行性原则

主题公园创意策划的可行性包括经济、技术、法律、社会、文化等方面的可行性。创意策划的可行性分析十分必要，国外主题公园非常注重可行性研究，例如洛杉矶迪士尼乐园的前期研究、策划工作长达 9 年。增强创意策划的可行性，就需要进行周密的考察和资料收集，充分利用所能获得的一切有用信息，进行严谨科学的分析，对未来形势做出准确的判断。可以采取逐步推进的方法，先进行小范围的预演，根据效果的好坏做出修改完善，再在实验的基础上正式实施。

（七）适度超前原则

主题公园的创意策划应具有适度超前性。策划的实施是在未来的一段时间进行，因此创意策划必须对未来的发展变化趋势进行预测，对策划结果进行事前事后评估。超前性是项目策划的重要原则，在实践中运用得当，可以有力地引导将来的工作进程，达到策划的目标。创意策划的超前性，要以一定的条件为前提，不能脱离现有的基础而进行毫无根据的想象。要使项目策划科学、准确，必须深入调查，获取大量真实全面的信息资料，必须对这些信息去粗取精，去伪存真，由表及里，分析其内在的本质。只有这样才能实现创意策划的目的，获取策划活动的最大价值。

二、主题公园规划的内容

（一）主题策划

根据目前主题公园的主题差异，可将主题分为历史类、民族民俗类、文学类、影视类、科技类、生态类、综合类等类型。主题，作为主题公园策划的重中之重，本书认为在策划时应突出以下要点：

1．主题应以市场为导向

主题创意策划首先坚持的原则应该是以市场为导向，进行与市场对应的主题选择。这就要求从游览者的角度出发，分析游览者的态度、爱好、动机和游赏决策倾向。为此，应加强市场调研，做好创意策划前的市场调研分析工作。所选主题既要具有个性、创意，还要能贴近游客的求新、求异、求特的心理需求。同时，主题所具备的文化内涵应大众化，符合游客的现实兴趣取向，并能激发游客的潜在兴趣。要把握好旅游者的兴趣、文化品位、欣赏水平和消费水平。

2. 主题应具有高度概括性

主题公园的主题是一条主线，具有统领、中心、概念、包装的作用和功能，这就要求将其中各区域或各时期的产品串联起来，把构成主题公园的各要素如环境、交通、建筑、植物、配套设施和服务等有机结合，构成一个完整系统的主题。开发商的土地选择、规划设计、建筑工程、营销推广、物业管理、社区文化建设等也都要围绕着这个中心完成主题。这是一种概念和包装，公园的构成、功能、风格、规范形象均通过它得到合理的、深入人心的阐述。

3. 主题应具有健康鲜明性

主题公园的主题内容应体现健康向上的生活方式和精神追求，这样才能更好地体现其在社会生活和旅游活动中的重要价值。判别主题是否具有健康积极性的最低标准应是无害性。有吸引力的主题并非都是健康向上的，一些地方建造的神怪、迷信和不符合道德与社会价值观的主题公园是不可取的，难以保持持久的生命力。主题也要具有鲜明的个性特征，能给人留下深刻印象，为大众提供个性鲜明的美好体验。

4. 主题前景应具有持续性

所确定的主题应当具有良好的市场前景和持续的生命力。在高度信息化的现代社会，市场是瞬息万变的，游客的兴趣取向也是变化的，包括旅游在内的一切消费行为都可能被"流行"所左右。目前市场反应良好的主题可能在以后会受到市场的冷落。这更加剧了所选主题的市场前景的不明确性，更需要我们对主题做切合人的不变的本性考虑，更多地从人的本性需求出发来选择主题，如以回归自然、贴近自然的人的本性为主题等。

5. 主题应具有一定的弹性

选择的主题要有足够的延展空间和弹性，这样既可以吸引人们进行多次消费，延长主题公园的生命周期，又可以从容应对主题公园的市场变化。主题具有了一定的弹性后，就可以在后续的各个阶段对主题公园内容进行不断丰富和变换，带来可观的效益。

6. 主题应具有区域特色性

主题选择应以区域内的特色为基准，避免与区域内主题公园风格相冲突，结合自身实际，针对市场空白点进行主题创意，并有一定程度的超前意识，提供城市娱乐休闲生活中缺少的体验。

同时，应注重主题公园的辐射范围。大多数主题公园的有效客源市场半径在一定范围之内，在此范围之内，应避免主题的雷同，注意不去选取已经被用过的主题，以便减少市场风险。

（二）景观策划

与一般的景观相比，主题公园景观有着特殊性，它具有很强的娱乐性、知识文化性、参与体验性、季节性、区域性、综合性等特征。在主题公园景观的创意策划中，这些特征是需要我们足够重视的，不论是哪种特征，都有必要在游客心中或体验过程中保持持久吸引力。主题公园景观的创意策划亦要注重体现主题公园的景观特征，例如在夏日炎炎的深圳世界之窗，游客可以欣赏到"阿尔卑斯山"，那是一座罩在玻璃房中的山，温度－20℃。这种反季节所创造出的人工景观无疑会增添游客游赏的兴致。

主题公园景观的要素包括空间布局、地形、交通游览线、植物、建筑、水景、园林小品等。在策划的过程中要遵循美学规律，满足审美心理；遵循生态规律，维护生态平衡；注重文化内涵，体现特定主题；巧用表现手法，增强游客体验；增强景观亲和度与参与性；创新造景观念与手法；延伸景观功能，关怀特殊需要；加强意境的烘托与氛围的渲染。

（三）产品策划

传统意义上的主题公园产品主要是指主题公园满足旅游者多样化需求的景观环境和休闲娱乐项目。科勒(Kotler)在1994年提出了主题公园产品的组合模式，他认为主题公园的产品包括各层次核心产品、有形产品和扩展产品。核心产品即主题公园的主要吸引物，认为核心产品主要包括刺激与气氛，通过人造舞台的使用，促使游客融入主题公园刺激、活泼的氛围中，并享受这种感觉；有形产品主要体现在具体的主题公园设施上，包括刺激的游乐项目、园内景点，也包括一些软件设施，如公园品牌、服务质量等；扩展产品是指为了让游客在主题公园中玩得更好，有必要添设一些辅助服务设施，如餐厅、商店、停车场等。扩展产品还包括为有特殊要求的游客提供的服务，处理投诉的程序等。此外，借助特殊的天气和合理的开放时间与周期也是一种扩展产品。

主题公园产品策划要注意的要点有：产品应能不断更新；深度挖掘文化内涵；加强产品功能创意；注重开发系列产品；注重科技支撑，强化技术创新；紧随时代潮流，注入流行元素。

案例 4－3

迪士尼的动漫衍生品

图4－7 迪士尼动漫形象深入人心

动漫衍生品，必须要有市场和产品辨识度。如果品牌不知名，衍生品自然没有售卖的资本和动力。迪士尼动漫衍生品的高盈利，首先就在于它是全世界知名的品牌。

例如，小熊维尼这样一个很经典的很萌的小熊，它所创造的价值高达59亿美元。这离不开迪士尼公司背后的努力。从创始人开始，迪士尼公司始终坚持“内容就是上帝”的原则，在拍米老鼠第一部动画的时候，不惜卖掉自己的汽车去追求配音特效，而且他的受众定位是惊人的全龄化，就是老少皆宜，这也是为什么父母也可以陪你一起看米老鼠唐老鸭，也会哈哈大笑的原因。

正是这种高品质的定位以及内容为王的原则，让迪士尼的动画基本每部都堪称经典，一部米老鼠八十多年经久不衰，可以看出迪士尼品牌过硬，这也为整个产业链打造了很强的基础。动漫知名，衍生品才有卖点。如果整部动漫本身就很烂，粗制滥造，衍生品要想盈利就很困难了。

（四）营销策划

营销创新是更高层次的市场营销活动，它包括营销理念、领域、渠道、手段等方面的拓展，目的是让更多的潜在顾客识别和认可主题公园，进而选择某个主题公园，并逐步建立起对该主题公园的品牌忠诚。为进一步开拓市场，切实提高企业的知名度和美誉度，现代主题公园应在营销对象、营销内容、营销过程、营销手段上进行创新。基于此，主题公园的营销策划要注意以下要点：

1. 提升营销理念

社会和经济的不断发展对原有的营销理念带来了新的挑战，企业营销环境也发生了巨大变化。尽管原有市场营销模式有诸多优点，但有时候会与经济、技术等方面的新变化不相适应，不可避免地表现出一定的局限性，这就要求我们在营销理念上有新的突破。主题公园的营销理念创新应始终以消费者为中心，关注消费者的新变化、新问题，注意营销环境的新情况，在营销理念上占据制高点，这样才能获得持续的生存和发展，全面提高主题公园的竞争力。

2. 精准市场定位

我国一些主题公园失败的原因就是缺乏对市场定位的足够重视，所以应强化市场定位的创意与策划。主题公园的市场定位创意，首先应进行良好的市场细分创意，不应局限于原有市场细分方式，要做到创造性的市场定位。我国目前的主题公园客源市场定位一般比较广泛，随着市场竞争的加剧，一些经营商开始面向特定市场，走专一化发展道路。不少新建主题公园在主题选择、产品设计上，有意识地加强了客源市场的针对性。如华侨城的欢乐谷就将主要市场定位于儿童家庭市场。创意性的市场定位可以帮助建立强有力的竞争优势。

3. 优化价格策略

主题公园产品的定价策略有差别定价法、促销定价法、心理定价法、捆绑定价法等。主题公园的定价应根据经营环境和需求的不断变化，结合现实条件适时调整自己的产品价格策略。我国不少主题公园以门票收入作为主要收入来源，这样的价格策略存在很大缺陷，违背游客的消费心理。游客进入主题公园，为了使在门票上的付出更划算，会在园中快速地游览和消费，这就难以保证游客体验的高质量。此类情形也符合目前我国一些地区游客的经济现状和心理特征。另外，这样的门票价格策略限制了一部分游客进园消费的可能，定价策略有待进一步探讨与商榷。

4. 强化宣传促销

主题公园的促销方式多种多样，包括广告、公共关系、宣传材料、网络促销、社区促销等多种方式。主题公园的营销创意策划须同现实的、潜在的消费者进行有效沟通，掌握顾客需求，传达有效信息。保证沟通信息的有效性，关键在于沟通的内容、对象和频率。主题公园还须同政府部门、关联企业、行业协会等进行协调与合作，以促进宣传促销工作。此外，还要优化宣传促销方式，加强技术创新。应做好电子网络方式的宣传促销，实现网上宣传、网上咨询、网上购物等网络服务体系，利用网络全面宣传、推销主题公园的各项产品。

5. 采取灵活的营销方式

随着主题公园市场竞争的日趋激烈和现代传媒的高度发展，营销方式也变得日益丰富和灵活多样。刘锋等在《旅游景区营销》中总结了旅游营销的“三十六计”，其中包括整合营销、合作营销、活动营销、体验营销、概念营销、娱乐营销、关系营销、数字营销、情感营销等。主题公园应结合策划对象的实际情况，运用灵活的营销方式，还可以进行多种方式的组合与变换，以促成主题公园营销方式的创新。

（五）管理策划

管理策划的内容包括战略管理、人力资源管理、质量管理、服务管理、设施与安全管理、游客管理、环境管理等方面。主题公园的这些管理内容，都可以进行巧妙创意与合理策划，以便更好地实现主题公园的管理目标。例如，在环境管理方面，云南丽江的老君山旅游风景名胜区采取了“垃圾换早餐”的独特创意，景区的环境由坏变好，取得了令人欣喜的环保效果。美国黄石公园的策划师和联合国教科文组织的专家考察后，都对此赞许有加。可见，好的创意策划对主题公园的环境管理也会起到令人意想不到的效果。

1. 不断提升管理理念

主题公园要想在复杂多变的市场竞争中生存和发展，就必须在管理观念上不断创新。管理理念的创新是管理中其他创新的前提，会影响到其他一系列管理创新活动的开展。主题公园的创意策划就要不断突破现状，克服因循守旧的习惯，树立大胆创新、不断开拓的观念。事实上，主题公园成功的前提条件不一定要有优越的资源条件、雄厚的资金或先进的技术，有时候一个有创意的经营管理理念就能为主题公园成长壮大奠定坚实的基础。

2. 确保管理的科学性

主题公园在进行管理的创意策划时，须运用系统化的管理知识，在严谨、量化、合乎逻辑的科学归纳基础上，对组织中存在的管理问题提出可行的、正确的解决办法。确保管理创意策划的科学性，遵循客观规律，才能带来管理的高效率。

3. 增强管理的艺术性

管理具有艺术性，它虽然可遵循一定的原理或规范进行，但却不能按图索骥式地照章操作。管理是一种随机性很强的创造性工作，须在遵循客观规律的前提下随机应变。

管理者在实际工作实践中，应针对不同的管理对象，灵活而创造性地运用管理技术与方法解决实际问题，在实践中也需要发挥人格、魅力、情感等因素的作用，这些都是管理艺术性的表现。

主题公园的管理不存在固定的模式，只有审时度势，结合实际情形，灵活运用管理理论才能获得管理实践的成功。总之，在主题公园的管理创意策划中不但要确保科学性，还要增强艺术性，不拘泥于现有的管理模式，灵活而实际地解决管理创意策划中的各种问题，这样才能使主题公园在激烈的竞争中赢得更好的生存与发展。

4. 重视管理中的文化差异

主题公园的管理创意策划中，还应当注意的一个重要问题就是文化的差异性。每个民族都有自己的文化模式，以民族文化为基础，不同的国家和民族造就了不同的企业文化模式。全世界企业文化模式大致可分为美国模式（竞争型文化）、日本模式（和谐型文化）、西欧模式（合拢型文化）、华人模式（家族型文化）四种。同时，人虽存在差异，但其基本需求又是相近的，再加上国家与民族间的交流日益频繁，这些因素均促进了相异文化之间的沟通、理解和融合。主题公园作为开放性很强的企业，在其创意策划中应当坚持求同存异原则，既要注意文化的融通，也要考虑文化的差异性。

思考题

淹城春秋乐园的策划开发

一、项目背景

春秋淹城位于江苏省常州市，是我国目前保存最完好的古代春秋时期地面城池遗址，据考证已有2 500年的历史。中国春秋淹城旅游区是以春秋淹城遗址为文化原点的综合性旅游区，同时也是常州市武进区城市发展规划六大板块之一，也是其中较大的旅游发展板块。春秋淹城遗址作为国家重点文物保护单位，其开发与利用一直受到国家文物局与地方政府的高度重视。将这样一个文物遗址型的旅游地如何打造成为大型主题旅游娱乐项目是一个非常有难度且值得深入思考与重视的问题。淹城春秋乐园的项目策划和规划由北京绿维创景规划设计院（下文简称“绿维”）承担完成。绿维在春秋淹城的文化内涵挖掘和娱乐项目设计方面做出了许多富有创意的设计，最终也使淹城春秋乐园成为常州市的一个著名主题乐园，使千年古城遗址重新焕发了生机。

二、策划思路

淹城遗址是中国保存最完好的春秋古城，但淹城遗址的地面遗存物较少，且观赏较为不便，遗址出土的文物考古价值大，但旅游价值不高。于是，怎样通过旅游的开发将文化变成可触摸、可观赏、可消费的产品，以及怎样处理好遗产保护和旅游开发的矛盾就成为首先要解决的问题。

淹城遗址“三城三河”的结构在世界上也是独一无二的。另外，它作为“文化原点”所蕴含的春秋历史文化和风水文化特质，是其他旅游区无法复制的，这也是淹城旅游区构建自身核心竞争力和旅游吸引力的根本。因此其旅游开发建设应当立足于淹城遗址,挖掘遗址所蕴含的春秋文化。淹城本身文化历史遗存不多,当年古淹国留下来的可去描述、可去凸显、可去发掘的故事并不多。虽然拍摄了一部关于淹城的历史剧,出了一本关于淹城的书,但这些东西相对来说比较缥缈,没有比较有依据的内容。所以绿维提出,做淹城不能局限在淹城本身的文化,更不能局限于淹国本身的文化,因为对于广大中国人民和世界人民来说其广泛性、认知度和表现力都不够。绿维建议淹城要做春秋文化,提出"一回走千年,春秋看淹城"的目标和形象口号,也就是要以表现春秋时代文化为重心,通过淹城旅游的开发,打造展示中国春秋文化的旅游聚集区。因此,依靠淹城全面系统地打造春秋文化就成为绿维策划的一个重点。

图 4-8

以春秋文化为主题的春秋文化体验园

绿维认为,文化是旅游的灵魂,也是旅游目的地持续发展的支撑。文化的保护不能是传统意义上的"死"保护,必须使其活化并为世人所了解,才能更好地得到保护。每一个时代都有自己特殊的饮食、文学、娱乐、服饰等文化,我们希望将这些文化都聚集在一起,让它变成可触摸、可观赏、可消费的项目和产品,而主题乐园就是一种很好的聚集模式。淹城旅游区由于物质遗存欠缺,并不具备采用文化遗产类(博物馆)展示和观光模式的客观条件;但与其他文化景区相比,春秋文化是其核心竞争力,也是统领整个片区的核心脉络。园区内的所有观光景点、游乐场所、服务中心或小品景观都要紧紧围绕这一主题来打造。因此,绿维最终决定在遗址区外围的缓冲区以淹城为依托,在深入挖掘本地文化的基础上,打造一个以春秋文化为主题的春秋文化体验园——春秋乐园。这一思路也得到了武进区委、区政府的认可和支持。

三、项目定位

绿维把春秋淹城旅游区定位为以中国春秋文化品牌为依托的文化休闲型旅游目的

地，提出了“一回走千年，春秋看淹城”的形象定位口号，以打造中国唯一的春秋文化品牌旅游区、5A级旅游区和世界文化遗产为目标。

首先，绿维对春秋战国的文化架构、成语典故、核心文化及其流传到现在影响最大的文化进行了系统梳理、研究分析和提炼，希望春秋乐园能够最大程度地反映有价值的春秋文化。最终，经过大量的研究和比对，绿维挑选了诸子百家、春秋五霸、青铜铭文、春秋丽人、春秋版图等对现当代影响比较大的文化作为打造内容，并将产品分为春秋文化长廊板块（景观区）、春秋演艺板块（演艺区）和春秋文化体验板块（体验区）。在此基础上，进一步研究如何使春秋文化、春秋故事转化为可触摸、可感受、可体验的娱乐化、游乐化、休闲化的旅游产品。

四、旅游娱乐模式创新

通过国内文化遗产、遗址公园的类比分析发现，历史遗址在严格保护的前提下一般采用观光旅游形式。遗址的旅游开发受文物保护法的限制很多，因而多采取与之联系的博物馆来表现其内容。而如今的淹城遗址除了“三城三河”外已无其他物质遗存，也就是说淹城旅游区并不具备采用文化遗产类（博物馆）展示、观光模式的客观条件。之后又通过对比分析研究一些成功的主题公园尤其是文化主题园的做法，得出了做足文化主题公园体验的几大模式：时空隧道穿越概念、情境化模式（化妆）、淹城币消费管理模式、游乐化模式、动感化模式、参与模式以及演艺结合，但是发现在中国古文化转化为主题公园的创新上，可借鉴的内容较少，因此，绿维大胆创新策划，用主题公园的手法和中国文化相结合的体验模式进行创新，从而打造出一个完全创新的中国传统古文化与现代娱乐游乐相结合的文化主题乐园——春秋乐园。

绿维通过对观赏方式、娱乐游乐方式和体验模式的调整，运用互动体验、游乐娱乐、演艺等手法，把春秋的主体文化、最重要的文化和流传至今的典故与故事转化为观光、游乐、娱乐、互动等体验项目，创新性地提出做一个春秋文化雕塑景观艺术大门，用石窟艺术墙的手法表现诸子百家，用孔子学堂的方式来展现儒家文化，用雕刻绘画的形式在山体中展现富有传奇色彩的春秋丽人的故事场景，用吴王宫的历史背景包装一个户外演出场地，用春秋版图的方式表现春秋的历史地理的文化内涵，用伍子胥过昭关的典故来打造漂流项目，用歌舞升平来包装旋转木马，用春秋战国时期的战争背景装点波浪翻滚项目，用孙武点将的典故来做高空观览项目，用硅胶仿真机器人打造孔子形象跟游客交流互动，用声光水影效果演艺主题水影秀等。

（资料来源：绿维创景主办《旅游运营与地产开发》淹城春秋乐园专刊）

1. 举例说明主题公园的类型和特点。
2. 淹城春秋乐园策划带给你哪些启示？
3. 主题公园内容持续创新的途径有哪些？

案例导读

旅游演艺需“去类型化”

吴学安

随着旅游业的快速发展，走马观花式的旅游已无法满足游客们的需要，游客更看重的是精神方面的享受。而以实景演出为代表的旅游演艺模式，最受游客们的欢迎。国务院此前印发《关于促进旅游业改革发展的若干意见》，部署进一步促进旅游业改革发展，提出到2020年，境内旅游总消费额将达到5.5万亿元，城乡居民年人均出游4.5次，旅游业增加值占国内生产总值的比重将超过5%，并提出鼓励专业艺术院团与重点旅游目的地合作，打造特色鲜明、艺术水准高的专场剧目，鼓励建立特色名镇古村。

旅游演艺以真山真水为演出舞台，以当地文化、民俗为主要内容，融合演艺界、商业界大师为创作团队的独特文化模式，在旅游业迅猛发展的背景下成为旅游业中的新亮点。西安有《梦回大唐》，桂林有《印象·刘三姐》，云南有《云南映象》，国内许多旅游城市通过歌舞剧等艺术形式打造文化旅游产品，成功地借助旅游演艺宣传了城市形象。

自2009年9月，文化部与国家旅游局发布的《关于促进文化与旅游结合发展的指导意见》提出打造当地优秀旅游演艺产品后，中国旅游演艺就从常规演艺进入到演艺成为独立景点或旅游吸引物的发展历程，“白天观光休闲，夜晚观影赏秀”成为旅游市场一个类型化的道路。

自2004年“印象”系列打开旅游驻场演出市场以来，经过10年跑马圈地快速发展之后，旅游演艺该领域开始步入调整期。根据对全国各地旅游演出的经营情况调研，旅游演出票房收入普遍下降10%—30%，有部分演出收入下降幅度甚至达到50%。

究其原因，一方面，各旅游景区近年来推出的旅游演出项目，大多数旅游演出项目制作存在严重的趋同化现象，虽在选材上各有侧重、节目亮点不同、节目名称各异，但在总体构思、节目创意、编导手法、制作手段上大同小异；另一方面，旅游演艺经营多年来一直采取与旅行社分票房、给导游返点的方式争取游客，导游在原有行程之外安排游客自费观看演出是各地旅游演出最普遍的营销方式。《旅游法》正式实施后，未列入旅游行程的演出项目将不能由导游自主安排，这是近年来旅游演出票房下降的主要原因。

海南旅游研究院院长杨哲昆认为，文化旅游产品要强调多元化，不一定要大而全的产品。“立足现有的文化旅游资源，精心搞好策划、深入挖掘文化、张扬本土个性，同时，特色文化要有合理的表现形式。”也就是说，旅游演艺产品的编创必须能够触动时代脉搏、雅俗共赏，符合旅游者的大众口味。旅游演艺相结合创造的并不仅仅是文化消费本身，还有旅游目的地的文化形象和文化品位，创造的是一个旅游目的地的品牌、魅力和恒久的吸引力。本土特色是否明显，是文化旅游产品能否吸引游客的关键。

（资料来源：《人民日报海外版》2016年4月16日第12版）

近年来，随着旅游业与演艺业的融合发展而形成的旅游演艺业，正成为文化旅游产业中增长迅猛的新型旅游业态，其对地方经济的发展、产业结构的调整和社会效益的增加都起到了良好的促进作用。因此旅游演艺项目的策划也成为旅游地吸引游客，打造新型旅游市场的重要举措。

第一节 旅游演艺概况

一、旅游演艺的概念界定

旅游演艺本质上是旅游业和演艺业共生融合的产物，二者具有相互促进、相互影响和互利共赢的关系。对旅游演艺概念最早的提法应该来自1998年国家旅游局举办的一个研讨会上，当时称作“主题公园文娱表演”。后来学界根据各自的习惯和需要，提出了不同的叫法，但在称谓上“旅游”和“演艺”逐渐紧密，出现了“旅游演出”、“旅游表演”和“旅游演艺”等说法，其中“旅游演艺”的说法比较普遍。学者朱立新将旅游演艺定义为“以异地观众为主要观赏对象的演艺活动”①。在此基础上结合各学者的观点，旅游演艺是指在旅游景区内开展的，针对游客的，有专门的演出人员以及特定的演出场所（含剧院、酒店、大型广场等），以展现区域内历史文化或风俗民情为内容的艺术表演。

二、旅游演艺的类型

李幼常根据演艺场所的不同，把旅游演艺业态类型分为广场类（含景区广场类和社区广场类）、实景类、剧院类、宴舞类等四种②；徐世丕根据演出产品的类别，把我国旅游演艺划分为民族风情、山水实景、文化遗产三种类型③；罗曼丽（2010）则把国内大型旅游演艺产品分为山水实景表演、综合性歌舞表演、原生态民俗风情表演三类④。本书将旅游演艺主要划分为山水实景类、综合性歌舞类、原生态民俗风情类、城市传统曲艺及延伸类四大类型，四大类型各具特征，各有差异。

（一）山水实景类

山水实景演艺为当代旅游演艺业态创新的典范，也让整个旅游演艺产业备受世人关注。这类演艺产品的投资成本很大，常借助高科技手法对当地的民风民俗、神话传说、历史传奇等人文资源进行展示和表演。旅游者置身于自然环境中，愉悦地观赏山水美景，积累人文知识，并在声、光、色等的配合中增强审美体验。山水实景类旅游演艺主要表现在以项目所在的地域自然山水为演出背景和舞台，以地域文化为灵魂，以主创团队的创意为架构，以声光电等高科技技术为产品实现的手段所创作出的演艺形态。国内以“印象”系列产品为山水实景类演艺代表。

（二）综合性歌舞类

综合性歌舞表演发源于早期传统的主题公园、景区或酒店内进行的各种歌舞、武术、杂技等综合性表演，经过不断持续创新，发展成今天具有较大影响力的演艺业态。该类演艺一般采用传统的舞台表演艺术形式，通常对舞台硬件设施和舞美设计有着很

---

① 朱立新．中国当代的旅游演艺[J]．社科纵横，2010，25(4)：96－99．

② 李幼常．国内旅游演艺研究[D]．四川师范大学，2007．

③ 徐世丕．旅游演艺对我国传统演出市场的冲击和拓展[J]．中国戏剧，2008(09)：14－17．

④ 罗曼丽．国内大型旅游演艺产品开发现状研究[J]．黑龙江教育学院学报．2010，29(12)：200－202．

高的要求。节目内容主要包括地方文化、民俗风情、历史典故、神话传说等，演出的节目一般都有较高的艺术水准，且场面宏大，演员阵容大，常由专业文艺团体或专业演员承担演出任务，演出时间和地点比较固定，形式新颖、独具特色。国内目前代表性产品有《梦回大唐》、《千古风流》、《走进延安》、《浪漫天涯》等。

图5-1

大型实景演出《井冈山》

图5-2

《张家界·魅力湘西》演出

（三）民俗风情类

原生态民俗风情表演主要集中在我国西南、西北的少数民族聚集地区，这些地区借助丰富的民族文化资源，以浓郁的地域民族风情为主要元素，通过主创团队整合少数民族地区最具代表性的文化意象，全方位展示当地的民俗文化和民族精神，从而形成一种非常具有少数民族地域文脉特色的旅游演艺新业态。此类演艺产品在节目的编排上，无论是演出的内容还是表演的艺术形式都力求原汁原味，民族文化的多元与丰富切合了现代社会人们追求自然、回归传统和渴望真实的精神消费需求。原真性的舞蹈与音乐元素、土生土长的本土演员和极具民俗情韵的道具服装为观众带来了更多新奇和震撼的体验。这类演艺产品以丽江《丽水金沙》、张家界《张家界·魅力湘西》等为代表。

（四）传统曲艺类

目前，国内一些具有深厚历史文化底蕴的大城市，积极拓展城市的旅游功能，发掘城市旅游文化资源，并产生了各具城市特色的旅游演艺新业态，传统曲艺类旅游演艺便是其中的一项。这类旅游演艺与上述三类旅游演艺业态存在较大区别：第一，它基于城市传统文脉而形成；第二，它不仅面向城市的旅游群体，还面向城市的常住居民。它包含曲艺、相声、二人转等具有鲜明城市和地域文脉特色的类型等。国内目前代表性的城市传统曲艺以郭德纲的“德云社”为首，其延伸业态以周立波的“海派清口”为首。

三、当代旅游演艺的特点

（一）地域文化与科技创新相融合

一方面，当前各地旅游演艺的产品和业态，具有深厚的地域文脉渊源，以饱含地域差异化的文化内涵著称，尤其是在西南民族地区具有少数民族风情及其审美趣味和审美诠释的演艺产品，让观众在另一种与自己所熟知的文化语境完全不同的文化氛围中，感受异域民族文化神秘、古朴、纯真、烂漫的地域文化魅力，并深刻体验少数民族的民族精神和风土人情。另一方面，当前基于地域文脉的旅游演艺产品，又是以当前全球顶级的声光电高科技技术来支撑和呈现的，高科技的力量在演艺中把地域文化之美推向了极致。

（二）视听盛宴与宏大场景相融合

一方面，当前各地的旅游演艺作品，力求追求视听感官效果，力图给观众呈现融合了声光电等各种效果的视听盛宴，另一方面，又极尽铺张奢华之能事，一台又一台的演艺作品，都极力追求宏大的演出场景或辉煌的大型剧院舞台，用宏大的场景和辉煌的演出舞台来直接震撼观众的心灵。如《印象·刘三姐》专门修建的刘三姐实景歌圩，分为长两公里的山水剧场和占地4 000多平方米的风雨古楼两部分，创造了演艺舞台的世界吉尼斯纪录。

案例 5－1

高科技旅游演艺大片《九寨千古情》

《九寨千古情》耗资4亿元打造的震撼史诗大戏，堪称四川旅游演艺3.0版本的开山之作。全剧紧紧围绕《藏密》、《九寨传说》、《古羌战歌》、《汉藏和亲》、《大爱无疆》、《天地吉祥》等几幕展开，在一个小时内，300位演员、360度全景演出、400套舞台机械、4 700位观众互动，用声光电气械的特技、上天入地的空间创意，完全打破艺术类型的界限，撼动观众的视觉和听觉神经！

亮点一：4 700 座 4D 环震椅研制费高达 4 000 万元

《大爱无疆》是剧组着力渲染的重头戏。演出以一个摄影师口述当天给一对新婚夫妻拍照的遇险经历，以及一位长大成人的孩子回忆母亲如何用脊梁保护自己等真实事件为切入点，只听“咔嚓”一声巨响，全剧院 4 700 个 4D 环震椅往下沉坠，瞬间产生高达 90 吨的冲击力，同时铺天盖地的空中吊梁直压到观众的头顶上，转眼沦为废墟的震撼现场让人呼吸都为之凝重。

这时候，以成都军区 1∶1 原型打造的救援直升机通过长达 110 米的大型高空轮转轨道缓缓驶出，不断扫射的探照灯和“有人吗”的救助声，在漆黑的环境下营造出惊心动魄的氛围。天上、地下、身后、从四周凿壁而出……解放军战士和民间救援队伍纷纷涌向舞台救人。

突然，堰塞湖溃坝，3 000 吨大洪水呼啸而下。危急时刻，演员通过超高难度的威亚技术从天而降，在滔滔洪水前搭建起了“人桥”，让孩子们通过……那种紧张又让人热泪盈眶的现场感，给人以生的希望、活着的勇气。

图 5－3 《九寨千古情》宏大的演出场景

亮点二：360 度旋臂、250 套灯具、400 方全彩 LED 展现藏羌风情

美丽的海子、神秘的藏密、古老的羌民族等诸多元素，展现着九寨沟令人魂牵梦萦的神韵。为了展现“童话世界”的魅力，剧组动用了数字灯、LED 灯、染色灯、图案灯、光束灯、激光灯等 250 套大型灯具，以及 400 方全彩 LED 显屏，舞美效果堪比央视春晚。

移动观众席底下，还隐藏着一个深达 20 米的基坑，机械打开就是一个波光潋滟的超级水舞台！在这样的“海子”上，藏、羌以及达戈、色膜等众神，或乘上 360 度水中大摇臂谈情说爱，或在全息投影纱幕下沐浴追逐，或在升降台上你侬我侬无羁无绊。单单中央升降台，就包含了大方形、大圆、小圆、环形旋转台、圆形旋转台等 5 个合一套，上下还分 3 层升降结构，最高可垂直升到 8 米！300 位演员在舞台上分花拂柳，让观众仿佛赶赴一场风情盛典。九寨千古情，视觉盛宴，极度震撼！

（三）演艺特色与旅游景区相融合

当前各地的旅游演艺作品，都很好地把演艺产品的特色与旅游景区的特点融合起来。以山水实景演出为例，我们看到国内每一台山水实景演出，都在选址上体现出精心和巧妙，或山水湖面，或高山峡谷，或草原缓坡等，把演艺产品需要体现的故事或意象主题，完美地融入山水实景场景中。同时，以剧院演出为代表的室内演出，也充分讲究剧院的选址，并把旅游景区所在地的文化，高度地融入令人震撼的演艺作品中，如张家界《魅力湘西》的赶尸节目，把湘西人的爱国主义精神，与“把生命献给国家，把身体奉还父母”的少数民族质朴忠义的价值观念体现得淋漓尽致，告别了过去“赶尸”节目恐怖、庸俗的审美趣味，又彰显出地域文脉之精髓。

（四）主创团队与产业资本相融合

当前旅游演艺项目的投资越来越大，动辄上亿元，同时，每一台旅游演艺产品，聘请的几乎都是国内顶级的策划、导演和音乐制作大师，尤其是从作曲、灯光、音响、舞美到服装等一律聘请国内顶级的专家进行深度指导。雄厚的资本实力，加上最负盛名的主创团队，让当前旅游演艺的业态花样迭出，而大手笔的投资，让当前的旅游演艺作品不断呈现出盛世辉煌的大气感。

第二节　旅游演艺发展历程

一、国外发展历史与现状

在西方世界的旅游发展史上有着丰富多彩的演艺活动。西方旅游的开端发生在希腊，包括吟游诗人、航海贸易、商业和宗教哲学等文化传播以及体育盛会。比较正式的演艺活动也发生在雅典举行的酒神节庆典上。正是国外的旅游演艺体系发展较早，使得其经过长期动态的探索形成了较为成熟的开发运作模式和丰富的表现形式。美国百老汇和伦敦西区已经发展为世界两大旅游演艺中心，成为旅游演艺的文化符号和运作典范。

以美国为例，从19世纪末到20世纪初的20年里，围绕着时报广场和百老汇大街的戏剧区，出现了80多座正规剧院。以一种大众熟悉的日常英语为核心，以轻松幽默、大方开朗为特征，民间歌舞杂要相结合，借鉴欧洲轻、喜歌剧和清唱剧的新型娱乐形式出现了，这就是后来扬名全球的百老汇歌舞剧，简称音乐剧。此外，科技的进步、产业的发展、交通的便利、人流的集中、现代大都市基础设施的完善，为“戏剧区”的最后形成奠定了基础。

目前，国外在实际运作中形成的三种旅游演艺形式深受推崇。一是旅游音乐节，音乐节通常是在特定的地方用统一的内容，例如民族音乐、现代音乐或发扬某一杰出作曲家的作品举行连续性的演出，一般具有主题鲜明、露天开展、地点固定、参与度高和产业运作强的特点，例如德国瓦肯金属音乐节、巴斯音乐节、北山音乐节、奥尔德堡音乐节、伍德斯托克音乐节、白鲁伊特音乐节、莱比锡哥特音乐节等；二是旅游演唱会，及时依托演唱会来促进区域旅游的发展，美国的麦迪逊花园广场、英国伦敦温布利体育场、澳大利亚悉尼歌剧院、法兰克福展览中心二号展厅、日本东京巨蛋等都是因为演唱会而成为世界知名的音乐旅游者的向往地；三是真人娱乐体验，例如韩国 MBC 电视台推出的《爸爸！我们去哪儿？》节目，就是通过与传统旅游演艺节目不同的叙事表达形式和媒介传播形式向旅游意向群体传播旅游区的资源禀赋。

图 5-4 美国伍德斯托克音乐节盛大场面

二、国内发展历史与现状

我国旅游演艺项目最早的雏形是古已有之的集市杂耍，即通过音乐、舞蹈、魔术及博彩游戏等手段来营造气氛、吸引顾客，从事这类生计的庞大群体，统称为江湖艺人。但古代的演艺活动主要目的并不是发展旅游业，因此并不能称之为旅游演艺。近现代的旅游作为一项单独的产业发展起来后，演艺项目也开始进入新的发展形势。我国第一个正式旅游演艺项目是陕西省歌舞剧院古典艺术团于 1982 年 9 月在西安推出的《仿唐乐舞》，它的成功运行，开启了让历史文化"动起来"的探索之路，从此我国旅游演艺事业拉开了发展的序幕。

进入新世纪以后，人们消费观念的转变，推动了旅游成为人们生活休闲的重要选择。旅游演艺在这样的背景下与文化深度融合，朝向多元化的方向发展，尤其以 2004 年推出的大型实景演出《印象·刘三姐》为标识，此后，国内旅游演艺产业从不自觉走向了自发主动地与市场需求相结合、与地域文脉相承接、与现代技术相匹配的业态持续创新发展的新高潮。

2009 年 9 月，文化部与国家旅游局发布《关于促进文化与旅游结合发展的指导意见》，提出打造当地优秀旅游演艺产品，我国旅游演艺从常规演艺进入到演艺成为独立景点或旅游吸引物的发展历程。

近年来，一些著名的旅游城市和地区如丽江、昆明、泰山、平遥以及贵州、河南等省，都依托优质自然山水或人文遗产资源，在充分挖掘地域文化的基础上，按照"政府主导、企业投资、市场运作"的模式，进行了独具特色的演艺产品开发，有效激活了潜在的旅游演艺市场，成为增强本地区旅游观光业市场竞争力、保持其可持续发展势头的重要支撑。

表 5－1

国内近年来影响力较大的旅游演艺项目

项目名称	演出地点	类型	内容特色
印象·刘三姐	桂林阳朔	大型山水实景演出	演出以“印象·刘三姐”为总题，将刘三姐的经典山歌、广西少数民族风情、漓江渔火等元素创新组合，不着痕迹地融入山水，还原于自然，成功诠释了人与自然的和谐关系，创造出天人合一的境界，被誉为“与上帝合作的杰作”。以真实的山水景观为舞台，以大自然为剧场，四季景色不同，晴雨变化不同，演出也不相同，色彩与光的配合运用效果非常好，带给观众更加真实的感受。
印象·西湖	杭州西湖	大型山水实景演出	内容紧紧围绕一个“水”字，以水来体现西湖的精髓与韵味，运用高科技手段来展现雨中西湖和西湖之雨的景象，从一个侧面反映西湖的神奇和自然。同时着重于挖掘杭州的古老民间传说、神话，依托实景剧场反映当地传统文化，体现杭州的自然特色、历史底蕴和民间文化沉淀。
宋城千古情	杭州宋城	室内立体全景式大型歌舞	以杭州的历史典故、神话传说为基点，融合歌舞、杂技艺术于一体，应用现代高科技手段营造如梦如幻的艺术效果，给人以强烈的视觉震撼。以多种表演艺术元素诠释了杭州的人文历史，创造出华丽而高雅的节目，再现了一个缠绵迷离的美丽传说，一段气贯长虹的悲壮故事，一场盛况空前的皇宫庆典，一派欢天喜地的繁荣景象，巧妙地呼应了游客们观光游览中所见的杭州美景。
印象·丽江	丽江	大型山水实景演出	全剧分为上、中、下三篇，上篇为《印象·丽江》雪山篇；中篇为人与自然的对话，这是目前世界上最长的一次幕间休息，也是对悠久纳西文化的一次观摩和洗涤；下篇为《印象·丽江》古城篇，在丽江古城的夜间演出。实景演出以玉龙雪山的自然风光为天然背景，以纳西民族为主的当地民俗民风构成了演出场景，力图表现散居丽江的十个少数民族的基本生活形态。
丽水金沙	丽江	旅游歌舞晚会	以舞蹈形式构成，荟萃了丽江奇山异水孕育的独特高原民族文化现象、亘古绝丽的古纳西王国的文化宝藏。通过择取其中 8 个民族最具代表性的文化意象，全方位展示了丽江独特的民族文化和民族精神。通过优美的舞蹈语汇、扣人心弦的音乐曲调、丰富多彩的民族服饰、立体恢宏的舞蹈场面、出神入化的灯光效果，大大强化、提升了民族歌舞的表现力，开创了民族歌舞新的表现形式。
云南映象	昆明	大型原生态歌舞剧	一部没有用故事作为结构却包容了所有故事内涵的大型原生态歌舞作品。全剧囊括了天地自然、人文情怀，以及对生命起源的追溯、生命过程的礼赞和生命永恒的期盼。
蝴蝶之梦	大理	大型梦幻风情歌舞	以特有的大理“蝴蝶”文化内涵通串全场，整个氛围在梦幻中演绎，给人以强烈的视觉冲击力与艺术震撼力。全剧有五场：序、洱海明珠、三塔香云、苍山叠翠、蝴蝶泉边。序将现场观众从剧场导入梦境；洱海明珠讲述大理的创世神话；三塔香云讲述大理具有世界属性的历史背景；苍山叠翠讲述大理作为亚洲文化十字路口古都的缘由及大理众多民族、文化、宗教与自然和谐共荣的渊源历史；蝴蝶泉边讲述梦圆大理的思想与情感。
香巴拉映象	香格里拉	情景歌舞剧	歌舞、音乐元素取自生活在滇藏文化带上的藏族、纳西族、彝族、傈僳族、白族、汉族等民族原汁原味的生活元素。以“天人合一、人神合一、万物合一”的创作主体思想去构建和谐与自然、天、地之大美，展示香巴拉民俗、民间乐律、舞蹈、民歌、民族服饰和丰富的自然、人文、宗教、民族传统文化精髓，传承发展民族传统文化，推崇大香格里拉文化品牌概念。

（续表）

项目名称	演出地点	类　型	内　容　特　色
风中少林	郑州歌舞剧院	大型原创功夫舞剧	讲述一名少林武僧的传奇故事，演绎了一场正气与邪恶的生死较量和一出包蕴东方隐忍之美的爱情悲剧。全剧既有精湛的少林功夫展示和恢宏的战争场面，又有如歌的人间情爱和如诗的中原风情，给人以强烈的视听震撼和全新的艺术享受。
禅宗少林·音乐大典	登封	大型实景音乐剧	禅宗与少林是演出的两大主题，演出以禅宗理念引领少林功夫，使它得到一种精神的提升。它是中国禅宗文化在其发祥地向世界文化的一次召唤，是对佛与人、艺术与宗教、生命本原、人类精神归宿等终极问题的审美探求。
ERA——时空之旅	上海	超级多媒体梦幻剧	深入挖掘和利用中国特别是江南特有的民族艺术元素，综合杂技、音乐、现场乐队、舞蹈、武术等，以时空交错为表现手法，艺术地展现昨天、今天、明天，展示中华民族悠悠历史、灿烂文明，展示迈向伟大复兴的中华民族精神风貌，展示上海人民全力推进小康社会建设的都市风情。
创世纪	深圳世界之窗	大型史诗音乐舞蹈晚会	是国内技术最先进的演出，立体化，声光电，舞台华丽、服饰精美、演员阵容强大。演出主要表现世界古文明的精髓，排了三段：希腊神话的木马传说，楚汉之争时的霸王别姬，以及一千零一夜之阿里巴巴。世界之窗环球舞台装上大型的 LED 屏幕，使得游客即使在舞台的最外围，也能清楚地欣赏到世界之窗绚丽多彩的大型演出。
千古风流	深圳世界之窗	大型音乐舞蹈史诗	《千古风流》晚会以“生命与爱情”为主题，从五个世界经典爱情故事中选取五个动人悱恻的情节，以《特洛伊》、《罗摩衍那》、《楚魂汉风》、《源氏物语》、《天方夜谭》五场戏展示爱情的美丽、热烈、凄婉、无奈，揭示生命与爱情的联系。
森林密码	广州长隆	大型实景式主题马戏	围绕发生在一片神秘热带雨林中的离奇故事而展开，通过高超的导演手段再现了一段扑朔迷离的森林密码解密过程。以天人合一为创作核心理念，体现了人与动物、人与自然、人与万物的和谐相处，是一首万物生生不息的美丽生命赞歌，是一出用现代西方艺术手段演绎东方哲学精髓的马戏精品。
仿唐乐舞	西安陕西歌舞大剧院	仿古乐舞	是经过现代艺术家们精心钻研、悉心编排的盛唐歌舞表演，不仅在视听方面能够给观众带来美好的享受，也是了解中华民族悠久灿烂文化的一种方式。本剧目由陕歌艺术家们集体创作，晚会由器乐、声乐、舞蹈组成，体现了盛唐王朝百国朝贺、民族交融的鼎盛景象及风土人情。
梦回大唐	西安大唐芙蓉园	综合性大型乐舞表演	全剧由序“游园惊梦”和“梦幻霓裳、梦浴华清、梦邀秦王、梦萦西域、梦游曲江、梦回大唐”六幕共七个部分组成，是一台集盛唐风情、歌舞精粹、绚丽奇幻、神秘刺激、狂欢多彩于一体的综合性大型乐舞表演，可谓是现代唐风乐舞之登峰造极的精粹。
藏王宴舞	九寨沟	歌舞宴	以公元 641 年，吐蕃藏王松赞干布迎娶唐朝文成公主，藏汉联姻，藏王设宴，歌舞升平这一场面展开。融合了男女声独唱、舞蹈、民族弹唱、乐器独奏、宗教法舞、大型藏羌服饰展示、观众互动节目等，展现了地方民族文化的精髓。

（续表）

项目名称	演出地点	类　型	内　容　特　色
天下峨眉	峨眉山风景区	3D 实景剧	整个演出以自然风光为元素，以佛界、仙景、人文、传说为载体，结合现代化的声光电舞台设备和音响效果，形成了以湖光、山水、舞台、星空、森林为背景的多层次演艺效果，展现了“云上金顶，天下峨眉”的天下第一山的气势。整个演出充分结合峨眉山的特点，在演出时再现了“峨眉四绝”，同时穿插运用全新的手法表现四川的民间绝技，如手影、变脸、吐火以及让人眼花缭乱拍案叫绝的峨眉武功，为观众营造全新的旅游体验。
金沙	成都	大型音乐剧	把成都的永陵、三星堆，尤其是金沙考古发现，通过艺术的手段完美地“复活”。三星堆出土的青铜神树，永陵的二十四伎乐，金沙遗址的太阳神鸟金箔、硕大的古象牙、千年乌木……或化身成舞台上布景，或化身为活泼的、血肉饱满的人物，演绎出这片古老而富饶的土地上美丽而浪漫的传说，奇幻如梦，令人浮想联翩。
北京之夜	北京	大型组合式晚宴艺术	“北京之夜”融中国传统艺术、音乐、舞蹈、戏剧、杂技、曲艺、服饰等艺术形式，同主题餐饮、商品开发经营为一体，致力于在首都北京为人们提供一处了解中华上下五千年，纵横多民族的文化艺术、历史发展的美丽画卷。

在我国旅游演艺如火如荼的发展过程中，我们还应看到其中存在种种问题：一是缺乏规模效应，虽然近年来涌现出了“印象”系列和“千古情”系列等优秀演出剧目，引进了迷笛音乐节、草莓音乐节等大型户外音乐经营模式，然而目前国内尚无纽约百老汇、伦敦西区、伍德斯托克音乐节等具有较大规模、强大号召力的旅游演艺集群；二是没有行业协会或基金会统领全局，在美国没有专门管理戏剧的文化部门，但其行业协会和基金会制度十分成熟，大量的行业协会和基金会在最大限度地动员全国热爱戏剧和文化的团体和个人之力投入演出的发展；三是品牌特征不明显，虽然“印象”系列和“千古情”系列在国内外具备了一定的知名度，然而其品牌特征仍不明显，更不具备品牌的规模效应。

第三节　旅游演艺策划方法

一、旅游演艺策划的原则

（一）主题化

旅游演艺项目应在主题的选择上保持谨慎。优秀的旅游演艺作品都具有鲜明的主题，主题是景区的灵魂，它可以集中旅游者的注意力，有重点地展示风景区的景观和文化特点，给旅游者留下深刻的印象。当前多数旅游区都会围绕主题进行游线和旅游活动的设置，主题主要是根据当地的文化、民风习俗、自然环境等决定，主要考虑到地方性和真实性。演艺活动应以当地真实存在的物质文化产物为基础，即使含有部分虚构和幻想的成分，也以在原有物质和精神遗存的基础上进行适当演绎为主要原则。以传统文化为主题的旅游演艺项目，无论是民俗的还是宗教的，都应具有一定的本土文化基础，不然就成为无根的浮萍，不能受到当地人和旅游者的认可。

（二）艺术化

旅游演艺活动作为一种特殊的艺术形式，它所具有的现场感和大众参与性要求它满足不同文化层次人们的审美需求。在考虑旅游区游客来源的前提下应注意保持演艺活动的艺术品位。是阳春白雪还是下里巴人，众口难调，因此首先应满足大众的审美需求，不可低俗，也不要曲高和寡。所谓艺术来源于生活，演艺活动面对的是不同文化程度和不同地区的旅游者，要使这些旅游者都能从演艺活动中得到乐趣，就必须采用更为精炼和多样的方式。

（三）市场化

首先，旅游演艺项目在推出前应做好充分的市场调研，预测客流量，分析客源市场，合理确定项目规模和类型，切忌盲目乐观；其次，每个旅游者对旅游演艺节目的期待是不同的，根据自身的教育程度、消费习惯、旅游心理等条件综合形成了他对旅游演艺的不同欣赏角度。通过市场细分研究，关注旅游者的需求，以此营造符合要求的旅游演艺；再次，旅游演艺的衍生产品开发在旅游演艺的全部收入中占了绝大部分比重。旅游市场对旅游纪念品的需求是旅游者希望将自身体验同他人分享的心理原因，衍生产品的开发就如同消费者随身携带的旅游广告一般，能将旅游演艺的情况渗透各处，带动更多来观看旅游演艺的旅游者。

（四）品牌化

旅游演艺项目同其他旅游资源不同，更注重策划与宣传的手段，当旅游演艺项目在旅游者心中形成品牌，就拥有了源源不断的客源和后续发展的动力。形成品牌化效应也就是要塑造旅游演艺项目的吸引物，大致包括四个方面，即项目本身的品质、旅游目的地的知名度、文化的吸引力和明星大腕效应。

二、旅游演艺项目的主题定位

旅游演艺项目的主题定位应该做到以下四点：

（一）深挖文化内涵

为旅游演艺确定一个深刻隽永的主题，需要挖掘地域文化，体现独特内涵，通过不同地区的山水品格塑造出不同韵味的文化。旅游演艺项目的主题需要在旅游目的地的文化中开发，深挖当地民间文艺、神话传说、节庆习俗、历史典故等等。文化资源的选用要有依据，适合产业化开发，有足够的特色和吸引力。在文化主题的原则之下，能够使规划的旅游演艺项目避免同质化，形成独特的文化品牌。

（二）把握市场需求

旅游区的旅游产品特征各异，旅游者对旅游产品的需求也是各异的，要对市场进行深入调查，确定旅游区面对的受众，根据他们的旅游习惯定位主题。大型的旅游演艺项目具有最宽广的创新思路，现有的许多演艺项目都具有场面宏大、制作精美、演艺精湛、格调高雅的特点，其中一部分还成为旅游区的核心景点，为旅游区可持续发展创造了先机，同时还有一部分知名旅游区的优秀演艺活动吸引了海内外广大的旅游者，以其独具匠心的空间场所设计和表演内容，向世界传播中华文化，得到了广泛一致的好评。

（三）提高美学价值

实现产品内容和形式的有机统一，重视节目的审美价值性与参与性，并适时调整，不断在固定的主题下创新表现方式和活动内容。如《印象·刘三姐》、《大宋——东京梦华》等这一类作品都在深入挖掘中国文化后，投入巨大的资金和人力将其用演艺的方式展现给旅游者，给人留下深刻的印象，不仅丰富了旅游目的地旅游产品的层次，也高调弘扬了当地的文化，将旅游提升到艺术与审美的高度。

（四）市场差异定位

分析旅游演艺项目在周边旅游区域中的项目异质性，这与项目选择的内容和表演形式相关。创新就是要有新思路、新思维和新视角，追求的是人无我有、人有我特、人特我奇，积极运用新的技术为游客提供全新的体验，达到震撼的效果，这也是提升旅游吸引力，打造核心竞争力的关键所在。在邻近的旅游区内，可以形成不同类型的多种旅游演艺项目，如以室内歌舞为主题的旅游演艺项目周边，还可以选择山水实景演艺活动或小剧场表演，避免在同一区域内出现演艺项目的雷同。

（五）打造精品力作

策划旅游演艺项目要有精品意识，只有演出质量高、形成独特的文化品牌，才能保持旅游演艺项目较长时间的盈利，而不至于湮没在残酷的市场竞争里。旅游地及景区在把握演艺产品特点的基础上，必须自觉构筑精品工程，邀请知名的导演、高水平的团队，打造景区的品牌化演艺产品。

三、旅游演艺项目的市场营销

好的市场营销策划是让旅游目的地的旅游演艺项目能够可持续运作的重要手段。旅游演艺的市场营销策划主要是确认那些能吸引旅游者的活动、文化、艺术、历史资源及发展。根据美国学者克莱尔·冈恩(Clare A. Gunn)提出的旅游规划原理，旅游演艺的营销策划包括如下程序：

- 组织演艺策划人员
- 旅游区吸引力调查
- 定位旅游演艺发展方向
- 旅游吸引力评估及整合
- 市场状况分析
- 招募投资
- 确定演艺的目标市场
- 决定旅游演艺的形式和内容
- 选择促销策略
- 衍生产品的招标及扩充
- 旅游演艺综合设施评估

可以看出整个策划的过程中，对旅游区及其周边的环境品质和市场容量、市场性质进行调查占了大部分内容，因此在旅游演艺设置的前期，进行市场状况分析和目标市场的确定是营销成功的决定性因素。同时，营销手段在扩大演艺知名度上也有巨大的作用：

● 结合节庆活动

节庆活动中增加旅游演艺项目能扩大旅游区的知名度，树立鲜明的旅游区形象特色。

● 提高演艺活动的观赏性

演艺活动主要通过视觉冲击给旅游者留下深刻印象，因此演艺活动首先必须成为一件赏心悦目的工艺品，服装、道具、布景都应当迎合旅游者的心理期望，而且服装、饰品等道具也可以作为演艺项目的周边产品进行销售。

● 提高参与性

将小型常规表演与大型演艺相结合，旅游者在期待大型旅游演艺活动的时候，也可以近距离参与游戏式的表演。如深圳欢乐谷提倡的"零距离"表演，游客在园中行走时就可以接触到装扮成卡通人物或小丑的工作人员。

思考题

《印象·刘三姐》中的文化元素

旅游演艺项目中对文化元素的应用和把握，是演艺项目具有鲜明特色和走向成功的重要条件。《印象·刘三姐》是由张艺谋、王潮歌、樊跃、梅帅元等著名艺术家历经5年零5个月，经过109次修改而成功打造的旅游演艺精品。它将刘三姐文化、广西少数民族风情和漓江山水等地域特色文化元素进行创新性整合，有效地避免文化非真实性、人文精神缺失等问题的发生，成为国内旅游演艺产品文化元素开发的典范。

图5－5 我国旅游演艺的经典之作——《印象·刘三姐》

作为中国首部大型山水实景演出,《印象·刘三姐》自2004年公演以来获得了空前成功,赢得了“全国文化产业示范基地”的荣誉,并在2005年荣获中国演出家协会评出的“十大演出盛事奖”和文化部首届“创新奖”。之后,全国各地乃至东南亚等地先后模仿《印象·刘三姐》,推出了许多露天实景的“印象”系列演出。

1. 民族气息浓厚

壮族是我国人口最多的少数民族,主要集聚于广西壮族自治区。歌舞文化是广西壮族文化中最耀眼夺目的一环。《印象·刘三姐》创作手法高妙,再现了刘三姐对歌的场景,展现出的意境优美深邃,充满了知识、智慧的壮族山歌的风采。由于刘三姐是壮族文化最为著名的表征,《印象·刘三姐》也因此充满了浓郁的壮乡色彩。

2. 原生态真实再现

《印象·刘三姐》的演出具有强烈的原生态品味。演员中有400多人是沿江5个村庄的渔民。本土演员晚上划着竹排来演出,以朴素的动作舞蹈,以原始的嗓音表演平时对歌时所唱的山歌。本土演员积极参与演出,保证了地域文化在某种意义上的文化真实性,进而避免地域文化在商业化过程中的严重失真。

3. 山水实景独特

《印象·刘三姐》表演舞台坐落在阳朔县城漓江与田家河交汇处,与闻名遐迩的书童山隔水相望。演出以方圆2 km的漓江水域为舞台,以12座山峰和广袤天穹为背景,充分展现出因岩溶作用形成的桂林山水独特之秀美与灵动。通过对山水与民族性、原生态文化内涵的深度融合,《印象·刘三姐》实现了区域自然资源向文化旅游精品的成功转换。

1. 旅游演艺产品的类型和各自特点是什么?
2. 旅游演艺策划中如何提炼文化要素?
3.《印象·刘三姐》产品中文化元素的运用带给你哪些启示?

案例导读

健康养生：江西旅游的下一个蓝海

2015年上半年，江西全省累计接待游客1.865 2亿人次，同比增长23.99%，旅游收入增幅连续30个月超过35%。江西旅游快步递增的数据体现出越来越多的游客对江西的青睐。而在休闲度假旅游蓬勃发展的大背景下，江西旅游正不断彰显新常态下的新动力。

2015年7月31日，江西省健康养生休闲度假旅游工作会议在南昌召开，研究部署全省健康养生休闲度假旅游工作，加快全省旅游产业转型升级步伐。会议提出，要充分利用全省优势旅游资源，顺应旅游消费潮流，将新业态、新产品打造成休闲度假旅游的新亮点，以丰富的产品留住游客。

意义重大，休闲度假是转型升级方向

与传统旅游形态相比，健康养生休闲度假旅游的目的在于放松身体、怡情养性、强身健体、延年益寿等，具有滞留时间长、旅游节奏慢、消费能力强、重游率高等特点。

“发展健康养生休闲度假旅游对于推动江西旅游产业转型升级、培育新的经济增长点、加快旅游强省建设具有重要意义。”江西省副省长朱虹说。

在抢抓健康养生产业迅猛发展机遇的基础上，培养新型旅游业态，发展健康养生休闲度假旅游是适应旅游新常态的迫切需要。近年来，伴随人们生活水平的提高、出行方式的变化及节假日制度和带薪休假制度的日益完善，“说走就走的旅行”日渐成为现实。在南昌，一到周末，安义古村、梅岭景区、南昌周边的靖安等地都会成为自驾休闲游的热点。“对于游客来说，增加体验、放松心情是更重要的。”一位南昌游客说。

当前，江西旅游六要素中，吃、住、行、游等强制性消费占比过高，而购、娱等自主性消费占比较低。“如何保证景区门票下降而旅游总收入不减？关键就是要转型。”朱虹说，健康养生休闲度假旅游有利于打破门票依赖、提高旅游综合收入。

典型示范，发展休闲度假游优势明显

江西旅游资源丰富，生态环境良好，在发展健康养生休闲度假旅游方面有得天独厚的优势。但面对旅游资源同质化的问题，如何在众多的旅游目的地中脱颖而出？怎样才能真正打动游客的心？

朱虹说，要坚持差异化定位、特色化路线，打造具有比较优势的健康养生休闲度假旅游业态和产品。如位于婺源县的九思堂度假宅院，就是利用了一座徽商老宅，经过修缮和改造，成为一座生活度假宅院，形式新颖，受到市场热捧。同时，要积极推进旅游产业与新型工业化、现代农业、现代服务业等领域进行深度融合，大力发展“旅游+”业态，如樟树中国古海养生旅游度假区，将原本是工业原料的岩盐资源成功打造成“湛蓝的神奇死海”养生旅游产品，并以药为媒，逐渐丰富药文化产业链条。

以明月山温汤硒温泉为特色的宜春，是知名的温泉休闲度假旅游目的地。宜春市副市长周志平说，依托温泉资源、禅文化底蕴及生态环境优势，宜春正在加快国际温泉禅修中心、国际温泉康疗中心和温泉文化带建设，研发天然含硒矿泉水、明月山金蕊皇菊等旅游商品，加快世界温泉品牌创建步伐。

目前，江西旅游产业发展基础扎实，拥有庐山休闲避暑游、井冈山红色文化体验游、三清山栈道运动游、武功山帐篷体验游等健康养生休闲度假旅游产品，一批健康养生休闲旅游新项目也在运营或者建设中。在高铁、高速公路等交通条件不断完善的情况下，江西与上海、杭州、广州、深圳等重点客源城市的联系进一步加强，正在逐步成为长珠闽健康养生休闲度假旅游消费群体的首选地和必选地。

任重道远，协调全省上下形成发展合力

目前，江西已形成以山地避暑、温泉养生、水域运动休闲、乡村民宿、城市生活、中医康体和宗教静养为主的七大类休闲度假旅游产品。但江西的健康养生休闲度假旅游仍处于起步阶段，相比其他发达省市仍存在一定差距。

"下一步，江西将积极创建一批国家级、省级旅游度假区以及休闲小镇，倾力打造精品度假景区。"江西省旅游发展委员会主任丁晓群说，江西将重点开发自驾车旅游、中医药康体养生度假、商务会展休闲旅游、体育运动与户外探险旅游、通用航空低空飞行旅游、研学旅行等产品，将新业态旅游产品打造成江西休闲度假旅游发展的新亮点；完善公共服务体系，加强旅游景区(点)的交通、水电、通信、卫生等基础设施建设，提升健康养生服务质量和水平，拓展休闲旅游客源市场，构建智慧旅游服务管理营销体系等。

据介绍，江西省旅游发展委员会将充分发挥综合协调功能，将各部门、各系统的相关政策聚焦到健康养生休闲度假旅游发展上来。财政、发改、交通、住建、卫生、文化、体育等有关部门将结合实际，制定扶持和支持健康休闲养生度假旅游产业发展的政策措施。各地市也将发展健康养生休闲度假旅游放在重要位置，统筹协调，加大投入，创造良好的发展环境。江西还将充分激发现有医疗机构、体检中心、养生保健机构、健康管理教育机构、健康养老机构、中药企业、旅游景区、旅游企业的积极性，拓宽健康养生休闲旅游产业的边际与范围，促进医疗、卫生、教育、宗教、旅游等相关领域和相关产业的融合发展，实现全社会共促健康养生休闲度假旅游发展的生动局面。

(资料来源：《中国旅游报》2015 年 8 月 5 日)

养生旅游是养生与旅游的融合体，是将与养生有关的理念与活动融入旅游行为，为旅游者提供促进身心健康的旅游体验。21 世纪，追求健康长寿成为逐渐富裕起来的中国人的生活主题。现代科学表明，人类 60%—90%的疾病与生活压力高度相关。随着休闲度假时代的到来，医疗体系建设逐渐完善，健康养生观念日益深入人心，以长寿、健康为主题的养生旅游应运而生。我国部分省份已将"养生旅游"作为旅游业发展的主题，景区或旅行社也开始纷纷开发出以养生为主题的旅游产品，如海南三亚利用天然的阳光、沙滩、温泉资源打造出"中医保健游"，四川泸州方山区将休闲旅游资源与养生资源予以整合，适时推出"方山休闲养生之旅"、"养生强身休闲之旅"。随着人们旅游观转向康体休闲游，作为一种旅游新型业态，养生旅游越来越受到旅游界、医学界、政府部门的关注与重视。

第一节　养生旅游发展概况

一、养生旅游的概念界定

养生，古代又称"摄生"、"道生"，最早由我国伟大思想家庄子提出。他认为人类应主动遵循自然界规律去调理身心，养颜、养体、养神、养护生命，达到提高生命质量的目的。养生旅游则是将养生的理念贯穿于旅游行为中的一种新型旅游业态。世界养生协会和世界养生酒店联盟(HHOW)等机构这样定义养生旅游：它是一种为保持和加强个人身心健康而进行的旅游。本书认为养生旅游是指以促进身心健康为目的，以养生为主题，满足消费者追求放松、心态调整、康体健身、医疗护理等要求的一种寓旅游于养生、寓养生于旅游的专项旅游产品。

尽管现代“养生旅游”的概念刚刚兴起，但早在远古时期，我们的祖先就通过浸泡温泉来获得身体的恢复；罗马人会到有沐浴和海岸的度假区寻求身心的净化。当代旅游业的发展是随着观光、探险、文化、美食等多种类旅游形式共同发展的过程，而促进个人身心健康这一永恒的话题从未改变，这便使得养生旅游的话题再一次在全球兴起。

二、国外发展历史与现状

养生旅游起源于20世纪30年代的美国、墨西哥，当时养生旅游的发展有其独特的社会背景，主要以健身活动与医疗护理项目为特征，满足旅游者追求放松、平衡的生活状态和逃避工业城市化所带来的人口拥挤、环境污染等问题。

在欧美国家，养生(wellness)这一新生词汇产生于1961年，由美国医师Halbert Dunn提出，将wellbeing(幸福)和fitness(健康)结合而成。Halbert Dunn认为自我丰盈的满足状况为较高的养生境界。这一理念由Ardel、Travis等作家在有关健康的出版物中采用。Travis强调养生的动态性，认为养生是一种状态、过程与态度，而不是静止不变的状态。

如今很多国家都着眼于行业潮流，开发本土优质资源，使国际养生旅游业百花齐放，已具备了一定的规模，如日本温泉养生、韩国美容养生、泰国荷尔蒙养生、法国庄园养生、美国养老养生、阿尔卑斯高山养生等；同时也形成了各具特色的养生旅游开发模式，造就了十分广阔的养生旅游市场。

三、国内发展历史与现状

进入21世纪，追求健康长寿成为逐渐富裕起来的中国人的生活主题。一些拥有养生旅游资源优势的旅游目的地开始纷纷开发养生旅游产业，相继推出“养生游”、“休闲养生之旅”等养生旅游产品。但纵观各地推出的养生旅游产品，所谓的“养生游”、“休闲养生之旅”，实质上还是山水观光游。随着“养生游”市场的成熟，借名“养生”的山水观光游开始进入实质性的养生旅游发展阶段。2002年海南省开始打造三亚保健康复旅游和南宁中药养生旅游，随后类似的养生游在四川、山东、安徽、黑龙江等省市迅速发展，于2007年演绎成为全国时尚旅游热点。

因此，养生旅游的发展可以分为观光养生旅游、度假休闲养生旅游、养生旅游3个阶段，正好反映了中国内地旅游发展的现状。逐步富裕起来的中国人，从来“足不出户”的人们首先只满足于观光旅游，繁忙工作中的人们开始追求度假休闲游，经历“观光游”和“度假休闲游”的人们，会直接选择更高层级与品质的“养生旅游”。

目前，养生旅游迅速增长的趋势不容忽视。从健康产业的发展来看，亚健康领域的市场需求，尤其是成功人士在这方面的市场需求十分强劲且日益扩大，而与之相应的供给还很薄弱，市场呼吁有效的供给方式，以改善亚健康为主导方向的健康产业呈现出喷薄欲出的态势。养生旅游表明了人们生活理念的一种转变，也表明了人们提高生活质量标准的一种转变。我国有五千年的文化，有丰厚的养生资源，这正是养生旅游发展的优势与动力。

第二节　养生旅游的分类与特点

一、养生旅游的分类

养生旅游丰富多样，按照不同的标准可将其划分为不同的类型。最常见的分类方式是按照所依托的旅游资源进行分类。养生旅游资源是开发养生旅游的基础，养生旅游资源可以分为自然养生旅游资源和人文养生旅游资源。因此可将养生旅游分为自然类养生旅游与人文类养生旅游。按照旅游资源的本身属性，又可将养生旅游分为以下几类，如表 6－1：

表 6－1 养生旅游产品分类

主类	亚类	次亚类	养生功效
自然类	山林养生旅游	山岳	山岳紫外线丰富、负氧离子高，空气新鲜，缓解贫血、高血压、冠心病等病症；增大肺活量，使人心情舒畅；避暑。
		森林	森林中富含负离子，能改善大脑皮质的功能，减缓疲劳，改善睡眠；富含臭氧、过氧化氢等杀菌消毒气体，可以降低血压、改善血液循环，改善肺的呼吸功能和换气功能，促进人体健康。
	滨水养生旅游	温泉	温泉中矿物质含量高，可以促进血液循环，补充人体所需的营养。
		湖滨、海岛	水疗、冲浪、泥疗、水上运动等，缓解压力，促进身体健康。
人文类	人文养生旅游	宗教	佛教、道教等宗教养生旅游产品常含丰富的养生、医疗、保健等知识、资源等，净化心灵、放松压力，满足游客情感需求。
		民俗	不同地域和民族有益养生的生活方式、生活习惯等。
		医疗	通过中医疗养、医疗美容、整形、SPA、水疗、中医针灸等方式达到养生保健的目的。
		饮食	特色饮食、特色商品、特色饮食文化等。
	田园养生旅游	生态田园	充足的阳光、原味的生态，可以使游客在原生态的田园环境下休养生息，积蓄能量。
		养生民居	浓郁的乡村养生气息，是修身养性的绝佳去处。

资料来源：在《中华人民共和国国家标准旅游资源分类、调查与评价》(GB/T 18972－2003)的基础上结合各种养生方式归纳。

本书根据旅游者的旅游需求，将养生旅游划分为游乐养生旅游、文化养生旅游、医疗养生旅游、美食养生旅游、运动养生旅游、居住养生旅游等类型。

（一）游乐养生旅游

游乐养生旅游是指对特定的环境布设游乐项目或进行游乐化处理，以便游客主动地参与到相关活动中，在游乐中强身健体，放松心情，在休闲中学到知识。游乐作为旅游活动中重要的组成要素，必须要以与众不同的方式吸引游客，形成与其他旅游产品不同的发展模式。因此游乐养生旅游的策划必须注重创意设计，确保游客在游玩中能够休养身心或者学到更多有关身心健康的知识。

案例 6－1

武义清水湾泌温泉

图 6－1 武义清水湾泌温泉室外场景

武义清水湾泌温泉是由浙江骏达联酒店有限公司投资 4.2 亿元精心建设的温泉休闲度假景区，青山环抱，绿树成荫，环境优美，上百个温泉池星罗棋布散落其中，是首批全国优先发展的 43 个旅游开发区项目之一、浙江省十佳旅游度假休闲胜地。景区整体占地面积 13 万平方米，度假山庄融汇世界温泉沐浴文化风情于一身，配合度假酒店、美食娱乐，是集生态、观光、休闲、度假于一体的新型综合健康温泉休闲旅游区。

武义清水湾泌温泉是温泉养生的典型代表，除具有温泉养生功能外，其娱乐项目也日渐丰富。2011 年 6 月开园的泌温泉水上大世界有冲天回旋滑梯、彩虹波浪滑梯、疯狂漂流、巨兽碗滑梯、大型水寨、标准泳池、环流河、冲浪区等大区域游乐项目，让旅游者在众多娱乐中达到健康养生的目的。

（二）文化养生旅游

旅游是一种非功利性的自由活动，综合游艺、学习、审美于一身，所以从本质上讲，旅游是一种文化行为。

我国拥有深厚的历史文化，其中有很多关于文化养生的理论，如道教文化就蕴含着丰富而深刻的思想，养生理念贯穿道教文化的主线和主流。还有修身养性的佛教文化，具有潜在养生理念的生活方式、生活习惯等，通过深入挖掘，可将其融入至养生旅游活动中，从而满足旅游者身体和心理需求。禅宗有云，初参禅时，看山是山，看水是水；参到深处，看山不是山，看水不是水；禅中彻悟，看山仍是山，看水仍是水。因而，山水林田虽说本身是自然的，但欣赏它们的活动却是文化的。旅游观光如同参禅，在文化熏陶之下，参观者能够感受到很大的人文魅力，产生正确的人生观、价值观和世界观，对生活有更为深刻的认识，并形成良好的心理体验，产生更加具体强烈的幸福感。

案例6－2

武当山

图6－2 武当山太和宫

武当山位于湖北省十堰市，原名太和山，其保留的文化遗存和武当山文化符号，现已达到世界文化遗产遴选标准C(Ⅰ)(Ⅱ)(Ⅵ)，于1992年12月入选《世界遗产名录》。武当山也是我国国家级风景名胜区和5A级旅游景区，是现代旅游业发展的高地。武当山的道教文化在中国道教历史上占有十分重要的地位，如今，武当山是我国公认的四大道教名山之一，因此，武当山也是道教文化养生旅游的首选之地。源于武当山的气功法门有武当山炼性修真秘旨、武当山三天门悟性气功、拉气功、三回转、金沙掌、天罡气功、白鹤真人飞鸣图、武当观月功、续阳功三式法、武当山太乙仙鹤功、武当混元一气功等；武当武术，是中华武术的重要流派。元末明初，道士张三丰集其大成，开创武当派，并影响至今。

盘古以来，武当山以"亘古无双胜境，天下第一仙山"的显赫地位，吸引了众多高真逸士隐居、修炼、养生，潜心探研医术、养生术、仙术，为人类留下了极为宝贵的财富，成为千百年来人们顶礼膜拜的"神峰宝地"，被誉为"仙山琼阁"。据统计，每年来武当山旅游观光、度假休闲的旅客已超过80万人次，门票收入过亿元，特别是前来武当山修炼武当内家功，探寻道教养生奥秘的海外人士在逐年倍增。

（三）医疗养生旅游

医疗养生旅游是指借助中西医、营养学、保健学以及配合药物治疗与康复，以医疗与护理、治疗与保健、康复与休养为主题而形成的一种养生旅游方式或产品。随着我国进入老龄化社会，养生、健康等行业越来越受到各界的关注，医疗养生旅游正从小众市场逐渐走进更多人的视野。2014年8月国务院印发的《国务院关于促进旅游业改革发展的若干意见》中明确提出，要积极发展休闲度假旅游，推动形成专业化的老年旅游服务品牌，并发展特色医疗、疗养康复、美容保健等医疗旅游。由此可以看出，"医疗"一词不只是一个医学词汇，更意味着一种休闲、放松。专家预计，2020 年医疗健康的相关服务业有望成为全球最大的产业，中国可能成为医疗养生旅游的热门国家，有关健康的服务业总规模将达到 8 万亿元人民币。

中医养生产品是借助中医经络原理，结合养生运动开发的一类养生旅游产品。我国传统中医拥有丰厚的历史积淀与宝贵经验，可以作为开发中医养生产品的重要资源。如杭州将自身丰富的中医药旅游资源应用至养生旅游中，开发出了多种类型的中医药养生旅游产品。包括由名医馆开设的国医馆养生讲堂，普及中医药知识；开设药材大观园，展现常用的中草药材的识别方法、药效、煎煮方法等；组建中医养生会所，打造个性化的养生保健方案，从规律生活作息、调整饮食结构、配合运动健身项目，再到精神层次的静养等，形成完整的产品体系。

美容养生也是医疗养生旅游的重要组成部分，是主要满足女性游客需求的一种养生旅游产品或方式，如水疗、瑜伽、抗衰老美容活动等。目前，国内的美容养生旅游尚处于探索阶段，主要以境外旅游为主，尤其是韩国，国内多数游客在韩国的旅游行程都会将美容养生产品安排在其中，其中最有特色的当属首尔江南区美容一条街。

目前，医疗养生旅游在国内外已有不少成功的案例，如泰国提出要打造"世界医疗旅游服务中心"，海南制定了创建国家级中医康复保健旅游示范基地的计划并已着手建设国际科学养生岛。

案例 6－3

泰国医疗旅游

图 6－3 泰式 SPA(Thai Massage)

近年来，世界悄然兴起了一股到泰国医疗旅游的热潮。低廉的手术价格和高质量的医疗服务令泰国成为全球最大的医疗旅游目的国。2012 年，前往泰国进行手术的外国人达到 128 万人次，2013 年上升到 140 万人次左右，给泰国带来高达240亿泰铢的收入，这使得泰国成为世界上最大的外国人就医国。

泰国的医院跟中国的医院有很大的不同，甚至会颠覆我们对医院的印象。干净、卫生、舒适，是泰国医院留给许多人的第一印象。走进泰国的医院，我们闻不到丝毫的消毒水味道，也见不到拥挤不堪、到处排队的现象，只见不同肤色的人穿梭其中，安静、平和而有序。星巴克咖啡、便利店、手工艺品店、免费上网区，这些我们通常在大型商场里见到的便利设施在泰国的医院同样可以享受到。

金碧辉煌的灯光，五彩缤纷的喷泉，富丽堂皇的大厅，空气中弥漫着星巴克咖啡的香味。窗外，银色的沙滩和湛蓝的海水向远处绵延。这不是某著名酒店，而是被称为“五星级国际医院”的泰国三美泰医国际医院。这家医院虽然外表豪华，但价格低廉，在美国花800美元才能治好的病，这里只要100美元。它还提供旅游服务，每年吸引190多个国家的超过45万名外籍患者前往治疗，外籍患者数量居全东南亚第一。

这只是泰国医疗旅游的一个剪影。泰国一直是热门的旅游地之一，旅游业收入已占其国内生产总值的6%—7%。近年来，泰国政府为了提升旅游业水平，开始着力推动医疗旅游发展，泰国国家旅游局与卫生部联手提出了把泰国打造为“世界医疗旅游服务中心”的战略计划。医疗旅游业的收入近年来年均增速为16%，占泰国国内生产总值的0.4%。

泰国国家旅游局还举办了“2012泰国医疗健康旅游贸易会”，共有超过150家国际医疗旅游机构、健康保险公司及旅游业者代表参加，贸易会还开设了5场商贸洽谈会，现场为有意向的合作机构提供沟通平台。

相对较低的治疗费用，有保证的医疗技术，新颖的医疗方式，干净舒适的医院环境，让泰国成为医疗旅游的第一选择；让人们在追求身体健康的同时，还可以来一次别样的旅行。

（资料来源：泰国留学）

（四）美食养生旅游

美食养生旅游是指借助丰富的饮食文化，并结合营养学、健康学，打造出食疗与休闲康复相融合的旅游产品的一种养生旅游方式或活动。目前，美食旅游产品在某些地方已初具雏形，但结合养生功效的美食旅游尚处于起步阶段。

药食同源是东方食养的一大特色。美食养生产品在养生休闲旅游中起着至关重要的作用。我国拥有丰富的饮食文化，八大传统菜系和一些新的流派都有自己专属的烹饪原料与技巧，其中不乏多种养生内涵，不同地区可针对自己独特的饮食文化开发出一系列的美食养生产品。如安徽亳州充分利用当地的中医文化优势，打造了独具特色的药膳养生旅游。药膳是指将食养与医疗相结合，将中餐与中药相结合的一种美食养生产品，既可治疗疾病，又能使游客增强自身抵抗力。在陕西西安，有地方特色的“葫芦头泡馍”因具有滋补健肾、降火补虚的食疗功能，吸引了大量的国内外游客。

美食养生旅游强调人与环境的亲密融合，在自然或人文环境里颐养身心，同时更强调合理的饮食安排。在身心舒畅的氛围里，游客能够更加深刻地领悟、体验美食养生文化所给予身心的愉悦享受。与其他专项旅游相比较，美食养生旅游可使游客在旅游目的地停留较长时间，这便能更充分地带动餐饮业、住宿业、食品加工业以及房地产业等上下游产业联动发展。

饮食业作为旅游业的配套服务产业，一般情况下都会搭配某一特定旅游主题而出现，特别是温泉游乐场所伴随美食疗养是绝佳的养生组合。又如登山与美食的养生组合也在悄然发展。

案例 6－4

食养山房

食养山房于1996年在台北县新店市成立，后于2005年12月下旬搬迁至阳明山松园旧址，距离最靠近的捷运站车程大约二十几分钟。食养山房的设计出自曾经是建筑绘图师的林炳辉之手，倡导舍弃追求世俗定义下的成功道路，走入山林，向大自然学习，学习禅的思维，重新定义成功。

图6－4 食养山房屋内一角

菜品是老板自创的养生菜，没有菜单，卖的是健康的料理，选用当季食材，搭配食器造型的艺术性，让许多人流连忘返。没有任何大费周章的广告，靠的是口耳相传的方式经营，走的是融合东方禅学风格，没有过度的细致拘谨，但充满禅机的经营模式。食养山房的内部空间，以铁、柜、烛火、中国传统滤纸浆的竹帘等简单元素来装饰；除此，并没有再刻意添购“装饰品”。用已绝版的竹帘作为空间区隔，每个小单位空间在开放中依然保有其独立性。竹帘创造的帘外和帘内呼应着好山好景，多了一层画中画的暧昧与想象，虚实间更多是对生活哲学的体现。

（资料来源：豆瓣“静心莲子”）

食养山房的整体环境处处用心，建筑、庭院和装饰，大小细节构成惊喜不断的整体美感。几乎每个人一到都会惊羡不已，等不及用餐，就想先去逛一圈。经验老到的服务员立刻建议，午餐的客人不妨先吃完饭，再尽情地逛。晚餐六点开始，他们会建议客人早点到，趁着天还亮走一圈再用餐。用餐区分成很多区块，把落地窗整个拉开，望山听风，享受暖洋洋

图6－5 食养山房院内走廊

的冬日阳光与和煦微风，满山绿意尽收眼底。这里只能选荤或选素，价钱一样。服务员也会先询问客人是否有特殊的食物禁忌，然后基本上就是全交给大厨挥洒。要建立这种信任感，想想也不是简单的事。可以确定的是，这里全选用当季顶级食材，以原味方式烹调，配上深具美感的食器，绝对称得上色香味俱全。因为是无菜单，几道广受好评的招牌菜会经常出现。主体菜色变化无穷，不同时节造访，总是能有新发现。讲究创意的烹调融合台式、中式、日式、西式手法，每隔一二道菜间还会送上一杯果醋清爽一下味蕾。

（资料来源：新华网 2016 年 1 月《台湾禅意无菜单料理：食养山房》）

（五）运动养生旅游

运动养生旅游是指游客在旅游休闲中，通过参与体育活动或观赏具有民族特色、观赏性强的体育赛事等使游客强身健体或精神上得到刺激、愉悦的一类养生旅游活动或方式。

以运动养生为旅游主题的旅游目的地的相关部门或机构通常会借助大型体育设施、赛事、体育文化或体育产品，将其与旅游业发展相融合。甚至有些旅游目的地也会聘请专业人士对游客进行现场指导，以便游客更进一步在旅游中强身健体。此外，融入传统文化的健身养生旅游更能吸引人，如浙中地区的龙舟赛，不仅为游客提供了一种独特的休闲方式，更使游客在休闲中增强了体魄。

案例 6－5

中国杨峪·国际森林运动博览城

图 6－6　中国杨峪·国际森林运动博览城项目效果图

中国杨峪·国际森林运动博览城位于山东枣庄杨峪，该项目依托杨峪自然风景区 10 平方公里的土地，充分整合区域中的森林、水系、植物、村落等资源，利用杨峪国际赛事的品牌影响力，借助枣庄将纳入北京、上海三小时经济圈的发展趋势(北京到上海高铁的中间站),将整个区域打造成为一个以运动养生为主题的体育文化发展区域。

博览城以奚仲故里,世界车源为脉络,以国际生态康体运动产业为核心,以奚仲文化、生态休闲、运动康体、郊野养生为四大产业支撑,将杨峪真正打造成为"国际森林谷,世界运动城"。其中"奚仲"代表了文化产业,"森林"代表了生态产业,"运动"则是体育产业的范畴,最终形成一环、两轴、六区的功能结构。

特色产品设计有动力创意产业园(具有旅游集散和餐饮购物功能)、农民创业社区(开展都市农业生产实践,作为科普体验项目)、森林慢运动体验区(具有森林观光、生态体验、休闲运动等功能)、国际运动风情区(具有文化体验、主题运动、休闲度假等功能)、康体运动疗养区(具有康体运动、养老养生、主题体验、度假疗养等功能)、郊野山地运动区(具有山地运动、郊野体验、主题度假等功能)。

(六)居住养生旅游

居住环境的品质直接影响着人们的心情,良好的居住环境能够使人心情愉悦,休养身心,健康的生活品质得到保障。因此,居住养生旅游就是指依托无污染、远离繁华城市的自然生态化居住空间而打造的一类养生旅游方式。居住养生旅游在很大程度上依赖于自然风光及具有地方特色的风土民情,因此,对这类养生旅游目的地进行开发时应特别注重其环境保护与景区承载力。中国历史文化名镇名村众多,如义乌的佛堂镇,都是极具居住养生旅游潜力的所在地。

案例 6-6

巴马长寿村

广西巴马,地处桂西北山区的巴马瑶族自治县,自古以来就有寿命超过百岁的老人存在,是一个令人神往、神奇而美丽的地方,人称长寿之乡。巴马的长寿村有515人,百岁老人多达7人,是国际上"世界长寿之乡"标准的近两百倍。

图 6-7 背山面水的巴马长寿村

巴马地区拥有大量的养生元素:(1)空气中负氧离子很高,负氧离子被称为空气中的"维生素"和"长寿素"。(2)巴马泉水是地下水和富含矿物质的山泉水,又称小分子水,研究表明巴马水能够活化细胞酶组织,激发生命活力。长期饮用巴马寿珍泉,具有显著的增强体质、延缓衰老的作用,是世界罕见的健康之水、生命之水。

(3) 巴马的地磁高达 0.58 高斯，是一般地区的一倍多。人们生活在恰当的地磁场环境中，身体发育好，血液循环好，心脑血管发病率低，免疫力提高，能协调脑电磁波，改善人的睡眠质量。外地来巴马旅居的朋友，会感觉到在巴马睡眠很好，这就是高地磁作用的影响。(4) 巴马日照 80%以上是 4 至 14 微米波长的远红外线，被誉为“生命之光”。在烈日下，也不会感觉阳光毒辣。远红外线能不断地激活人体组织细胞，增强人体新陈代谢，改善微循环，提高人体免疫力。(5) 巴马的土壤含有丰富优质的双歧杆菌和乳酸杆菌。有专家认为，全世界最纯正、最原始的乳酸菌在巴马。(6) 巴马土壤中锰和锌的含量都很高，是其他地区的几十倍。巴马的百岁老人无心脏病和脑血栓，绝大多数都是无疾而终。

作为世界长寿之乡的巴马，长寿养生旅游自然是主打品牌。在巴马“世界长寿之乡”品牌效应逐步形成后，国内外游客蜂拥而至，旅游效应逐渐成规模。“巴马国际长寿养生文化旅游节”每年举办一次，其间会邀请国内外知名学者为巴马的养生旅游发展献言建策，并邀请国内众多知名企业集团参与巴马养生旅游发展的建设。

在巴马县政府和旅游局的领导下，以“长寿养生”为主题的各类巴马旅游发展规划、旅游度假区规划开始编制并实施。巴马的长寿村屯建设稳步推进，各类养生旅游服务在长寿村屯起步，当地村民积极建设养生公寓配合养生旅游者休闲度假，使得巴马成为居住养生旅游的不二之选。

二、养生旅游的特点

（一）明确的养生主题

旅游者选择养生旅游通常是为了通过旅游促进体能的储蓄与释放，有效地对生理、心理机能加以调节与锻炼，以此达到健康长寿、养生之目的。为了达到保健效果，旅游者可以通过按摩、推拿、针灸、刮痧等活动进行中医保健；为了达到健身效果，旅游者可以通过学习中国传统武术如气功等进行健身；为了修身养性，旅游者可以到森林、海滩、温泉地、古村落等地理环境进行休闲活动。

（二）怡人的休养环境

舒适、安静、优美、闲适的居住环境是健康、幸福、长寿的摇篮。优美的环境、清新的空气、闲适的氛围、良好的服务，都能让人心旷神怡、耳目一新，从而实现很好的休闲养生目的。养生旅游的主题是养生，因此高品质的自然旅游资源和优美的自然环境是其另一大主要特点。养生旅游资源以自然旅游资源为主，包括温泉、森林、乡村、山岳、草原、盆地等；养生旅游对生态环境的依赖性比较强，这也导致了养生旅游对生态环境的强敏感性。

（三）丰富的游乐活动

养生旅游主要体现在各类具体活动中，强调养生的动态性。如在英国，人们在户外的草坪上、自行车道上、乡间小路上开展赤脚跑活动；在马来西亚，人们会通过古老的吹竹矢运动来提高肺活量；在泰国，为了使身体健康舒畅、恢复精力，人们会进行药理推拿等。当然，养生旅游亦强调静养，如商务活动中的茶道、花道和棋艺交流等，均体现了一种休闲的生活状态。

（四）完善的医疗设施

养生旅游中的养生活动最重要的特点便是“医学的科学性”。即养生类活动必须有利于身心健康，配备较完善的医疗设施，符合现代医学理论，能从医学或生理学角度得到解释。也正因为如此，养生旅游要求具有较高的医学科学性，在对这类旅游产品进行开发与策划时就必须具有严谨的科学态度，从而为养生旅游的可持续发展提供保障。

（五）综合的项目体系

养生旅游虽然以养生休闲活动为重心，但它会涉及与养生相关的吃、住、游、娱等各个领域，即本书对养生旅游的分类——美食养生、居住养生、游乐养生等。虽然单项的养生主题可以构成某一旅游目的地的主要养生活动，但若将多种主题的养生活动科学合理地整合在同一个旅游目的地中，便更具有“养生旅游”的意义。因此，养生旅游具有活动综合性的特点，这一特点可以使养生旅游活动的策划更加多元化，从而形成多种养生旅游开发模式与产品体系。

第三节　养生旅游策划案例——武当·太极湖

一、策划缘起与发展条件

（一）策划缘起

1．创意缘起

武当·太极湖拥有大山、大水、大人文的辉煌传奇，需要进行高起点、高品质的战略思考。尤其是在文化方面，武当山是全国四大道教圣地之首，也是武术之乡，还是举世闻名的太极拳术祖庭，具有自然观光、文化体验、休闲度假、康体养生等产业化发展潜质。鉴于此，“问道武当山，养生太极湖”的概念初步确定。

2．现实意义

结合大武当地区资源、文化、产业经济体系特征和库区移民工程的城镇化建设，发展文化产业，优化国民经济结构，促进大武当地区文化、经济、民生、生态、经济综合协调发展，有利于协调遗产保护、经济发展与生态环境保护之间的矛盾，同时具备生态保护和富民工程的内在逻辑，亦是解决当前民生难题的重要途径。

3．基本思路

秉承优质遗产资源，整合道家文化要素禀赋，发挥比较优势，吸引技术、信息、管理、资金、人才、政策乃至注意力等软资源的注入，促进文化遗产与养生资源的有效、深度融合。

（二）发展条件

1．资源禀赋

从文化符号生产、消费的角度，将武当·太极湖相关资源划分为观赏性文化资源和体验性文化资源两大类。

表 6-2 武当·太极湖资源禀赋列表

<table>
<tr><th>类别</th><th colspan="2">文化资源</th><th>主要特点</th><th>资源品质</th><th>产业化方向</th></tr>
<tr><td rowspan="9">观赏性文化资源</td><td colspan="2">武当山</td><td>道教名山，“世界最美的地方之一”</td><td>世界级</td><td>文化观光、休闲度假、体育赛事</td></tr>
<tr><td colspan="2">太极湖</td><td>亚洲最大的人工湖，南水北调水源地</td><td>世界级</td><td>文化观光、休闲度假、体育赛事</td></tr>
<tr><td colspan="2">武当道教建筑</td><td>世界文化遗产，中国古代建筑史的奇迹</td><td>世界级</td><td>文化旅游</td></tr>
<tr><td colspan="2">工业遗产</td><td>十堰市“中国卡车之都”</td><td>国家级</td><td>文化观光</td></tr>
<tr><td rowspan="2">通识符号</td><td>太极图</td><td>中国最具代表性的文化符号之一，道教文化象征</td><td>世界级</td><td rowspan="5">文化元素，虚拟性文化产业衍生产品</td></tr>
<tr><td>玄武</td><td>中国传统文化代表性的文化符号之一</td><td>国家级</td></tr>
<tr><td rowspan="3">传奇人物</td><td>张三丰</td><td>武当道教一代宗师，中国武学史上不世出的奇人</td><td>世界级</td></tr>
<tr><td>真武大帝</td><td>武当山道教最高尊神，民间普遍信仰</td><td>国家级</td></tr>
<tr><td>永乐大帝</td><td>远迈汉唐、毁誉参半的传奇帝王</td><td>国家级</td></tr>
<tr><td rowspan="6">体验性文化资源</td><td colspan="2">太极拳术</td><td>太极文化与中华武术的结晶，强身健体，道武合一</td><td>世界级</td><td>文化养生、艺术表演、会展节庆</td></tr>
<tr><td colspan="2">太极养生</td><td>太极文化与中华医药学的结晶，调和阴阳，顺其自然</td><td>世界级</td><td>文化养生、文化旅游、会展节庆</td></tr>
<tr><td colspan="2">道教科仪</td><td>武当道教音乐是国家级非遗</td><td>国家级</td><td>艺术表演</td></tr>
<tr><td colspan="2">民风民俗</td><td>武当山庙会是国家级非遗</td><td>国家级</td><td>文化旅游、会展节庆、艺术表演</td></tr>
<tr><td colspan="2">武当山传说</td><td>省级非遗</td><td>区域性</td><td>艺术表演</td></tr>
<tr><td colspan="2">武当土特产</td><td>武当道茶是湖北第一文化名茶，省级非遗</td><td>区域性</td><td>文化养生</td></tr>
</table>

太极拳是武当·太极湖文化资源禀赋中最具世界影响力的组成部分。作为中华武术“北崇少林，南尊武当”两大至尊门庭之一，武当武术是中华文化宝库中的瑰宝，可以充分借助武当武术打造养生项目。

2. 交通区位

武当·太极湖具有明显的区位优势。郑渝高铁、西武高铁与银武高速等交通干线在此汇聚。围绕武当·太极湖区域，一个以大交通支撑大旅游、大概念带动旅游大产业发展的局面正在快速形成。但是武当·太极湖的交通发展面临运输的基础设施总量、运输能力的限制，旅游通达性有待进一步提高。

二、品牌策划：问道武当山，养生太极湖

（一）品牌定位

国际品牌定位：太极文化世界化，中华文化复兴。

国内品牌定位：太极文化的研发、展示、体验和传播中心。

区域品牌定位：中部崛起战略支点。

（二）品牌目标

1. 世界级太极养生文化胜地

深度挖掘武当山太极养生文化，构建具有自主知识产权的养生产品与品牌，通过培训太极养生导师、太极武术教练，对外建立连锁分支机构，输出太极养生品牌，成为全球太极养生的文化胜地。

2. 国际性太极文化交流基地

依托武当山深厚的太极养生文化底蕴，举办国际级的太极湖论坛、养生论坛和中医药论坛，打造成为东西方文化沟通与对话的窗口、世界范围内的太极文化交流中心。

3. 国家级旅游度假区

创新中国文化养生发展的示范模式，打造集文化、旅游、养生、会展、休闲、度假、运动、商务、民生、人居等诸多功能于一体的全新养生产业综合体，成为国家级旅游度假区。

（三）品牌策划

在“品牌经济”盛行的今天，一个成功景区的经营之道，不仅要打造视觉和听觉盛宴，更要塑造品牌形象（即品牌战略）。武当山积累了千年的道家思想与养生文化，武当·太极湖在进行品牌策划时可充分依托武当山太极文化，融合当代先进的养生理念，打造出“山上太极悟道以养心，山下健康管理以养生”的组合生态文化品牌；并在所构建的品牌基础上，建设中国及世界养生文化、养生科学、养生产业的大本营。

三、养生产业与项目策划

（一）空间规划

1. 规划范围

规划面积为80平方公里，含3大区域、21个组团、180多个项目。

2. 空间布局理念

（1）文化价值的空间呼应

区域内拥有顶级的文化资源禀赋，具有时代传承的价值与力量。武当·太极湖的建构要将文化遗产中历史性的元素转化为建筑、公共环境等实体建设项目。因此，武当·太极湖应与武当山在文化内涵上做到时空呼应。

（2）产业功能的空间呼应

武当武术以太极拳为代表，最具普遍推广价值，可以借鉴少林功夫和印度瑜伽在产业化、市场化、国际化方面的推广思路和方式。因此，武当·太极湖应在环丹江口、郧县和大武当区域其他产业项目进行差异化功能定位。

3. 空间功能布局

以“道”、“武”、“养”、“居”为主题，划分武当·太极湖实地空间布局。“道”是指以太极文化为内涵的文化体验项目，具体形式有文化养生、文艺表演、文化研习等。“武”是指以太极拳术为内涵的文化体验项目，具体形式包括文化养生、文艺表演、文化研习等。“养”是指以太极养生为内涵的文化体验项目，具体形式有文化养生、文化研习等。“居”是指以山水人居为内涵的生活组团及产业配套，具体形式有高端生活组团、移民安置、新农村建设等。

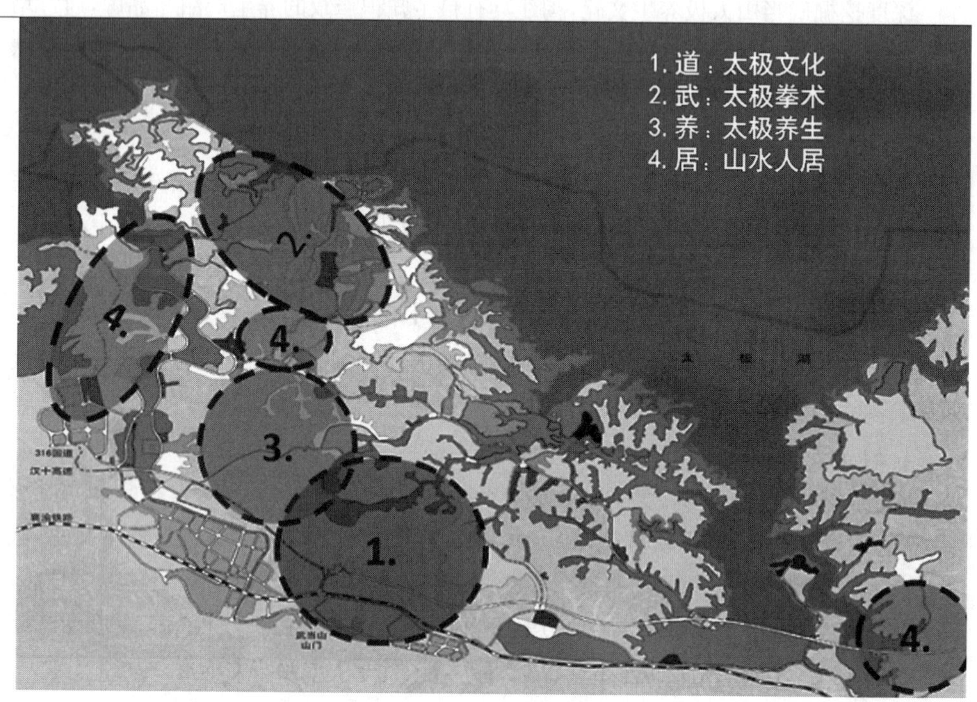

图 6－8　武当·太极湖空间功能分布图

（二）产业规划

1. 产业链设计

以太极通识性文化符号和代表性传奇人物为价值起点，进行系统创意；从核心产业着眼，从策划项目着手，从独有品牌着力，贯通太极文化的聚合生产、体验消费、价值输出以及改善民生等各个环节，构建虚实相生、经纬交织、文化与养生合一的全产业链，形成多业共生、互为依托的产业体系。大力发展和创造文化生产力，促进规模经济与范围经济的协同发展。

2. 产业构建

(1) 文化养生

发展思路：以文化为内核提升现有旅游业态，实现山水人文资源互动，打造集观光、休闲、养生于一体的国际一流旅游目的地，形成鄂西生态文化旅游圈的核心板块。运用现代科技、艺术、民俗等丰富要素，创造特色鲜明的太极文化景观意象和独具魅力的养生文化旅游产品体系，营造浓厚的太极文化氛围，通过符号化的展示和原真性的体验，极大地提升旅游者的体验环境与质量。

基本内容：组团建设。包括新遗产公园团、文化体验组团、休闲养生组团等。

项目建设：重点建设武当功夫城、太极文化中心、太极文化博物馆、太极养生谷、太极观和太极古镇等项目。

（2）学术研究

发展思路：以太极文化、太极养生、太极拳术为学术研究的探讨主题，通过打造一系列学术平台，吸引全球太极文化研究者与爱好者前来讲学论道、巅峰对话，使得太极文化、太极养生、太极拳术得到进一步保护、研究、展示与推广。

基本内容：打造太极湖论坛、太极公塾、太极大讲堂、武当太极文化研究院、太极文化研究中心等，成立湖北东方太极文化基金会、全球顶级设计顾问机构、国际学术研究机构等。

（3）生态社区

发展思路：通过太极文化生态社区的建设，打造开放的平台，搭建完整的产业生态系统；依托深厚的武当民俗文化与特色生产，大力开展乡村旅游、体验旅游与创意旅游，并与美丽乡村建设有效结合，大力发展农渔林副特色产业。

基本内容：武当道茶社区：以道茶的生产链规划社区生产结构和空间形态，集道茶种植、加工、研究、展示于一体。武当艺术村：以艺术为主题，吸引世界各地各类艺术家进驻，集艺术创作、交流对话、互动展示于一体。武当功夫村：以太极拳术平民化为主题规划社区生产结构和空间形态，集太极拳术大众研习、展示与体验于一体。武当蜜橘社区：以柑橘为主题规划社区生产结构和空间形态，从事柑橘种植、初加工、销售等生产活动和柑橘采摘旅游体验项目生产。

（三）重点项目策划

武当·太极湖以武当太极文化为主线，以学术研讨和太极养生为切入点和突破口，结合得天独厚的自然地理风貌和环境优势，培育最有创意、最有价值的文化产业特色项目。

1. 武当功夫城

在武当山下、太极湖畔打造武当功夫城，将是全球首个太极功夫主题乐园。它以仙山武当的深厚太极文化为依托，运用高科技手段和视听艺术创新性地演绎东方功夫，续写太极文化新的传奇。武当功夫城主要有三个独立并且匠心独具的主题游乐体验区：修行谷、侠客江湖与宗师幻境。它们依托武当山水地势浑然天成，融贯中西而又美妙绝伦，堪称“太极版的迪士尼乐园”。

2. 太极养生谷

秉承武当太极祖庭历史悠久的养生文化传统，以老子学院为核心形成道家文化研究中心和养生文化交流窗口，以健康银行为标志的现代养生管理和科研中心，以药馨花海和山水环境形成自然健康景观，以产学研一体的养生产业链，致力于打造中国养生硅谷与世界级健康休闲大本营。

3. 太极小镇

围绕太极文化，打造功能多元化的太极养生度假中心，囊括养生修身养性全方位的

图 6-9

武当功夫城想象图

体验项目，包括太极功法美容、中医调理、太极文化俱乐部、太极拳法健身、太极人文别墅、太极音乐赏鉴等。

4．水上游乐中心

依托完美的山水资源，组织游艇休闲养生项目，包括游艇沿线观光，构建水上游乐场，打造丰富的娱乐项目，如水上滑道、水上体能竞技池等。通过打造游乐运动项目，达到融运动、游乐于一体的养生效果。

思考题

1．举例说明养生旅游的特点。

2．武当·太极湖的养生类项目所依托的资源是什么？

3．针对武当·太极湖所策划的养生产品，可以进行怎样的创意营销？

案例导读

乡村旅游的"卖点"是什么?

栗美霞

凤凰村地处陵川县城东南35公里的深山峡谷中,全村191户、760口人,耕地1 500亩,林地1.9万余亩。这里峡谷纵横、潭瀑遍布、山幽水清,有着得天独厚的旅游资源。70%以上的林地面积中,生长着多种珍贵奇特的动植物;南太行独特的自然风光在这里展现得淋漓尽致;"石人等凤凰"的美丽传说深深吸引着诸多文人雅士前来问道寻踪。

"过去不知道青山绿水就是金山银山,没有发展乡村旅游之前,村里很多年轻人都是外出打工,而现在,村里在旅游产业链条的从业人员达到了200余人,几乎超过全村劳力的二分之一。发展乡村旅游不但解决了广大村民的就业问题,更重要的是当地独有的太行山风光吸引了更多的游人前来观光,村民以后的日子更有奔头了。"凤凰村村支书和小昌说。

目前,凤凰村在积极发挥当地优势,整合资源,以"凤凰采摘园"绿色产业建设为主线,多业并举、各展其长,在精心打造出太行山里独有的"田园风光"的同时,还充分利用资源优势,与县文化局联手投资50万元,建成了凤凰影视基地,投资20万元建设文化长廊一处,大力发展文化产业建设。目前影视部门已在这里成功拍摄了《八十一枚金币》和《凤凰镇》两部农村题材影片。影视基地的建成,增加了凤凰村旅游的文化含量,凤凰村的知名度进一步提升。

在永济市的水峪口古村,原生态古村的老房子及小吃一条街的各色美食,吸引了各地游客来此休闲度假,重复游玩的游客也逐渐增多,旅游辐射的范围也越来越远。山西溪域旅游开发有限公司董事长吕增军介绍,水峪口古村有特色的房子依照修旧如旧的原则,与古村的风貌保持一致,游客很喜欢在古城游玩之后,在古城停留住宿。他认为,回归自然、崇尚自然的需求以及当地独有的特色是吸引游客多次来古村的重要原因之一。

随着大众旅游市场的到来,乡村游的市场需求也在逐步增长。越来越多的城里人希望远离城市喧嚣,远离城市的快节奏,回归自然,回归宁静,回归传统的温馨和悠闲的田园节奏。乡村旅游既留住了城里人,也留住了农村人,乡村游已成为各地市旅游的新"卖点"。为适应这种市场需求,各地乡村旅游产品供给大幅度增加,市场影响力逐步扩大,发展势头方兴未艾。山西省各地市更是依托当地特有的区位和资源条件,加快旅游与农业深度融合,利用农业资源做大现代旅游业,形成了旅游产业与文化产业协同发展的良好局面。右玉县杀虎口村、和顺县许村、清徐县葡峰山庄、通和农场、中隐山等逐步进入城市市民的视线,乡村游受到越来越多人的欢迎。

但是,目前乡村旅游面临的问题之一是要素开发已显现出严重不足。业内人士认为,山西省的乡村旅游要想不断适应市场,乡村旅游产品一定要提档升级,必须突破传统的思维。

山西省旅游局局长冯建平认为,乡村旅游的对象以城市居民为主,不是传统印象中的低端消费,以为一说乡村旅游,就是住窑洞、睡土炕、吃农家饭干农家活。其实,所谓休闲旅游、度假旅游很大程度上讲的就是乡村旅游。现在已经发展起来的生态旅游、露营旅游、自驾车旅游、森林旅游、农业旅游、健康养老旅游等，大都是在乡村实现的。

“体验旅游是乡村游发展的趋势，乡村旅游提供的是休闲服务，游客除了观赏之外，更多的是参与和体验。要有一系列让游客兴奋的东西，把游客的兴奋点和乡村的盈利点结合起来。”在谈到山西省乡村旅游发展中如何提档升级时，省旅游局规划财务处副处长师振亚认为，一些乡村旅游点在了解自己的资源和发展条件后，要学习农业嘉年华、《奔跑吧，兄弟》等一些理念，可以设计出众多可参与、有体验的活动，以此适应市场。

师振亚说，乡村旅游发展中服务创新和文化创新是永无止境的。他建议，乡村旅游在发展中，为增加当地的历史文化感，一般要或长或短有一条文化街，这条街要舒服、休闲。另外，一定要突出特色，把各类旅游要素都做成旅游项目，做成旅游吸引物，而且一定不能把乡村旅游当成一般的景区来“开发”，不搞大而全的“大项目”，重点是要突出体现当地的地域特色文化。

（资料来源：《山西经济日报》2015 年 12 月 7 日，有删节）

随着旅游业与农业不断融合发展，从 20 世纪 90 年代开始，我国乡村旅游进入快速发展的时期，近年来文化创意产业的兴起又推动着乡村旅游的升级换代。2015 年国务院办公厅相继发布《关于加快转变农业发展方式的意见》和《关于推进农村一二三产业融合发展的指导意见》，指出着力构建农业与二、三产业交叉融合的现代产业体系，拓展农业多种功能，延长农业产业链，增加农业附加值。乡村旅游不但能够拓展旅游市场，满足人民群众日益增长的休闲娱乐需求和乡村文化情怀，也是推进农业现代化、实现农民增收的有效手段，因此乡村旅游策划越来越受到各级政府、旅游企业甚至民间自发的关注。

第一节　乡村旅游发展概况

一、乡村旅游的概念界定

早期的乡村旅游指的是发生在乡村的旅游活动，以“农家乐”形态为代表，侧重于田园观光和农家生活乐趣体验，文化元素含量较低。

而现代意义上的乡村旅游是农业、旅游业与文化创意产业相融合的产物，是以乡村优美的田园风光、特色建筑、农家小吃、民俗节庆、农事活动作为主要的旅游对象，以生活在邻近城市或小镇中的居民为主要目标群体，以自驾游为主要出行方式，以体验乡村野趣、走进大自然、释放工作和生活的精神压力为目的的休闲游憩活动。国内学者还提出过“农村旅游”、“农业旅游”、“观光农业”、“休闲农业”等说法，均可囊括于“乡村旅游”的概念之下。

二、国外发展历史与现状

乡村旅游最早起源于欧洲国家。法国、英国、意大利、西班牙等国很早就出现了农村休闲度假、农村生活体验和乡村修学等业态。后来乡村旅游逐渐扩散至世界各地。

法国被认为是现代化农村旅游的真正先驱，在“农户 + 企业 + 协会 + 政府”的发展模式下，很早就开展了乡村住所、农家体验游、特色风味集市、休闲接待、主题旅游线路等旅游形式。法国在乡村旅游产品开发方面十分重视产品的多元化、体验性和原真性。例如推出的休闲农场系列包括农产品市场、点心农场、教学农场、露营农场、家庭农场等产品形式，住宿设施包括乡村别墅、乡村酒店、城堡驿站、露营地、青年旅馆、家庭旅馆等产品形式。在农场中设有美食品尝、烹饪培训、农产品采摘、园艺培训、动植物观赏等体验性项目。农场销售的主要农产品必须是农场生产的新鲜食品，使用本地的烹调方法，产品的外观也要保持传统，以保证乡村旅游的原真性。

美国的乡村旅游已经形成农业观光、森林旅游、农场度假、民俗旅游、家庭旅馆等多样化的产品体系。主要有依托农业资源或农牧场产品开发农产品购物、农作物采摘、农业体验、农业教育、乡村休闲等旅游项目，依托节事活动开发南瓜节、草莓节、樱桃节、大蒜节、汉堡节等乡村节庆旅游，依托自然资源开发房车营地、鸟类观赏、自然探险等旅游项目，依托历史文化资源开发废弃农庄、厂矿、采伐场、内战遗址、名人住址等乡村历史遗迹旅游项目等。

20 世纪七八十年代，日本的乡村旅游由最初的农业观光园形态逐渐发展为休闲农场、度假农园、农业观光公园等多种形态。进入 20 世纪 90 年代，在市场需求的推动下，日本乡村旅游逐渐发展出具有观光、休闲、度假、教育、体验等多功能的旅游产品。目前日本乡村旅游产品呈现出多样化的特点，主要有观光农园、农业公园、农家乐、教育农园、养老养生农园等产品类型。

三、国内发展历史与现状

乡村旅游在中国大陆地区的兴起开始于 20 世纪 80 年代，民间和官方的双重觉醒是乡村旅游迅速发展起来的主要背景。1988 年，中国第一家“农家乐”在四川省成都市郫县农科村诞生，随后以农家乐为主要形式的乡村旅游在全国各地大量出现。随着乡村道路的硬化、私家车普及，以及清明、端午等小假期的实行，乡村旅游迅速发展，形成度假、休闲、观光、体验园区建设的热潮；经过自然筛选，形成了多种发展模式并举的局面，在一些大城市的周边甚至形成了乡村旅游带。然而，许多乡村旅游项目粗制滥造，照搬照抄他地项目，也在全国范围内形成了低端同质化竞争的局面。

近年来乡村旅游再度成为旅游业的热点。从大众心理需求看，我国总体经济增速放缓，经济发展驱动因素由投资、出口转向消费，慢下来的生活节奏让人们的乡土文化情结集中爆发，乡村旅游面临着一个新的发展机遇期。从产业发展的角度看，中国经济的传统增量将会显得非常谨慎，更加关注现有存量的改善和生活水平的提升，农业、旅游、生态、文化等产业将迎来发展的黄金时期。从农业发展的角度看，由于城镇化让农村青壮年人口大量涌入城市，很多农村面临“空心化”的困境，农民的生活水平也亟须改善，而发展乡村旅游是解决以上难题的一大途径。

许多乡村在进行新农村建设过程中，一味与城市看齐，追求“亮化”、“硬化”，却破坏了乡村的原始生态环境和文化内涵，处于“不城不乡”的尴尬境地。2013 年 12 月召开的中央城镇化工作会议指出，要“让居民望得见山、看得见水、记得住乡愁”，保留村庄的原始风貌和文化特色。许多地方探索“宜旅、宜居、宜养”的农村建设新模式，在保护农村生态环境和文化传统的基础之上实现与城市互为资源、互为市场、互相服务的城乡协调发展。

有学者将国内乡村旅游划分成三个发展阶段。“乡村旅游的1.0时代”即游客到农村吃饭、住宿、休闲，体验乡村的生活，这个阶段的特点是乡村旅游基本为自发形成，乡土气息比较重，农民将从事乡村旅游作为农闲时的副业经营。“乡村旅游的2.0时代”指的是标准化时期，建立起干净、卫生的农家旅社，提供标准化的餐饮服务，以统一安排为主要特色。在这一阶段经营者的经营意识得到提升，有目的地进行乡村旅游的项目设计和开发，参照城市提供标准化的服务，这样虽然推动了乡村旅游的规范化，但也淡化了乡村的文化特色。“乡村旅游的3.0时代”即通过商业投资者的主导来从事有规划的乡村旅游项目，不但适应了城镇居民的生活需要，还照顾到了各年龄段、各种职业、各种社会身份的人的不同需求。这一阶段也特别注重乡村文化的原真性，力求提供最为本真、最具特色的乡村旅游产品。

伴随着文化创意产业与农业、旅游业的不断融合，普通大众成为创新主体的“众创时代”到来，乡村旅游进入升级换代的新阶段。在“大众创业、万众创新”的时代背景下，

表7-1 第一批中国乡村旅游创客示范基地（2015年）

序号	所在地	名称
1	北京	怀柔雁栖“不夜谷”
2	重庆	江津李家村
3	河南郑州	樱桃沟
4	吉林东辽	鸶鹭湖
5	内蒙古阿荣旗	东光村
6	湖南长沙	惠润板仓
7	安徽黄山	黎阳创客小镇
8	江西石城	大畲村
9	江苏苏州	吴中旺山村
10	浙江德清	莫干山国际乡村旅游(洋家乐)集聚区
11	浙江丽水	瓯江古堰画乡特色小镇
12	福建永泰	嵩口古镇
13	广西阳朔	矮山门村
14	海南琼海	北仍村
15	云南建水	团山古村
16	贵州丹寨	八寨银匠村
17	四川九寨沟	天堂口民俗风情街
18	陕西礼泉	袁家村·关中印象
19	青海互助土族自治县	小庄村
20	新疆和田	何胖子大漠绿洲生态园

资料来源：国家旅游局。

越来越多的乡村文化“创客”群体通过自身的创意去改造乡村，重新定义了乡村的价值。来自大众的乡村创客们追求个性，运用各自独特的文化创意极大地丰富了乡村旅游产品。2015 年 8 月，国家旅游局公布了首批 20 个“中国乡村旅游创客示范基地”。小而精、创意化、融合化将成为今后一段时间乡村旅游的发展趋势。

第二节 乡村旅游的分类与特点

一、乡村旅游的分类

对于乡村旅游类型的划分，目前有多种分法。国家旅游局将乡村旅游划分为十大类，分别是：① 乡村度假休闲型（“农家乐”型）；② 依托景区发展型；③ 生态环境示范型；④ 旅游城镇建设型；⑤ 原生态文化村寨型；⑥ 民族风情依托型；⑦ 特色产业带动型；⑧ 现代农村展示型；⑨ 农业观光开发型；⑩ 红色旅游结合型。也有学者根据不同的标准划分出不同的类型，如表 7 - 2 所示。

表 7 - 2 乡村旅游按不同标准的类型划分

划分标准	类　型	举　例　或　特　征
地理位置	城郊型	位于大中城市附近，为满足城市巨大的旅游需求，在原有农业和现代农村聚落景观基础上，融入现代科技、现代审美而发展。
	边远型	一般交通不便，这种类型大多有丰富的旅游资源，借此发展旅游业。
旅游核心资源	景区边缘型	在著名风景区的边缘，主要可以结合风景区，依靠现有的一些旅游资源和景区的客源来发展。
	传统观光型	以不为都市人熟悉的农业生产过程为卖点，在城市近郊或风景区附近，开辟特色果园、菜园等，让游客入内采摘、观赏，享受田园乐趣。
	都市科技型	以高科技为主要特征，在城市郊区等建立小型的农、林、牧生产基地；既能为城市提供时鲜产品，又能结合农业生产与科普教育。
	休闲度假型	利用不同的农业资源，如森林、果园等，吸引游客前去度假，展开农业体验、自然生态领略、住宿度假等各种休闲度假活动。
村落形态	水乡型	村落内水系纵横，建筑大多临水而建。如江南水乡村落，上海嘉定区毛桥村、金山区画村等。
	山地型	村落依山而建，有明显地势落差。如浙南山区的丽水松阳县安民乡村，及部分少数民族村落，如浙江桐庐莪山“畲乡山寨农家居”乡村旅游。
	荒漠型	如甘肃地区的高原、荒漠中的村落，陇东黄土高原区的窑洞民居，藏西北羌塘高原荒漠村落等。
	滨海型	村落位于海边，充分利用渔村特色，如上海崇明岛前卫村、瀛东村，三门三特渔村，舟山沈家门渔港。

资料来源：韩飞、林峰：《游在农家：沪地“农家游”模式解读》，中国社会出版社，2008 年 4 月版。

根据所梳理的国内外代表性乡村旅游案例，本书将乡村旅游划分为城市近郊休闲型、农业主题观光型、原生态古村落型、特色农业延伸型和现代创意农场型等类型。

（一）**城市近郊休闲型**

这是乡村旅游最早出现的类型。此类项目邻近城市，交通便利，以短途游客为目标受众。每到周末或假期，城市中出游的人群便迅速向城市近郊的乡村扩散，邻近城市的乡村休闲旅游项目因此兴起。“农家乐”休闲旅游是本类型项目发展初级阶段的主流。

此类项目有如下特征：第一，缺乏旅游资源，吸引力较小；第二，以城市客源一日游为主，重游率较高；第三，侧重于田园观光、休闲、农村生活参与和体验；第四，呈片状、轴带状环城市不连续分布，在上海、南京、北京、成都等特大城市周边，甚至形成了一定规模的乡村旅游带。此类项目的发展既满足了中心城市的消费需求，也带动了城市近郊地区的产业发展和人口集聚，促进了郊区城镇化。

此类项目容易存在的问题是：第一，以家庭个体小规模经营为主，缺乏竞争力；第二，旅游产品质量低、类型单一、低层次重复开发；第三，旅游活动项目千篇一律，仅仅停留于吃农家饭、喝茶、聊天、打牌、打麻将、唱歌、跳舞等常规活动，缺乏知识性、趣味性、文化性和参与性；第四，旅游经济效益不高，旅游收入几乎只来源于餐饮服务；第五，伴随着城镇化的快速推进，城市近郊乡村旅游地生命周期较短，乡土性容易在扩散城镇化的进程中消失，传统意义上的乡村旅游地生命周期会因此而终结。

案例 7－1

四川成都“三圣花乡”

图 7－1 四川成都“三圣花乡”一景

“三圣花乡”景区是成都三大文化创意产业集聚区之一，位于成都市锦江区三圣乡，地处城乡接合部。区域内的村民自清代以来就有种植花卉的传统，所以三圣乡素有“花乡”的美誉。“三圣花乡”景区占地12平方公里，包括红砂村、幸福村、驸马村、万福村、江家堰村五个村，以此建成了以花乡、梅林、菜地、菊园、荷塘为主题的五大景区。经过十余年的发展，三圣乡已基本形成以商务、休闲度假、文化创意、乡村旅游为主的文化旅游度假胜地，包含星级酒店、纪念品商店、人文景观、艺术创意产业基地、运动休闲设施、高档花卉生产基地等。

“三圣花乡”经历了三个发展阶段。2003年以前，三圣乡已有许多零散的农家乐出现，属于“小试牛刀”的阶段。2003年10月，在四川省首届花卉博览会的刺激之下，三圣乡的乡村旅游进入快速发展的阶段，组合了上百家农家乐，打造乡村生态旅游公园，构建了一个大型的生态休闲空间。五个村依据资源禀赋构建起了五大观光区，基础设施不断完善，专业化企业大量入驻。“三圣花乡”的品牌形象也在这一阶段初步形成。2007年以来，三圣乡的乡村旅游开始提档升级，推进旅游促销手段的现代化和多元化，发展以运动休闲产业、观光体验产业为重点的效益型产业和以文化创意产业为重点的战略型产业，努力实现从身体消费到灵魂消费的全程覆盖，充分照顾到中低端和高档消费群体的不同需求。

“三圣花乡”以产业发展带动城镇化、以城镇化支撑产业发展的产城融合发展模式是产业发展与城镇化良性互动的典型，带来了经济、社会、生态等多重效益，是探索城市近郊休闲型乡村旅游发展的典型。

（二）农业主题观光型

此类型项目以农业景观、聚落景观、田园景观为卖点，按照资源禀赋的不同又可细分为山地、森林、湿地、海岛和主题农业景观等类别。常见的形式有：花海景观、植物长廊、水面观光等。

此类型项目的主要特征是：第一，用地规模大，需要使用大片的土地或水面资源，以形成规模景观；第二，投入少、效益高，既可产生原有的农业生产收入，又可额外带来旅游观光收入，边生产边收益，具有显著的效益回报；第三，体验性强，可开发蔬果采摘、钓鱼捕虾、农活体验等参与性较强的项目；第四，综合效益显著，可集合观光、活动体验和农产品销售为一体，较易打造产业链，使传统的农业生产获得较高的附加值。

此类型项目可能存在的问题有：第一，受季节因素影响大，该类型项目所依靠的农业景观资源具有季节性，淡旺季区分明显；第二，旅游产品单一化，多数单项农业观光项目缺乏多样性和趣味性，难以产生较强的吸引力；第三，文化元素含量低，忽视文化内涵的形成，难以形成独特的品牌和核心竞争力，较易被替代；第四，易造成同质化竞争，比如全国多地都在打造油菜花海，大多数场点的设计、建设、项目雷同，缺乏独创性，造成争相模仿的恶性竞争。

案例 7－2

江苏兴化千岛油菜花海

图 7－2　俯瞰江苏兴化千岛油菜花海

位于江苏省中部的兴化市有名为“垛田”的传统农业系统，即在湖荡沼泽之中堆土成垛，垛上种田，既能抵御洪水又能使地貌秀丽。油菜栽培在垛田地区历史悠久，当地先民利用得天独厚的地理优势，培育了一大批的优良菜种。每到春季，各垛之上的油菜花竞相开放，形成“河有万湾多碧水，田无一垛不黄花”的旖旎景色，恍若人间仙境，有中国最美油菜花之誉。游客坐着当地船娘划着的农家小木船，可领略到“船在水中行，人在花中走”的独特感受。兴化垛田自 2009 年 4 月兴化举办首届中国“千岛菜花节”后即引起轰动，在人民网旅游频道举办的“中国最美油菜花海”评比中名列前茅，成为江苏省蜚声中外最具吸引力的乡村旅游项目之一。

兴化油菜花景点知名度的提升得益于与全国各大城市旅行社的战略合作，与国内近 3 000 家旅行社建立了战略合作联盟。除此之外还开通了台湾包机和香港赏花旅游专线。景区的主要经济收入来自“门票＋游船票”的打包销售，菜花超高的人气也带火了周边的农家乐、土特产等。景区附近的 100 多家农家乐，除了经营吃饭，还接纳住宿。为了摆脱油菜花季节性的限制，当地努力拓展旅游产品，除了春季的油菜花，还设计了夏季游荷塘、秋季赏菊、冬季看芦花飞雪和泡温泉等一系列旅游项目，乡村旅游经营时间延伸至全年；同时借助千岛油菜花的影响，力推当地的淮扬美食、农家特产等，延伸乡村旅游产业链，极大地提升了当地农民的收入。在宣传营销上，当地不遗余力地举办“千岛菜花节”、“品蟹赏菊旅游节”等活动进行节庆营销，还通过“传统媒体＋新媒体”形成线上线下整合传播，产生了较强的影响力，形成良好的口碑传播。

（三）原生态古村落型

原生态古村落是指民国以前建村，建筑环境、建筑风貌、村落选址未有大的变动，民俗民风独特且传承良好，至今仍在使用的村落。在农耕时代，乡土文化是中国的社会主流文化，而古村落是中国乡土文化的活的载体。住房和城乡建设部、国家文物局从2003年起开始评定“中国历史文化名村”，一些省市也开始评定省市级历史文化名村。2015年起，一年一度的中国古村镇大会也开始举办，关注中国传统村落保护发展问题。原生态古村落的旅游开发要充分考虑到文物保护和文化传承，保护整体的文化生态系统，“留得住乡愁”。

此类型的乡村旅游项目具有以下特征：第一，数量稀缺，随着农村社会经济的发展，古村落的数量越来越少，分布区域越来越小，而保存完好的古村落更是凤毛麟角；第二，特色鲜明，作为一种传统的居住场所，古村落无论是在建筑形式，还是生活形态上，与当今的一般性农村社区，特别是与城市住区相比有着显著的差异，易产生较强的旅游吸引力；第三，文化性强，许多古村落兼有物质文化遗产和非物质文化遗产，其形成都有特定的历史和人文背景，储存了大量的历史信息，是今人感知古代乡村生活的重要途径；第四，客流量受地理位置影响小，尤其在当今的互联网时代，只要文化特色鲜明、吸引力强，再偏远的古村落都会吸引全国甚至世界范围内的游客光顾。

此类项目可能存在如下问题：第一，旅游开发导致原生态文化的变异，当地居民受利益驱使乱拆乱改民居建筑、盲目从事商业经营活动，古村落原有的纯朴文化和居民关系纽带受到冲击；第二，商业化过度，大量重建古建筑，开设大量店铺，与古村落古朴的生活方式不协调，破坏旅游者的原真性体验；第三，古村落旅游资源的构成特征及人力资本的特殊性容易引致产权困境，使得对古村落旅游开发利益主体的约束和激励效果较差，利益主体间权、责、利不明，矛盾不断凸显，交易成本日益增高，古村落旅游的可持续发展难以为继。

案例 7－3

贵州安顺天龙屯堡

天龙屯堡是贵州省安顺市的一个村落，位于喀斯特地貌大山深处，现有1 200多户人家，5 000多人。其所在的天龙镇2009年被评为“中国历史文化名镇”。屯堡人的祖先是明太祖朱元璋遣往贵州的屯军部队和家属，还有后来的移民，在漫长的历史进程中形成了一套具有地域共同体特色的文化传统，包括建筑、服饰、习俗、方言等，被称为“屯堡文化”。天龙屯堡的建筑非常独特，满目皆用石头砌成，防御性的碉楼哨楼较多，在保留江南风格的基础上形成了当地的特色。屋瓦用当地出产的页岩层叠铺盖，上下一体、浑然一色。现存明代16条纵横交错的青石板巷，街边保存许多老商铺。镇上的女人们至今仍穿着明朝江南汉族的“凤阳汉装”，饮食也保留了历史特色。

天龙屯堡从2001年开始旅游开发，采用了政府、公司、村民和旅行社“四位一体”的参与式乡村旅游发展模式，镇政府对古村公共设施进行新建和升级，旅游公司负责旅游场馆和设施的建设，村民负责村内公益性建设和自家商铺小店

图 7-3 贵州安顺天龙屯堡的小路

建设，旅行社负责宣传营销上的投入。这样的模式实现了多方的互利共赢，使天龙屯堡的旅游业迅速发展，成为古村落旅游开发的典型。然而随着时间的推移，社会结构和社会关系发生转型，新的社会观念、规则和矛盾渐渐出现。村民对自家房屋改造、翻修的权利受到了限制和约束，利润分配是否公平受到了质疑，当地居民和旅游开发者的关系一度紧张，居民参与旅游发展的积极性减弱。另一方面，天龙屯堡展示的文化符号已不再是屯堡文化的自然显露，而是出于商业目的的着意夸示甚至扭曲，渐失本色。久而久之，游客对商业化的古村落旅游失去兴趣，旅游人次不断减少。目前，天龙屯堡旅游业的景气程度已大不如前。

（四）特色农业延伸型

此类项目以某种特色优势农业产业为依托，通过拓展农业观光、休闲、度假和体验等功能，凭借创意进行产业延伸，开发“农业+旅游”产品组合，带动农副产品加工、餐饮服务、文化创意等相关产业发展，促使农业向二、三产业延伸。

此类项目的主要特征是：第一，主题性鲜明，由于此类型乡村旅游项目依托优势的农业产业进行业态、功能拓展和创意延伸，因此自然而然围绕着一个中心主题来发展；第二，易形成产业链，以优势农产品的生产为源头，延伸出休闲度假、创意产品、文化体验等产业链条；第三，旅游产品丰富，可产出农产品、文化活动、田园观光、乡村客栈等多种类型产品；第四，与城市互动关系强，乡村与城市之间形成产业互动，在产品需求、环境需求、文化需求等多方面满足城市需要，利用乡村特有的功能去反哺城市，不容易被城镇化的潮流淹没；第五，对营销的要求比较高，需要通过各种营销手段打造名声和品牌，以形成影响力。

此类项目可能存在的问题有：第一，由于需要构建和城市良好的互动关系，此类项目对于交通条件的要求比较高，偏远的乡村地区难以发展成功；第二，后续投入不足，打造此类项目需要依靠政府、企业和村民的长期投入和建设，目前的乡村改造仍以一次性投入形式为主，打造此类型的项目需建立起新型的乡村改造投资模式；第三，文化深度不够，此类项目依托文化资源基础薄弱的乡村，需要从无到有"造文化"，运用创意"讲故事"，这对于文化创意有较高的要求，一般的乡村难以做到。

案例 7－4

江苏南京桦墅村

图 7－4　江苏南京桦墅村改造后的房屋

江苏省南京市桦墅村原是毗邻栖霞山、宝华山的一个普通村落，2012 年开始引进江苏省农科院研发的稻米新品种"南粳 46"，出产的桦墅粳米口感独特，被称为"江苏省最好吃的大米"。2014 年借南京青奥会召开的契机，政府对桦墅村进行整体改造，放弃了"风貌出新"的传统乡村改造模式，转而由政府主导，搭建平台，民间资本参与，当地居民与民间团体运营。政府组织专业团队进行策划和设计，并负责基础设施与少量几栋公共设施建设和投资，其余的交给社会和民间资本，运用市场经济的手段进行经营。负责桦墅村建筑改造的设计师选择粳米作为桦墅村的代表，挑选了村里一幢精美却又破败的平层古民居打造米铺，把这座民居周边的几栋房子也收了下来作为配套，设计米铺的开放口、引导路线、景观稻田和衍生品展区，一个米铺集群因为一幢破败的民居而扩散形成。建筑师还为米铺项目做了许多外围延伸工作。在整个米铺集群中，除了固有的房子，亭子、庭院等公共空间无处不见，甚至植入乔木等自然景观，以及桌椅板凳等基本生活应有的设施。一个乡村公共文化空间就这么由一个米铺延伸开来。

桦墅村的规划定位是"主题式的乡村休闲社区"，遵循城乡"意识互促、资源互置、产品互通、空间互错"的乡村改造双行线思想设计旅游功能。桦墅村二期工程将陆续开放市集区、民俗展览馆等功能建筑，吸引城里的匠人、文化创意人及普通旅游者前来驻足，与村民互动。未来桦墅村还将通达地铁，交通便利。在未来业态的运营中，同样创新地采用了"伴城伴乡"的模式，由周边大学生、乡村入城的打工者、艺术家、有一技之长的手工艺者等入驻经营。对于落地性的重视体现了"入乡、返乡"的情感诉求交流，形成具有鲜活气息的生态圈和生活方式。

（五）现代创意农场型

这种类型是以农场的乡村风土人情为核心内容，吸引旅游者前往进行休憩、观光、体验及学习等旅游活动。由于农业生产的国情不同，该类型项目在欧美国家、东南亚国家、日本和我国台湾地区比较常见，在中国大陆地区还很少见，但其运作模式可以作为开发乡村旅游产品的参照。

此类项目具有以下特征：第一，知识性强，一般选定一种或多种农牧产品为主题，向游客全面展示其相关知识和生产过程；第二，模式较为固定，一般模式是集农产品生产、主题餐饮、农业观光、DIY体验、农场住宿和衍生品开发于一身，形成产业链；第三，经营主体单一，一般由一家公司统一进行农场的经营管理；第四，功能分区明显，类似于产业园区的形式，观光、体验、产品售卖、餐饮、住宿等功能均有明确的划分区块；第五，体验性强，以农场体验为核心，游客能够与农田作物、牧场动物亲密接触，同时设计游客自己动手制作的DIY体验活动，增强项目的互动性与趣味性。

此类项目可能存在的问题是：第一，同质化竞争，需要树立起独特的品牌形象和优势，防止相同主题、相同类型项目的恶性竞争；第二，需要政府和农民意愿一致，相互支持，仅有政府的意愿就会劳民伤财，而民众的一厢情愿也难以完成项目，双方意愿的融合是发展农场旅游业的首要前提；第三，权责不清，由于此类项目一般由单一经营主体进行管理和运营，且农场旅游的用地规模一般比较大，很容易在土地产权、利益分配等方面产生纠纷，需要在项目筹建之时做好明确的约定，防止项目运营之后发生纠葛。

案例7-5

日本Mokumoku农场

Mokumoku农场位于日本三重县伊贺市郊区，该农场以亲子教育为出发点，以家庭为主要需求群体，是集观光农业、研发生产、加工制作、产品销售为一体的产业农场。该农场主要可分为四大区域，分别提供观光游览、科普教育、产品展览、餐饮美食、休闲体验、商品购买、度假住宿等服务，农业各个环节与旅游产品无缝融合，形成密切关联的农旅产业链。农场入口处主要是购物区，包括蔬菜交易市场、牛奶工坊、乡村料理店、美食广场等。在蔬菜交易市场，农场与周边农户一起合作，向消费者提供新鲜蔬菜。农场是对外经营的窗口，而生产需要区域农户协作；同时，所有提供产品的种植农户的照片与姓名都会被挂出。

图 7－5 日本 Mokumoku 农场里的主题餐厅

农场巧妙地将销售加工产品的店铺包装成主题馆，如猪主题馆内就有许多猪肉生产加工的商品，还有叉烧馆、香肠主题馆等。而当地养殖的猪肉则会在餐厅通过料理的方式直接提供给消费者品尝，各种奶制产品则会在牛奶工坊卖出。在休闲体验方面，农场建立了小猪训练园，饲养员每日按时都会把猪放出在园里活动，游客可在屋外零距离接触和观赏小猪，也可在饲养屋喂养小猪。在学习牧场，游客既可以观赏牛、羊、矮脚马等动物，也可以参与每天不同的体验活动，包括喂食、挤奶、牧场工作等。除了养殖观光点外，农场还设置了手工体验馆，让游客亲手制作香肠。由于农场体验项目非常丰富，所以也为游客提供住宿服务。除了核心的体验购物区域外，农场还种植大量的蔬菜与花卉。该农场最值得学习的地方便是巧妙地将生产、加工、销售与观光体验结合起来，形成一个循环的商业模式。

二、现代乡村旅游的特点

（一）体验性增强

早期的乡村旅游仅仅让游客到乡村看看风景、吃吃农家菜，但游客们的需求是要玩、要好玩，要持续的乐趣。现代的乡村旅游体验性更加全面，集观光、采摘、饮食、科普、农事、养生、娱乐、休闲、购物等多种体验项目于一身，以让游客产生贴近大自然的感受、产生心灵的归属感为终极目标，落实到产品设计和游客感知的各个维度，使乡村旅游向深度和广度方向发展，丰富乡村旅游产品的内容，努力为游客提供高品位、多层次、全方位的休闲体验。

（二）创意性显著

现代的乡村旅游已经进入转型升级的新阶段，原始的农家乐形态已不再有竞争优势，仿效别人经验的路也越来越难走。许多地方在发展乡村旅游的时候，都在大力推进与文化创意的融合，通过文化创意去包装乡村，用故事吸引人，赋予乡村旅游丰富的文化内涵与创意，进一步拓展农业功能、整合资源，把传统农业发展为融生产功能、生活功能、生态功能、体验功能为一体的现代农业。现代乡村旅游已不再有被完全复制的案例，每个项目都需要去挖掘当地的文化内涵和特色，走差异化路线。

（三）个性化突出

乡村旅游发展至今经历了从粗放经营向精细化经营转变的过程。早期的乡村旅游从自发形成到标准化经营，虽然实现了质量的提升，但难以满足不同人的个性需求。而现代乡村旅游则会从游客不同年龄段、不同职业、不同出行方式的特点入手，有针对性地提供游客需要的乡村旅游产品和服务，做精做细，既能满足大部分游客的需要，也能让乡村旅游的特色体现出来。

第三节　乡村旅游策划方法

一、乡村旅游策划的原则

（一）乡土性

乡土性是乡村旅游的灵魂，在进行乡村旅游策划时，必须要尊重乡村原有的自然生态和文化生态。乡村景观和乡村文化传统是乡村旅游的核心资源，一旦被破坏就很难恢复，而脱离了这些核心资源的乡村旅游项目就是无源之水。乡村旅游策划不能盲目模仿城市，盲目追求现代性，破坏乡村生活的本真元素，而要尊重自然，尊重乡村自古以来万物生长有序的规律，尊重原有的山脉、河流、小桥、田园、村舍等景观格局，在规划时尽量保留原来的乡村肌理、历史文化和风俗习惯，适度进行旅游开发，避免单纯追求经济效益而破坏自然村落的历史风貌、生态环境和文化传统。

（二）体验性

未来经济将是一种体验经济，制造体验的人将成为未来时代的生产者，体验制造商将成为经济的基本支柱之一。在体验经济中，消费者对体验享受的评价最高，也愿意付出更高的价格。大众化的旅游产品越来越难以满足现代游客的需求，游客们更希望得到彰显个性、体验丰富、情感真实、放松身心以及享受美好的旅游经历。进行乡村旅游策划也要遵循体验性的原则，在项目设计上多考虑与游客的互动，满足游客多感官的体验需求，让游客能更深层次地感受乡村旅游的每一个细节，体会乡村旅游的内涵和魅力，获得更直观和深刻的旅游体验。

（三）独特性

每个乡村都拥有自己的特色，不同乡村的地理表象不同、建筑风格不同、风俗习惯不同、饮食不同，这些不同构成了乡村的个性美和差异美。乡村旅游策划要尊重这些不同，保持本色、强调差异、体现特色，这样才能打造核心竞争力。目前很多地方的乡村旅游项目都大同小异，无序竞争，盲目照搬照抄他地乡村旅游的建设经验，这样只能使项目成为标准化的产物，失去个性特征，难以形成旅游吸引力，陷入同质化竞争的泥淖。而只有深入挖掘本土文化资源，因地制宜利用优势，才能摆脱同质化怪圈，在乡村旅游市场中占据一席之地。

（四）现代性

乡村旅游策划在注重保护乡土性的同时，也要营造舒适的现代生活条件，要让乡村“风貌古朴，功能现代”。乡村不是城市的陪衬品，不是脏乱差的代名词，要交通便利、环境优美、饭菜可口、舒适整洁。乡村旅游策划从规划阶段就要现代、科学、合理，要完善公共服务设施，推广公共交通，让传统文化与现代文明相映成趣。要保证餐饮设施干净卫生，卫生洗浴设施齐全，能够提供现代文明生活所必需的功能。只有将现代性融入乡村旅游策划之中，乡村才是宜居、宜旅的，才更能吸引游客、留住游客。

（五）融合性

产业融合是当前经济发展的趋势，由此产生了许多新的业态和经济增长点。从游客的角度看，现代人越来越需要集多种功能于一身的乡村旅游产品，原来单一功能的旅游产品越来越难以满足市场的需要。从运营主体的角度看，只有集多种产业于一体，才能实现利益最大化，降低经营风险。因此在进行乡村旅游策划时，要在考虑农业与餐饮业、住宿业、创意产业等互相融合的基础上设计旅游产品，让不同产业之间相互促进，形成产业链，最大限度地发挥出乡村旅游的经济功能。

二、乡村旅游产品开发

（一）观光产品

依托乡村的农田景观、屋舍景观或地形地貌打造观光产品。常见的方法有：对房屋进行复古化的设计改造，形成风貌古朴、风格统一的屋舍景观；根据地形特点和当地传统种植大面积色彩感强烈的农作物，如油菜花、薰衣草、柿子树等，在作物的当季形成具有视觉冲击力的田园景观；在乡村周边布置景观设施，如石头小路、凉亭、入口标识等，造出观赏性强的乡村风光。

（二）餐饮产品

充分利用当地的乡村物产，挖掘当地的饮食传统，开发特色风味菜肴或小吃。餐饮产品的开发要体现乡土性，使用本地物产、传统工艺，这样才能形成当地品牌。可以将食材的来源地、加工过程、制作过程全方位展示给游客，既体现出餐饮产品的绿色健康，提高吸引力，让游客放心购买，又可以在生产餐饮产品的同时提供文化体验产品，充分发挥乡村的文化特色。

（三）土特产品

与餐饮产品类似，可以在提供乡村旅游服务的同时，将具有当地特色的农牧产品包装出售。由于对其生产环境有所了解，这样的农牧产品较容易受到游客的青睐，从而提升当地农牧产品的销量。

现代乡村旅游还出现了运用文化创意包装的农产品，形成创意农产品的新业态。由于创意农产品具有个性化、创意化、时尚化、品牌化等特点，较易受到消费者的关注和接受，在市场上具有较强竞争力。同时通过提升农产品文化附加值的方式，提高农牧产品的销售利润。

（四）住宿产品

农民可以利用自家空闲的房屋，经过改造和设计装修，为游客提供住宿服务。住宿产品的利润率一般较高，且可以延长游客在当地的停留时间，增加游客消费的可能。

现代乡村旅游中还出现了“小而精”的乡村民宿产品，即在一般住宿产品的基础上，结合当地人文、自然景观、生态、环境资源及农林渔牧生产活动，让游客全面深入地体验当地风情、感受民宿主人的热情与服务，并体验有别于以往的乡村生活。乡村民宿还具有极高的文化创意设计成分，能够满足游客的情感需求。

（五）体验与教育产品

可以让游客亲自动手体验采摘、舂米、投喂动物等农活，全身心感受乡村生活。可以与餐饮产品的生产相结合，设计让游客自己动手烤面包、灌香肠、做面饼等 DIY 活动，丰富游客的体验度。

乡村旅游项目还可以面向家庭市场提供亲子游乐产品，让家长带着孩子来感受乡村生活，学习农业知识，与大自然亲密接触，接受乡村文化的熏陶。亲子项目可以吸引家庭集体出游，提升项目客流量。

三、乡村旅游产品的营销策划

（一）节事活动营销

节事活动营销是指通过举办主题旅游节等活动，利用消费者的节事消费心理，综合运用广告、公演、现场售卖等营销手段，在节事期间集中进行各类文化活动以及旅游产品、品牌推介活动，以提升旅游产品的销售力，并在短时间内提高在媒体上的曝光量，达到宣传效果。

进行节事活动营销要发挥市场对资源配置的决定性作用，减少政府的干预；进行市场调研和市场分析，准确把握市场需求；节事主题要体现地方文脉，突出文化传统，体现时代风尚，彰显地方特色。

案例 7－6

四川成都龙泉驿桃花节

从 1987 年开始，四川省成都市龙泉驿就开始在桃花盛开的三月期间举办“桃花会”活动，后来更名桃花节，截至 2016 年已举办 30 届。2016 年的龙泉驿桃花节分为国际桃花、财富桃花、游戏桃花、文化桃花、浪漫桃花、运动桃花六个板块，共计 48 场活动。其间还举办成都绿意中法生态艺术节、青年（大学生）创业园生态农业创意展、“航拍龙泉”、桃花故里帐篷电影体验等形式多样、内容丰富的活动，一款巧妙地将龙泉赏花风景设计在各个游戏场景中的手机游戏也在桃花节期间上线。桃花节成为以旅兴农、拉动消费、富民惠民、营销龙泉的有效手段，吸引游客到龙泉驿观赏桃花，到田间地头认购桃树，到“好农人”基地订购有机蔬菜，到农家大院享受农家大餐，到龙泉湖、青龙湖体验享受村野生活，增加了当地农民的收入。

图 7-6 四川成都龙泉驿的桃花景观

（二）事件营销

乡村旅游的事件营销包括旅游运营方利用具有新闻价值的事件“借势营销”，也包括通过“制造”事件来开展“造势营销”，其目的在于增强旅游产品销售、扩大旅游品牌知名度、加深受众印象。乡村旅游策划者可以进行精心的事件营销策划，选择合适的网络平台将乡村旅游的品牌打出去，增加在各类媒体上的曝光度，同时善于利用新媒体等手段扩大事件的影响力。

事件营销具有时效性和不易控制性。乡村旅游的策划者需要把握时机设计营销事件，并做好风险应急预案，建立良好的反馈处理机制。

案例 7-7

江西婺源篁岭节事“晒秋”图案

江西婺源的篁岭村是一个挂在山崖上的古村，数百栋徽派古民居在百米落差的坡面错落有序排布，每当日出山头，晨曦映照，整个山间村落饱经沧桑的徽式民居土砖外墙与晒架上、圆圆晒匾里五彩缤纷丰收果实组合，绘就出世界独一无二的“晒秋”农俗景观、最美的乡村符号。每到逢年过节或国家有重大活动之时，村民们便会用五彩缤纷的农作物拼成巨大的主题图案，经记者拍摄后迅速成为节事期间诸多媒体的重要新闻，无形中提升了篁岭的知名度和影响力。

人民网南昌 2015 年 10 月 1 日电：继去年国庆期间晒国旗风靡互联网之后，今年江西婺源篁岭的晒秋大妈又用辣椒等农作物晒出了中国地图，祝福祖国 66 岁生日。这幅中国地图长 5.2 米，宽近 5.5 米，用了 300 斤朝天辣椒，20 斤玉米，20 斤荞麦，280 斤稻谷，由 5 个晒秋大妈花费 2 天时间完成。

图 7－7 篁岭晒秋大妈晒中国地图祝福祖国生日

作为这个时代的一个文化符号，以篁岭“晒秋”为题材的美术摄影作品在全国大赛中曾获得数十次大奖。篁岭晒秋还得到了著名文化学者张颐武的高度评价。在上个月举行的网络大V江西行期间，著名评论家、文化学者、北京大学教授张颐武表示，晒秋是最好的装置艺术，晒秋这种传统文化可以和现代艺术进行结合，晒更多有创意的作品。

（三）文化符号营销

文化符号营销是指通过设计乡村旅游品牌形象、宣传口号、形象标识系统、吉祥物、代言人等文化符号的形式，为乡村旅游产品赋予一定的意义，消费者通过购买和使用这种产品感受到这种文化意义，从而产生心理满足感。

进行文化符号营销要能够精准定位营销受众，根据目标群体的心理特征选择文化符号；同时应让目标受众容易理解文化符号所承载的内涵意义，将乡村旅游产品的文化精髓融入文化符号之中。文化符号营销也需要乡村旅游实体项目的支持，在产品和服务质量上让游客满意，这样才能发挥出文化符号营销的真正价值。

案例 7－8

日本熊本县“熊本熊”的吉祥物营销

日本熊本县是一个农业大县，在2011年九州新干线通车的时候，熊本县政府为了吸引游客停留，决定设计吉祥物“熊本熊”吸引游客的到来。熊本熊经常出现于各类公众活动场合，并通过卖萌、搞怪等方式吸引公众的注意。熊本熊的任务一是要为当地旅游吸引客源，二是推广销售当地农产品。熊本熊的形象印

图 7-8　熊本熊在推介熊本县出产的小番茄

上了各种农产品的包装，还经常通过各类营销活动让当地农产品进入大众的视野。2015 年，熊本熊周边产品的销售额突破千亿日元，熊本县生产的草莓、西红柿等农产品销售额均比上一年翻了一倍。

（四）网络营销

要想在竞争激烈的乡村旅游市场中脱颖而出，需要做好品牌营销，而对于目前的大多数乡村来说，互联网是一个性价比较高的品牌营销工具。乡村可以建立门户网站，与乡村旅游从业者和外来游客实现高效对接，充分集聚乡村发展的产业信息和文化信息，充分调动乡村各个利益群体的互动。UGC、社区论坛、微信、微博等互联网工具也为乡村旅游的营销推广提供了广阔的空间。

网络营销对于视觉设计、内容创意等方面的要求较高。目前网络信息浩如烟海，只有具备较强的视觉冲击力、符合受众心理的内容才能在信息的海洋中得到受众的注意甚至是转发，从而实现良好的曝光效果。

案例 7-9

浙江慈溪方家河头村的互联网宣传

方家河头是浙江省慈溪市的一个古村落。2014 年开始，慈溪旅游通过微信、微博、商务网等官方平台，轮番式、多角度宣传方家河头村，制作“慈溪小山村，让时光倒流百年”等经典图文，并与 feekr 旅行、浙江旅游、新浪宁波、最慈溪等专业平台合作，多次推送方家河头专题，全力提升乡村旅游吸引力和影响力。此外，还邀请新浪宁波摄影达人、慈溪微信大号达人等网络大咖、慈溪旅游铁杆粉丝，

图 7-9　浙江慈溪方家河头村一景

深度体验方家河头，宁波、慈溪两地共 100 余位网友参与活动。网络达人们边游玩边将美景上传至网络，借助自身的网络知名度与影响力，对古村美景加以宣传，掀起慈溪乡村旅游的热潮。

（五）情感营销

情感营销就是为乡村旅游产品赋予一定的情感内涵，引发受众的情感共鸣，从而产生购买的愿望。“小清新”、“萌萌哒”等社会文化现象均可作为情感营销策划的参考。利用情感营销不仅可以丰富乡村旅游产品的内涵，加速产品的成名，还可以增强乡村旅游产品在竞争中的战斗力，赢得受众的青睐。

个性需求是当前年轻消费群体的显著特征，进行情感营销需要充分把握目标受众的情感需求，注重体现服务的个性化和精确性，把握受众的特殊偏好和个性特点。

案例 7-10

褚橙的个性化定制包装

图 7-10　褚橙的一款个性化包装

昔日烟草大王褚时健事业跌入谷底，年逾八旬种橙子东山再起。2012 年，褚时健种植的“褚橙”，第一次进京便火遍北京。本来只是一个普通的橙子，因为被冠以褚橙的名字，意外地被贴上“励志橙”的标签，迅速引爆流行。2013 年褚橙营销团队决定打开青年人的市场，一方面通过自身团队的创新发散，另一方面通过官方微博等渠道与网友互动征集，进而推出一系列印有个性化标语的包装。"虽然你很努力,但你的成功主要靠天赋"、"即便你很有钱,我还是觉得你很帅"、"2014,再不努力就胖了"、"微橙给小主请安"……这些个性化包装一经推出,便受到了网友们的热烈追捧。

(六)知识营销

乡村旅游的知识营销就是通过深入浅出的手段,向目标群体传播乡村旅游产品所蕴含的科学知识、历史文化知识等内容,使受众不仅知其然,而且知其所以然,进而萌发对乡村旅游产品需求的一种营销行为。

进行乡村旅游知识营销需要挖掘乡村的文化内涵,增加营销活动的知识含量。要把握受众心理,选择受众最关心、最想了解的知识内容进行营销。要针对不同类型的受众进行特定设计,使乡村旅游产品或服务适应顾客消费特点、文化品位价值观念。

案例 7-11

掌生谷粒的文化理念

图 7-11 台湾地区掌生谷粒的大米产品

一对台湾地区的夫妇中年开始创业,创立"掌生谷粒"品牌。他们走访台湾地区各地的米农,将各地出产的米以牛皮纸包装,并搭配独特的名字宣传,告诉人们米要吃新鲜的;在低调营销的同时,更着重于教育大众这些米的种类、米的特色,从如何选用米,以及如何保养这些米,传达出对台湾地区稻米的热爱和认识,然后帮助消费者了解米食、正确选择自己所喜爱的米,让客户享受于买米、煮饭和台湾地区农业文化的回味。"掌生谷粒"已成为创意农产品的典型营销案例。

思考题

湖北省钟祥市客店镇的水没坪村，几百年来人口始终保持在80人左右，保持着自然平衡状态。到水没坪村，必须步行穿越国家AAAA级景区、天然溶洞——黄仙洞，洞里行程大约一个小时。到洞口爬上250级左右的“天梯”，即可看到四面环山的水没坪村。几十户民居依山而建，土墙黑瓦的民居看起来与别的村庄差不多，但家家户户房前屋后都种有银杏，为古屋添了一种别样的美。四周的山上大概有500多株银杏树，是湖北省比较集中的野生银杏聚集地。现在每年约有20万名游客进入水没坪村参观，银杏果、茶叶、香菇、山药材等土特产已成为游客的抢手货。在省鄂西圈办的帮扶支持下，一些村民办起农家乐，一次可接待游客近百人。

图7-12

湖北钟祥水没坪村

1. 水没坪村可供乡村旅游开发的“卖点”有什么？
2. 水没坪村可以策划什么样的乡村旅游产品？
3. 水没坪村可以怎样进行乡村旅游产品的创意营销？

案例导读

浙江德清莫干山：小山村缘何一年创收 3.5 亿元？

位于浙江德清的莫干山，距上海仅两个小时车程，近年来声名鹊起：《纽约时报》于 2012 年评选了全球最值得一去的 45 个地方，莫干山排名第 18 位。CNN 将这里称为“除了长城之外，15 个你必须要去的中国特色地方之一”。据央视财经报道：来自官方的数据显示，2015 年，莫干山的精品民宿有 80 多家，实现直接营业收入 3.5 亿元！

其实，莫干山的自然资源并不独特，放眼全国有很多这样的山水。莫干山的民宿设计也谈不上个性十足，如果你去过很多地方的民宿和客栈，比如大理、泸沽湖等等，也会觉得莫干山的民宿客栈也就这么回事。2004 年，一位中文名叫高天成的南非人来到中国上海经商，工作的巨大压力让他希望为自己找一个能放松休闲的地方。距上海仅两个小时车程的莫干山吸引了他的目光，其中一个叫三九坞的小村庄，更是让他流连忘返。而在当时，和高天成一样，在乡间寻求宁静的，还有吕晓辉。这个在杭州从事了十余年城市改造的设计师希望能够逃离都市的拥堵和喧嚣。几经寻觅之后，他也将目光投向了莫干山，这里距杭州只有一个小时的车程。

那时的莫干山，只是零星有一些农家乐，以餐饮为主，产品单一，消费很低，远远不能满足像高天成和吕晓辉这样人群的休闲度假需求。凭着敏锐的商业直觉，高天成在莫干山下一个偏僻的小村庄里一口气租下六间破败不堪的老房子，他坚信，这些老屋与当地的自然和人文环境原本就浑然一体，尽量旧物利用，原地取材，既符合低碳环保的理念，也能造就本土民宿的真正竞争力。一个潜力巨大的消费市场，一个地理位置和自然条件刚刚好的地方，一群有想法的人，加上当地政府较为宽松的政策环境，高天成和吕晓辉们才得以将曾经被空置甚至遗弃的破败老宅，就这样以一种令人难以置信的方式焕发了新生。

而事实上，这正是一股在悄然兴起的中高端消费群体的逆城市化进程。

莫干山的大多数民宿设计，都保留了乡土的元素，既有设计美感，又融于乡村之中，并不突兀。大乐之野保留了原农居中的木结构。山水谈的地面都是老石板铺砌，民宿门口用了老旧的晾衣竹竿，还是特意拿新竹去跟村民换来的。有的民宿甚至把喂猪槽做成了水槽，用啤酒瓶搭成了吧台，乡村味十足。这些民宿大多采用了渗透式排污系统，确保不破坏当地自然环境。

据《杭州日报》6 月消息：从德清县旅委了解到，2015 年一季度，德清乡村旅游接待游客 55 万人次，同比增长 28.2%，营业收入 1.16 亿元，同比增长 32.8%。与此同时，莫干山国家登山健身步道、环莫干山异国风情观光线、全球首个 Discovery 探索极限基地……丰富多彩的户外运动让德清乡村旅游变得有滋有味。

民宿产业为德清农房（特别是空余旧房）的出租带来了巨大的市场。2007 年高天成租民居的时候，一年只要 5 000 元到 8 000 元，而现在的年租金收入，则高达 3 万元到 7 万元。据统计，目前德清西部农房出租共计 160 幢，总计年收入 480 余万元，平均每幢每年收入 3 万多元。

民宿产业还带动了当地的就业。原来几乎无事可干的大叔大妈们，很多成了民宿的服务员。比如打扫房间的阿姨都是在本村或者附近村子里雇佣的，一个月的收入在 3000 元左右。这些年，当我们说起农村，大都会感慨于农村的空心化，年轻人不愿意留下，剩下的都是老人和留守儿童。莫干山的乡村却截然不同。在成为民宿产业的高地之后，它不但吸引本地年轻人回归，更吸引了全国各地的年轻人来这里寻梦。

莫干山，正在用它的真实经历告诉我们：绿水青山就是金山银山。

（资料来源：文化产业新视界　2016年7月16日，有删节）

近年来随着乡村旅游市场的开拓，以及在"大众创业、万众创新"的新环境影响下，民宿作为旅游市场的"新宠"，正成为旅游经济的下一个风口，小民宿开始撬动大旅游市场。当下中国民宿产业的快速兴起与乡村的多路径发展有着复杂的交织，民宿一方面肩负着促进乡村旅游升级发展、转变传统生产生活方式的重要功能；另一方面又承载着"新农人、新创客"对美丽中国乡村梦的追寻。多重功能的交织无疑让民宿成为近年来旅游圈中最热门的话题之一。民宿产业的兴起表明中国的文化旅游产业进入到了新的阶段，与当下的经济环境、产业环境、技术环境、生活环境和生态环境息息相关。

第一节　民宿发展概况

一、民宿的概念和辨析

（一）民宿的概念

虽然当下民宿正发展得如火如荼，但是关于民宿的定义目前却没有一个权威且精确的说法。最初的民宿起源于欧洲，是指利用自用住宅空闲房间，结合当地人文、自然景观、生态、环境资源及农林渔牧生产活动，为前来郊游或远行的旅客提供的个性化住宿场所。"民宿"一词的汉语翻译来自日本，经中国台湾地区传入内地。

从狭义上来说，民宿是指利用自有住宅空闲房间，结合当地文化，以家庭副业方式经营，提供住宿、餐饮等服务的场所，强调的是民宿的经营方式。从广义上来说，民宿是指一般饭店、旅社以外的具有独特吸引力的小型旅游住宿接待设施，强调的是主题的特色性。为了营造文化氛围、满足游客的情怀，民宿项目大多位于乡村、郊野或风情小镇。

各地区民宿类型各异，如日本的民宿（音 Minshuku），加拿大的假期农庄（Vacation Farm），英国的 Bed and Breakfast（B & B），欧洲大陆的农庄式民宿（Accommodation in the Farm），美国的青年旅舍（Hostel）、居家式民宿（Home Stay）。在我国，民宿一般指的是广义上的定义。

（二）民宿、客栈、精品酒店概念辨析

民宿、客栈和精品酒店这三者的概念边界模糊，现实中许多地方将这三者的概念通用，但从顾客体验出发，可以对这三者进行一个简单的辨析。民宿与后两者相比，其最大的特征是突出地域性和特色性，使顾客能够深入体验当地的民俗文化，与当地生活产生紧密的联系，从而收获不一样的旅行体验。另外，民宿有主人的人情味，具备家庭的尺度和氛围，追求的是心底的文化情怀，是非标准化的、不可复制的。而客栈、精品酒店与民宿相比，则少了一种主人氛围；且客栈和精品酒店大多是以营利为目的，是可复制的。

（三）民宿、农家乐概念辨析

民宿和农家乐一样，都是结合了当地的田园景观、自然生态与乡村人文资源而开发出的产品，很容易产生混淆。目前国内许多地方开展的所谓“乡村民宿”项目，实际上只是升级版的“农家乐”。从目的上看，民宿以满足游客的文化情怀为主要目标，而农家乐则是为了满足游客休闲娱乐的需求。从经营要求上来看，民宿要求精细和严格，从细节入手凸显文化氛围，使游客产生代入感，硬件设施也需达到较高的水准；农家乐在经营上则比较粗放，只要提供合格的观光、餐饮、住宿等服务即可。

二、国外发展历史与现状

有关民宿的起源有很多说法，较为公认的是民宿起源自英国。英国是工业化最早的国家，工业化的急速发展间接影响到农村发展与环境生态，因此英国是最早将农业与观光相结合的国家，也是欧洲发展民宿最完备的国家之一。20 世纪 60 年代初期，在英国西南部与中部人口较少的乡村地区，居民们为了增加收入开始经营民宿。

欧洲的民宿项目大多是观光农场的子产品，属于副业收入经营。民宿在欧洲虽然起步较早，但由于欧洲各国所在地理位置与文化存在差异，各国政府对于民宿经营的政策规定、各国民宿的经营方式都存在不同。

英国早期的民宿属于家庭式的招待，当时的民宿数量并不多，采用 B & B(Bed and Breakfast)的经营方式，即以提供简单的住宿与早餐为基本模式，这就是最早的民宿形态。经历百余年的发展，民宿逐渐从乡村走向城市，从农场走向景区，成为区域性旅游品牌，并且成为核心旅游吸引物之一。英国的 B & B 模式不同于嘈杂的青年旅社和一般的客栈住宿，主人通常会带游客去享受采收农产品、喂食牛羊的乐趣，体验乡村生活。英国政府对民宿项目进行分级认证，共分为四级，由观光局制定审查标准，同时还对单个民宿项目的规模做出了限制。

法国的民宿风格多样，从简单的小农庄到文艺复兴时期城堡里的复古客房应有尽有。法国政府为了保存古迹及乡村文化，鼓励民宿项目保存建筑的原始形态，对投入民宿行业超过十年的经营者给予建筑整修补贴，让游客可以感受到原汁原味的文化氛围。法国政府还规定一个民宿项目房间数不得超过 5 间，同时必须符合消防、建筑及食品卫生等安全规范，为游客办理保险。法国民宿联合会已成为世界最大的民宿组织，协助法国的民宿经营者运营项目，同时负责监督和检查民宿质量，对民宿项目进行评级，并向海内外游客推销法国的民宿产品。

在美国，民宿一直面临着文化传统、监管政策等多方面的障碍，发展受到了限制。全美国大约有 360 家民宿，其中 260 家被称为民宿，剩余 100 家被称为“类民宿”酒店，数量相对欧洲少得多。美国的民宿以居家式为主要特点，通常以青年旅舍、家庭旅馆的形式呈现，价格相对便宜。

在亚洲，日本的民宿发展起步较早。日本的民宿分为西式民宿和乡村民宿两种，划分依据在于经营者身份及民宿价位的不同。日本的民宿在管理上强调大众化的合理收费与自助性的服务，硬件设施特别注意安全、卫生，在软服务上富有家庭味、乡土味及人情味。另外，日本的民宿经营者也非常重视利用天然资源，除了在住宿与餐饮中融入当地文化特色外，还配备了运动、休闲、娱乐等功能，让游客能够充分享受悠闲的住宿环境。为吸引游客，日本民宿经常推出各种体验项目，均以当地独特的生产生活方式为主题，例如采蘑菇、烧炭、做豆腐、捏寿司押花、捏陶、观星、地方祭典等。

三、国内发展历史与现状

在中国，台湾是较早发展民宿的地区。台湾地区民宿起步于 1981 年左右，当时垦丁国家公园为解决住宿不足的问题，衍生出一种简单的住宿形态：有空屋的人家挂起民宿招牌或直接到饭店门口、车站等地招徕游客，台湾地区的民宿产业由此产生。20 世纪 90 年代，台湾地区有关部门为了增加原住民的收入，鼓励原住民经营民宿，其他非原住民地区的民宿产业也借势发展。同时期，台湾地区大力推动观光农业发展，更进一步刺激了民宿产业的兴起。台湾地区也对单个民宿项目的规模做出了限制，一般民宿客房数须在 5 间以下、特色民宿客房数须在 15 间以下。有独具特色的创意理念和设计风格是台湾地区民宿的显著特征，民宿经营者规划出有特色又好玩的活动，制定民宿的目标客户群体，让游客在亲近大自然美景的同时，还能创造更为不一样的美好体验。发展至今，全台湾地区民宿已有5 000余家，近趋饱和。新建的台湾地区民宿开始往大型和豪华的方向发展，耗资巨大。淡旺季客流量的明显差异也是影响台湾地区民宿进一步发展的一大障碍。

中国内地的民宿产业起步于 20 世纪八九十年代，最初是由农民自发创办，以迎合游客住宿的需求。近年来随着经济结构转型，乡土文化情怀集中爆发，城镇化进程加快，传统农村生产方式衰落，互联网分享经济兴起，面向特定消费群体的小众产品迅速增多，乡村地区的交通条件改善，大众的个性化旅游需求急剧膨胀，我国民宿正逐渐由缓慢发展阶段转向快速发展阶段，掀起了民宿发展的热潮。内地的民宿产业虽然起步较晚，但发展迅猛。截至 2015 年上半年，我国民宿有超过 4 万家，民宿行业从业人员约 84.7 万人，市场规模 112 亿元。

当前内地的民宿产业发展面临四大问题。一是许多民宿项目由当地政府自上而下规划，整齐划一、毫无生气；二是许多民宿经营者单纯以营利为目的，缺少见识，审美观念落后，缺乏生活情趣；三是在对投资的看法上，民宿项目回报周期漫长，许多经营者为了收益而压缩成本，牺牲情致；四是相关法律法规还不健全，从城市进入到乡村的民宿经营者一般无法获得房屋的产权，只能以租赁、承包等暂时性的方式获得经营权，存在风险。

内地的民宿项目主要集中于江浙地区、广东地区以及西南地区的旅游城镇，其他地区的民宿项目也在悄然兴起。部分地区出现了民宿过热、过剩的问题，发展缺乏规划，分布零散，定价偏高，趋利性明显。一些客源条件达不到的地区不应盲目跟风建设民宿，而应当依据自身条件，相应地发展农家乐等基础项目。

2015 年 8 月，国家旅游局公布了首批 20 个“中国乡村旅游创客示范基地”，为全国乡村民宿旅游的发展提供了样板，也体现出有关部门对于发展民宿产业的重视。2015 年 11 月 23 日，《国务院办公厅关于加快生活性服务业促进消费结构升级的指导意见》发布，指出要积极发展客栈民宿等业态。这正式标志着客栈民宿业的合法化，也将带来后续的扶持政策，利好客栈民宿业的发展前景。

第二节 民宿的分类与特点

一、民宿的分类

民宿有很多种分类方法。简单来说，根据民宿所处位置可以分为乡村民宿和城市民宿两大类。乡村民宿是以乡村文化为内涵，多依托景区或者地域特色资源而发展，乡土气息浓厚；城市民宿则由小村落发展而来，多以公寓大楼的形式呈现，以现代风格的建筑为特色。

根据民宿的功能进行分类，则可分为纯粹住宿型和特色服务型两大类。纯粹住宿型民宿一般邻近景区，依托周边景区的人气而发展，具有干净清爽、价格低廉等特点；而特色服务型民宿，通常自身也是旅游吸引物，通过结合周边资源，打造温泉养生、乡村运动等特色主题，提供生态观光、农业体验多项服务，如农园民宿、温泉民宿等。

根据民宿产权进行分类，则可划分为传统民宿和社会型民宿两大类。传统民宿通常利用自用住宅空闲房间，以家庭副业方式经营；社会型民宿则通常是外来投资者租赁，以家庭主业方式经营。

纵观世界各国的民宿，或文艺范十足，或朴素平实却温馨自在，或千姿百态设计精巧，民宿经营者用自身的品位、细心的经营、周到的服务，在提升游客满意度、优化环境建设以及增加营收之间探索出一条平衡的发展路径。这一切的背后还离不开政府、行业协会、民宿经营者等多方主体的共同努力。

二、民宿的特点

（一）利用居民自有房屋，经营灵活

民宿项目大多利用位于乡野的空闲房屋，当地人可以利用自家的空房开发民宿，外来经营者也可以通过长期租赁、承包、收购等方式利用当地乡野的空房进行规划和开发。民宿项目在经营上也十分灵活，一般由民宿主人自己、家人或朋友来经营，他们多为理想主义者，开办民宿以满足文化情怀和结交朋友为目的，没有固定的工作时间和工作模式。民宿项目以提供住宿服务为主，同时也可选择提供配套的如乡野休闲、娱乐和养生等一系列服务，服务的自助化程度较高。

（二）给游客心灵的归属感

在民宿的设计和布置上，民宿经营者会按照自己心中“桃花源”式的理想家园进行建设，在景观设计和装饰布置上都十分用心，这样也能够引发前来居住的游客的内心共鸣，让游客有一种梦想实现的美好感受。

在软环境的建设上，民宿的经营者也扮演着至关重要的角色。民宿经营者要求发挥特性，展现个性，体现温情，和游客交流、交心，让客人有一种心灵的归宿感。民宿会努力营造出温馨化的氛围，民宿经营者一般会在“心”上做文章，用真心和微笑善待远方的客人，让游客住进民宿就像是回到了一个温馨的家，感受到浓浓的人

情味儿。

（三）类型丰富，主题多样

世界上没有两座相同的民宿。民宿的主题选择和设计会受到自然环境、文化环境、硬件基础、资源禀赋、民宿主人不同的文化情怀和审美情趣等因素的影响而形成较大差异。民宿起源于乡村，现在也出现了存在于城市、景区、郊野中的民宿。民宿项目与周边环境融合度较高，保留了当地的生活特色，借用环境、人文等要素，注意设计感与卖点，把住宿、餐饮、人物、物产等结合起来，让游客感受不一样的生活方式。民宿是极具个性化的产品，个性化是民宿的生命力，其布景和装饰都融入了设计师个人的文化创意，能够对有着相同爱好的游客产生较强的吸引力。

（四）乡野休闲气息浓郁

民宿经营者都有一种田园情结，他们总希望能回归田园，做个自由创业者，在青山绿水中享受隐居般的生活，也为游客提供"梦里老家"一样的地方，因此他们规划设计出来的民宿项目大多带有浓郁的乡野休闲气息。游客可以在民宿里感受乡野的静谧、环境的清新、空间的开阔、风景的美丽，同时民宿本身的装修设计也让游客体会到当地特色的乡野情趣。有的民宿还会提供乡野美食、瓜果采摘、户外运动、品茶读书等配套服务，让游客全方位地感受隐居乡野之中的安逸生活。

第三节 民宿的策划与管理

一、民宿策划的原则

（一）主题性原则

成功的民宿一般都有明确且有内涵的主题，并且围绕主题延伸到不同的景观空间中。一般的民宿项目会结合所在地域的自然与人文特色选择主题。在地域特色不明显的情况下，可以适当引入田园乡村、家庭主题或者异国风情、怀旧主题，还可以是原住民、人文艺术主题。民宿中不同的房间可以围绕主题采用不一样的装饰设计，造成差异化的景观体验，给游客留下深刻印象，同时提高游客的"回头率"，提高主题民宿的可持续经营价值。

相对于一般的乡村旅游景观，民宿最独特的地方就在于拥有突出的主题和特性，对空间环境与乡村环境能够很好地进行衔接，对乡土性、地域性文化能够处理好传承与创新之间的关系。通过时间、空间、文化以及肌理等相关意象的叠加，构成丰富而饱满的感知信息，并形成相互存在、彼此联系、相辅相成的精神拓展空间，使得民宿蕴含的主题和寓意跃然其间。

案例 8－1

江苏无锡灵山拈花湾的禅意主题民宿

位于江苏无锡灵山风景区附近的拈花湾，是一片以禅意为主题的民宿集聚区。拈花湾的创作原委，是在灵山佛教文化朝圣观光的基础上，以小镇作为禅意生活体验的空间载体，通过在小镇上居住、休闲、游赏，扩大游客体验的时空范畴，丰富文化体验的业态与内涵，与无锡灵山朝圣观光项目形成良好的互补态

图 8-1 无锡灵山拈花湾·禅意主题民宿

势，打造出完整的灵山圣境文化体验闭环。拈花湾名称来源于佛教禅宗，"世尊于灵山会上，拈花示众，是时众皆默然，唯迦叶尊者破颜微笑"，由此"拈花一笑"也成为禅宗的代表。拈花湾很好地抓住了禅意生活美学的主题，从而让情怀落地。

拈花湾的禅意生活设计和囊括食、住、行、游、购、娱的旅游休闲体验，较好地把禅文化表达和游客消费体验相结合，显得十分自然，让人不自觉地想在这里住下，在这里生活。在拈花湾，可见其设计者在禅意美学上下了极大的功夫，从山水构景、街道景观、楼阁建筑、屋顶栏杆，乃至一砖一瓦、一草一木，都体现了极致的禅意美学，且较好地避免了重复与单调。拈花湾在旅游景观节点的设置、游线的组织、旅游活动与产品的设计上十分讲究，让人步入禅境、渐入佳境，进入一种"此中有真意，欲辨已忘言"的深度体验状态。

（二）特色性原则

突出特色、彰显个性是民宿项目的灵魂所在。民宿所在地经过长期的社会发展所演绎出的故事、遗迹、传说等，都是策划民宿文化主题的良好素材。民宿的特色来源于地域性与乡土性，更来源于返璞归真的生活本性。环境资源特色、人文资源特色、生活景观体验特色、建筑特色、民宿经营者特色、当地地方美食特色等都是构成民宿项目整体特色的重要因素。这些特色能让民宿项目具有鲜明的个性特征，避免陷入同质化竞争的困境，能够对具有相同爱好的游客产生极大的吸引力，同时使前来居住的游客印象深刻、留下美好的回忆。

案例 8-2

意大利马泰拉岩穴旅馆的“岩穴”特色

图 8-2 位于意大利马泰拉的岩穴旅馆

意大利的马泰拉市是一座历史名城，可以见到旧石器时代的聚落遗迹。位于马泰拉核心的 Sassi（意大利语“石头”之意）地区遍布了天然洞穴、石造屋舍、弯曲的小路和以泛黄石灰岩为铺面的建筑，联合国教科文组织于 1993 年将这里列入世界文化遗产。这些遗产成为当地民宿特色的不二素材。在 Sassi 的中心地带，一处 17 世纪的荒废洞穴和内部庭院经过建筑师的改造，摇身一变成为别具特色的“Corte San Pietro Hotel”岩穴旅馆。

面对历史建筑，设计者努力与其对话，试着创造一种纯粹性。所有的客房都采用严谨的色调控制其氛围，如石头的米白色、木材的棕色、钢材锈蚀的颜色，毫无突兀之处。这样的空间色彩宛如用色卡对照过那样精准。岩穴旅馆的场所不会给人死寂感，而是形成一种极具吸引力的辨识性，能够与舒适性以及精致典雅的设计创意彼此融合。设计团队不断寻求房间设计和周围景观之间的关联性，在每个房间的装修上搭配了不同比例的当地石材、木头与铁件，组合成迷人的设计风格。即便是很普通的元素，在与文化特色结合后也会变得活泼而具现代感。室内摆设采用了大量的老物件，比如经过修复的旧家具和传统金属构件。上百年的板栗木板凳被改造成了门板、书架或桌子，旧木椅的框架也被改造成毛巾架，原木则做成凳子或床头柜。房间内的装饰元素完美地呈现了岩穴旅馆的特色。

（三）体验性原则

如果一个民宿仅仅只能提供住宿服务而没有其他体验项目，那么它很难吸引游客深入乡野。重视旅游的体验性是民宿区别于一般农家乐的核心所在，这种交互体验归结于“游客、民宿环境、民宿经营者”三位一体的模式，同时通过多元素的整合，渗透到整个旅游过程的体验中。例如对于民宿的装饰，可以融入主人的审美喜好，让来客感受到主人的情趣,在情感上形成主客交流,增加人文关怀。民宿主人甚至可以邀请游客参加家庭聚餐,让游客体验到家庭的温馨。

将一系列体验活动和休闲产品加入到民宿项目中,可以提升民宿的附加价值,提高民宿的可塑性与体验性。在游客越来越重视旅游体验的今天,民宿因其独特的旅游体验方式,借助对主题文化与地域文化交融的重视,同时通过不同的景观空间营造,使游客能与环境进行交流互通,并利用时间的停留与空间的开拓延伸,从而达到农耕文化的哺育效益,极大提高了游客旅游体验的丰富程度。

案例 8－3

南非 Babylonstoren 农庄丰富的体验项目

图 8－3 位于南非开普的 Babylonstoren 农庄

位于南非开普的农场式酒店 Babylonstoren 是世界上保存得最好的农庄之一,建于 1690 年,庄园宅邸建于 1777 年。Babylonstoren 农庄包括一个主要居住区,一个老酒窖,一个用于储存麦子和稻草的谷仓,一系列的生活服务性建筑,另外还有钟塔、鸡舍、鸽笼和环绕的传统白墙,白色墙体在夏天有很强的隔热效果。有些原本用于居住的房屋被改建成了客房,冬天房间里有壁炉可供取暖。一个废弃的部落小村被改建为一个饭馆。

Babylonstoren 农庄的体验性特别强,而且能够最大限度地满足不同类型游客的体验需求。想要健身、慢跑、游泳、徒步的客人,都可以在这里找到自己喜欢的度假方式。想要休闲放松的游客可以啜饮一杯美酒,尽情慵懒,还可以在水疗中心享受按摩,或在全白色、多用途健身室里跳舞、练瑜伽。若是探险爱好者,可以花一整天时间观赏鲸鱼或体验潜水。Babylonstoren 作为农庄,自然会提供有特色的园艺活动。他们会邀请客人参与种植、修剪、采摘各种各样的农作物,如水果、药草、干果、香料和蔬菜,犹如农场探索游戏。当然,客人也可以自由采摘自己喜欢的蔬菜,一半的客房都配备有独立厨房,游客能够在设备齐全的厨房里调制美食。

（四）跨界性原则

跨界发展已成为民宿产业的一个重要创新与突破。例如民宿与文化创意产业的融合，许多民宿项目在装饰设计、经营理念、体验互动、商品开发等方面进行了文化创意的开发。

民宿与商品零售、工艺品售卖也可以融合。要想拓展盈利渠道，民宿里的器物是一个极好的途径。许多游客住过民宿之后觉得枕头特别舒服，或者哪个摆件特别好看，就可以出钱买走。一些民宿经营者还会将当地的土特产品进行创意化的包装出售给前来居住的游客，成为热销的民宿旅游产品。

在民宿与其他产业跨界融合方面也做了大量尝试，包括互联网、金融、农业等多方面。例如民宿与金融的跨界整合，有的民宿项目面向大众采取众筹、合作、战略投资等模式，把众筹引入到乡村改造中来，让多个投资人一起享受收益分红。

案例 8－4

河北滦平“唐乡”项目的跨界经营

图 8－4　位于河北滦平的唐乡项目

位于河北唐山市滦平县的民宿“唐乡”项目，其选址的前提条件就是中国传统村落或符合传统村落评定条件的村庄。传统建筑不同于现代建筑的最大价值就是历史性，传统建筑的一砖一瓦、一草一木都是具有唯一性的宝贵文化资源。因此，乡村文化是唐乡建设的根基，文化创意是乡村再造的有效途径，而保护乡村、保护传统村落、活化乡村生活正是唐乡建设发展的终极目标。

唐乡在开发运营中非常重视文化创意商品的开发。以传统地域文化为灵魂，唐乡项目使当地农村传承多年的“老手艺、老绝活”焕发青春，重放异彩。荆条编制、玉米苞制作、旋葫芦条比赛、剪纸表演、山茶药茶制作、满族二八席传统烹饪等农村老手艺办成了乡村文化体验的重要内容。浓郁的乡土文化被包装成一批独具特色的旅游文化产品，极大地丰富了旅游的文化内涵。当地特产的粗粮、土鸡蛋、黄芩茶、蜂蜜等都通过唐乡团队的创意包装成为热销的旅游商品，不仅增加了自己的收益，同时也带动了全村居民的增收。此外唐乡还开发了唐乡文化T恤、定制明信片等文化创意商品，成为宾客来唐乡住宿之后乐意带走的伴手礼。

二、民宿的管理方式

（一）政府引导，制定规范

政府对民宿产业要进行宏观指导，维持供需平衡。一些民宿发展较早的地方，民宿的数量已达饱和甚至供过于求，有关部门应该根据区域的承载量合理评估区域内开设民宿的数量，避免恶性竞争。政府要进一步健全和完善审批机制，包括申请程序、审批办法、管理制度等，授予合格的民宿以合法市场地位。对于在历史建筑中建设的民宿项目，政府还要对文物保护工作进行监督。

民宿产业在发展过程中还需要政府提供服务与政策支持，以解决配套设施建设、旅游市场定位、卫生监督、产权所有、安全保障等一系列民宿经营者难以解决的问题，从而鼓励更多人投入到民宿产业中来。在旅游淡季，当地政府还可以通过创造节庆与事件，促进民宿消费。

参照英国、法国、日本和中国台湾地区等地发展民宿的经验，政府还要在民宿服务规范的制定上发挥作用，推动民宿标准化发展，防止盲目上马、以次充好的情况发生，保证民宿旅游的整体质量和运营规范。各地要结合区域特色制定地方性标准，建立民宿服务规范标准。目前，浙江、广东的许多县市都已经制定了当地的民宿服务标准或规范。

（二）大众创业，调动积极性

民宿发展已经进入了众创时代，即普通大众成为创新主体的时代。因为有了互联网，个人拥有了控制生产资料的能力，创客群体开始出现。在文化创意产业与旅游产业融合发展的当下，民宿产业领域也诞生了一批创客。他们运用自己的创意去设计民宿，可以向有更高层次需求的游客收取更多费用。

在“大众创业、万众创新”的时代背景下，越来越多的文化创客群体通过自身的创意去改造乡野，重新定义了乡野的价值。政府相关部门在民宿管理上的职责应仅局限于出台政策和对民宿项目的支持、协调，而不应去干涉民宿旅游的具体设计和规划，这样才能充分发挥出文化创客个体或团队的创造力，调动更多有才华的创客投身民宿产业的发展。

（三）行业协会，自组织管理

由于民宿多为个人、家庭或者小型团队兴办，个体缺乏发声的渠道与社会影响力，为了能更好地促进民宿产业的发展壮大，民宿经营者需要聚沙成塔，众志成城，积极组建行业协会，采用自组织的管理模式。

另外，民宿产业的发展也需要行业协会的引导。政府预算与人员有限，无法单独有效执行行业管理，也不了解民宿业第一线的业态变化。民宿行业协会正好可以补充政府的不足，也可顺势引入行业自律的功能。政府与民宿行业协会的合作是民宿产业管理的大趋势。

民宿行业协会的主要功能有：下情上达，让政府有关部门了解到民宿经营者遇到的问题，寻求解决的途径；政策倡导，为政府出台相关的民宿扶持政策提供建议；合作营销，将当地的民宿经营者组织起来开展统一的营销，以形成更强的影响力；联络感情，促进当地民宿经营者之间的交流，激发更多民宿创意的产生。

（四）扎堆聚集，形成规模效应

国内民宿经营得不错的区域，例如浙江莫干山、桐庐、松阳，云南的大理、丽江等地，民宿产业都呈现出扎堆聚集的特点，成行成市，形成了规模效应。由于民宿的个性化特征比较明显，民宿之间的竞争关系比较淡，取而代之的是共享共赢的关系。一个上规模的民宿集聚区能够满足游客对不同价位、不同主题风格、不同项目服务的需求。一般很少有游客愿意为了单独的民宿项目而深入乡野，民宿的扎堆聚集能够对游客形成更强的吸引力，吸引更多客源。

同时，民宿聚集形成一定规模的社区之后，能够解决许多民宿经营者遇到的实际问题，比如供水供电设施、交通条件等难题，经营会取得事半功倍的效果，服务质量也会得到明显提升。

三、民宿的运营策略

（一）品牌化运营

民宿是一种非标准化的住宿服务，个体经营是行业的主流，但也诞生了许多知名的民宿品牌。民宿在运营的过程中打造品牌可以有效深化在游客心目中的形象，强化项目的识别性，能够有效避免其他运营者的模仿和抄袭。打造品牌还有利于民宿运营团队在其他地区开辟新的民宿项目，扩大经营规模，使新项目能够较快得到游客的认可。

在民宿品牌化运营的过程中，要将品牌的标准化统一管理和民宿本身的个性化、人格化特质结合起来。品牌应当是一种文化理念的代言、一种服务质量的代言，而不应影响到新的民宿项目的规划和设计。民宿的品牌化运营不应对设计、管理、服务把控得过细过严，不同的民宿项目仍要注意差异化和个性化的塑造，避免简单的项目复制。

案例 8－5

花间堂的因地制宜

图 8－5　民国风与现代风交融的同里花间堂·丽则女学

花间堂是国内知名的民宿连锁品牌之一，起源于云南丽江。目前，花间堂已经在丽江、束河古镇、香格里拉、苏州城区、周庄古镇、同里古镇、无锡阳山、杭州西溪、四川阆中开设了9家店面。为了让每一座花间堂民宿都有温度，在选址之前，创始人张蓓都会亲自体验当地的文化和四季变迁，取材当地文化，为每一座民宿赋予不同的故事。因为有了故事的滋养，每一座花间堂都成了独一无二的存在。

如选址同里古镇的"同里花间堂·丽则女学"，以民国时期的名校风华为主旨，打造开放图书馆、花间集市、露天电影院及风雨操场等空间，并开设国学课堂、多肉草木实验室，让入住者从中可触摸到历史的记忆。而坐落于无锡阳山镇的"花间堂·稼圃集"则是向传统田园生活的诗意回归和诚恳致意，在还原田园建筑的同时，还开设花间市集，展卖当地手工艺品、有机农产品等特产，使游客能够"零距离"与当地文化对接。

（二）运用互联网思维

互联网思维，就是在移动互联网、大数据、云计算等科技不断发展的背景下，对市场、用户、产品、企业价值链乃至对整个商业生态进行重新审视的思考方式。只有拥抱互联网的民宿才能有更多机会获得竞争优势。在互联网的技术背景下，即使位置偏远的民宿也能够让目标群体找到并抵达，这就为那些地处偏远、环境优美、具有文化特色的民宿提供了机会。

民宿在经营过程中要善于运用互联网平台。作为一种体现文化情怀的特色产品，国内还缺乏具有影响力的专门运营和推广民宿的平台，游客缺乏了解和寻找民宿的渠道。民宿经营者可以借助已有的旅游类互联网平台，推广自己的民宿产品，并能够随时在线下单、在线回复客人的咨询。在推广宣传上，民宿也要抛弃传统的做法，多利用互联网的各种社交、宣传平台，发布宣传信息、旅游攻略、景区游记等，吸引更多游客的前来。

案例 8－6

清境休闲：开启莫干山民宿的"互联网＋"时代

莫干山处于江浙沪的核心地带，环境优美、景色宜人，聚集了一批高质量的民宿项目，是时下热门的国内出行目的地之一。清境休闲是在莫干山大热的情势之下应运而生的一个互联网平台，最初只涉及庾村1932文创园、清境原舍和清境农园三家，在历经两年的在地运营与品牌推广之后，越来越多的人通过清境休闲的平台以了解其在乡村建设以及乡旅产业上所做的推动，成为莫干山的热门话题。

在累积了丰富的运营与推广经验之后，清境休闲将经营方向从原有的自营产业扩大至整个莫干山的旅游产业联动，聚拢了莫干山各大民宿与各类业态，整合并深入挖掘莫干山旅游资源，不断丰富自身的内涵与价值。从民宿预订到有

图 8－6　莫干山庾村一角

机农场和陶艺体验，从骑行活动到山间温泉等，清境休闲作为莫干山线上第一手旅游资讯站，为人们提供了从游玩攻略到民宿预订等一系列全套旅游服务，同时也推出各类游玩套餐与配套打包活动，在既为民宿项目提供推广机会的同时，也为人们前往莫干山旅行提供便捷的选择方案。清境休闲还为在莫干山举行的会议、展览等活动提供全套的策划、落地和推广服务，在后端服务上作出战略提升。

（三）做好自媒体传播

目前互联网上的旅游预订平台对于标准化的传统酒店适用，而民宿是小而美的个体，属于场景范畴，其内核是社群商业。社群商业的要义便是去中介化，充分运用场景营销，在营销方式上明显区别于传统酒店。

民宿经营者要学会使用自媒体工具，包括微信、微博等媒介，让广大宣传受众自觉自愿转发推荐民宿项目是营销的核心目标。而受众对于旅游地只以项目的视觉体验和故事体验效果为自愿转发标准，所以民宿经营者要做足经营特色，作品就是营销，故事就是广告，找准自己的客户群，做到精准营销，效果往往事半功倍。

案例 8－7

浙江松阳过云山居的自媒体营销

位于浙江松阳深山之中的过云山居是由三个来自苏州的年轻人创作出来的民宿项目。过云山居处于海拔 600 多米的西坑村，在民宿中可以独自面对山谷，感受山谷之中的云蒸霞蔚，云气起伏于山中，仿若一转身就能抓一把，宛如仙境。2015 年 8 月，过云山居正式开业，前三个月的入住率就达到了 98%；即使在冬天的淡季，入住率依然在 95% 以上，被称为“民宿奇迹”。

图 8-7 过云山居中观赏云海的露台

有效的朋友圈推广经验是营销的关键。过云山居的合伙人之一潘敬平在旅游媒体有 14 年的经验，开业不到半年，主打生活短视频的知名互联网新媒体“一条”便播出了介绍过云山居的视频，新媒体平台的影响力加上项目本身的吸引力，使得过云山居一炮走红。“一条”的拍摄传播和媒体圈人脉的延伸，让过云山居在前期赢得了很多曝光机会，加上设计者廖敏智在设计时很好地突出了山居景观和榻榻米空间的禅意，为拍摄具有视觉冲击力的照片、视频等创造了条件，在各类社交媒体上的传播热度不减。过云山居还特别注重住客体验，主要依靠自平台来销售，回头客占比大约 30%。许多回头客向朋友积极推荐，在相关旅游平台上住客对过云山居也是好评如潮，吸引了更多的新客前来一探究竟。

（四）多方入手营造主题体验

体验是民宿的卖点和特色，不仅在民宿项目策划的过程中要设计令人难忘的视觉产品、体验项目，在民宿运营的过程中也要从多方面入手，为游客营造出美好的主题体验。即使投资巨大、材料贵重、技术先进，若体验不好，民宿的吸引力也不会高。

民宿的经营者要做好服务，例如对旅客采用亲近的称呼，服务人员穿着有特色的服装，在民宿中举办一些主题活动等，通过非常人性化的服务来创造民宿的溢价空间。民宿还要创造“偶遇”，打造一个有意思的生活体验场域，要以项目的视觉体验和故事体验，创造出富有体验和想象空间的高品质闲暇生活，吸引住客自愿转发。

案例 8－8

乌村的主题体验营造

图 8－8　乌镇乌村一景

乌村是乌镇旅业继乌镇东栅、西栅、北京古北水镇之后的又一力作，被誉为经典乌镇的延续。乌村采用独特的“一价全包”经营模式，游客预订一天的住宿套餐，即可享受住宿、一日三餐、乌村小吃、体验活动、西栅景区门票等全部服务，让游客在省心的同时能够得到极致的旅行体验。设计者根据乌村不同区域的特色，划分出了 7 个不同的住宿区域，被命名为渔家、磨坊、酒巷、竹屋、米仓、桃园以及知青年代，以独立的院落为主。

乌村每天都会安排丰富趣味的体验活动，比如竞走、乒乓球、广播体操、放风筝等体育活动，比如编织、扎稻草人、钩花、折纸等手工艺体验活动，比如烹饪、咖啡制作、鸡尾酒制作、烧柴火饭等厨艺体验活动，给游客提供充实的乡村生活体验。乌村有很多地方可以全天候品尝地道独特的江南美食，如青明粿、猫耳朵、白糖糕、鹅头颈、荠菜汤圆、煲仔饭、藕粉等等，全部是免费不限量供应的。作为原生态的农村，各种动植物也必不可少，游客可以在乌村感受麦田的气息，辨识五花八门的特色蔬菜，小孩子在这里还能和牛、羊、猪、兔子等动物亲密接触。在乌村，每一个工作人员见到游客都会亲切地打招呼，跟游客闲话家常，客气地邀请游客品尝各种小吃，邀请游客参加各种活动。当游客遇到难题时，任何人都会非常热情地帮忙。乌村将民宿的主题体验做到了极致。

思考题

在全国九大名关之一的武胜关下，有这么一个桃源村，北距信阳50公里，南距武汉120余公里，四面环山，居中地势平旷。一条溪流将村落一分为二，溯流而上，9个自然湾落如珠玉散落，次第排开。全村有2万多株柿树，其中树龄100年以上的有600多棵。每逢秋季，柿子成熟，一棵棵柿树上有如挂满了小红灯笼，在蓝天白云、青山绿水的映衬下，别有情趣。2012年，桃源村被确定为湖北省首批"绿色幸福村"建设试点。政府对村内的2万多株柿树进行了妥善保护，还着力实施生态环境修复工程。村内保留下来的石屋也经过了精心的修缮和维护，在保留原有建筑风格的基础之上加入了许多设计元素，焕发出古朴的风采。桃源村的美景吸引了许多游客自驾前来游览，目前村内已经办起了十余家农家乐或民宿，旅游业发展开始起步。

图8－9 湖北广水桃源村改造后的房屋

1. 请简述桃源村发展民宿的优缺点。
2. 根据所学知识，请你为桃源村提供一些民宿改造建议。
3. 根据所学知识，请你为桃源村民宿项目的营销推广提供建议。

案例导读

绿色产业　高位起飞

陶芳芳

近年来，湖南省长沙市天心区紧紧围绕商贸老区、金融强区、文化新区“三区”建设，突出招商引资，加大产业项目建设，优化服务产业结构，主动接轨城市消费需求升级的新形势、新要求，现代服务业已成为提升天心区经济实力、整体竞争力和可持续发展的支柱产业。

2015 年 1—9 月，全区实现服务业增加值 328.4 亿元，同比增长 12.3%，占 GDP 的 66.3%；金融、文化、旅游、餐饮、休闲等现代服务业贡献的税收达到 50%以上；全区服务业从业人员占社会从业人员的比重增加至 60%以上，服务业已成为吸纳新增劳动就业的主要产业。

“处处是文化，满眼皆历史。”这是人们给予天心区的美誉。作为千年古城，天心区聚集了长沙 60%的历史文化景点。天心阁、白沙古井、第一师范、贾谊故居等闻名遐迩的历史文化遗产，让这儿处处散发浓烈的历史味道；新世纪体育文化中心、简牍博物馆、省“三馆一中心”等标志性现代文体设施，彰显了天心厚重的人文气息。史迹为本，人文为底，令天心旅游成为天心支柱产业——2015 年 1—9 月，天心区实现旅游收入 77.2 亿元，同比增长 14%。

更令现代的天心区文化产业蓬勃发展——2008 年 4 月，长沙天心文化产业园成立，北起五一路、东至芙蓉路、西临橘子洲、南抵南湖路，总面积 8.5 平方公里；2011 年 11 月，文化产业园引进“中南国家数字出版基地”；同年 4 月，产业园再次引进“长沙国家广告产业园”。凭借“两园一基地”的发展格局，天心文产园晋升为“国家级文化产业示范园区”，获评“中国文化创意产业最具发展潜力的十大园区”。以文化为发展基调，以创新创意为发展蓝本，园区实现文化、创意、科技三类产业要素结合发展。借力几大服务平台，培育出酷贝拉、新活动传媒、中元文化等创意服务公司，金诚信、欣之凯、幻之城等动漫游戏公司，吸纳新浪湖南、银河动漫、振企信息等一批广告、软件、建筑、专业设计公司进驻。至 2014 年末，园内共集聚各类文化企业 800 多家，其中龙头企业 20 多家，规模以上文化企业 60 多家，文化产业从业人员 10.8 万人。这些企业，不断刷新着园区、天心、长沙乃至湖南的美誉度。

田汉、琴岛天天演出，场场爆满，造就了歌厅文化的“长沙现象”，他们的演出跨越湘江，他们的美誉传向全国；酷贝拉在创新“职业文化体验”模式，为少年儿童提供 70 多种社会职业体验，被授予“中国青少年体验教育基地”。中广天择策划制作的电视剧《士兵突击》、《花样年华》、《大爱东方》获广电总局表彰；和光传媒创作的《毛泽东》在央视一套和湖南卫视同步播出，一举创下近年来同类题材收视高峰；《长沙保卫战》成功走上国际舞台，荣获第 16 届俄罗斯国际电影电视节特别大奖……荣誉的背后，产生着巨大的经济效益。如今，文化产业已成为天心区支柱性产业。

文化产业园的成功经验，让天心区尝到了甜头，开阔了为政者加快发展的视野。2015 年，他们在暮云经开区挂牌成立湖南首家地理信息产业园，研究制定了《关于促进地理信息产业园发展的实施意见》，签约落户行业代表企业 10 多家。下一个千亿元级地理信息产业集群正悄然崛起……

（资料来源：《湖南日报》2015 年 11 月 12 日，有删节）

进入21世纪以来，文化创意产业在中国高速发展，成为我国产业结构转型的重要拉动力量。文化创意产业在经济上的巨大成功使其成为城市经营与城市空间改造的首要选择，文化创意产业园区（下称“文创园区”）由此大量出现。文创园区以聚合力带动周边土地开发，形成了居住、娱乐、餐饮、购物、旅游等综合商业业态，衍生出了“文化创意＋旅游”的土地综合开发模式。而且文创园区在文化上塑造了城市的品牌，发展成为城市的新地标，涌现出一批创意城市、文化城市。然而，文创园区的“遍地开花”也带来了粗制滥造、同质化竞争、盈利困难等问题，关于文创园区商业模式的研究一直是相关领域的热点话题。

第一节　文创园区发展概况

一、文创园区的概念界定

文化创意产业园区是一种文化创意产业集聚化、规模化的表现形式。文化创意产业指的是开发和利用文化资源，融入个人的创意、技巧和才华，运用知识产权，创造出经济价值和社会价值的行业。文化创意产业的外延较为模糊，没有明确的产业边界，一般意义上包括广告、建筑、艺术文博、工艺品、设计、影视、音乐、演艺、出版、软件、会展等行业。

从纵向上讲，文创园区是通过文化创意产业在地理空间上的聚集，进而形成的一个适合文化企业发展、政策落地、项目孵化、投资管理、产权交易和后勤服务等集多种功能为一体的产业园区或街区。从横向上讲，文创园区是城市的文化资源与娱乐设施高度集中的区域，整合了文化生产、消费、工作、居住、休闲、旅游等多种功能，拥有独特的文化环境和氛围，是满足群众文化生活需求的一种文化综合体。文创园区具有文化产业园区、创意街区、产业新区和创意城市等不同的存在形态，以文化产业园区和创意城市两种主要的空间聚集形态为发展重点。与之相关的概念有“创意街区”、“旅游综合体”、“文化博览园”、“文化特区”、“文化产业园”、“文化产业集聚区”等，所指均与文创园区的概念相近，只是侧重点略有不同。

文化产业和旅游产业是密切联系、相互作用和相互促进的。从文化产业看，文化是旅游的灵魂和重要内容，以至于有旅游就必然有文化。从旅游产业来看，旅游者的流动为不同的社会群体及民族文化的交流创造了良好的条件，因而旅游是文化的载体和传播渠道。文创园区是大量的文化艺术人才聚集之地，园区环境讲究舒适、生活格调和品位，再加上众多休闲空间，使文创园区成为吸引众多游客前来休闲旅游的特色文化景观。

二、国外发展历史与现状

在西方国家，文创园区诞生于二战后的“城市更新”运动。早期的城市更新运动以大规模改造为主，破坏了城区的历史价值和艺术价值，引发许多学者的反思。20世纪70年代以后，单一内容与形式的大规模改造计划逐渐被各种形式的中小规模渐进式更新计划所取代，更多地关注人与环境的平衡关系，强调社区和居民参与更新过程的重要性，重视保护人文环境。在这样的背景下，以文化为主导的城市社区或园区规划的概念被广泛应用于西方国家。在城市重建中将发展文创园区作为一种战略措施并迅速落实的现象急剧上升，通过国际上大量文创园区成功实例的广泛传播与相互学习，国际社会也越来越趋同于将文创园区的开发利用作为城市发展的神奇工具。因此西方国家对于文创园区的概念更多强调一种"文化社区"性，即侧重于文创园区作为社区文化中心的功能，一般以文化街区、艺术空间等形式出现。

最早的文创园区可追溯至20世纪80年代的美国，将艺术文化特区作为活化振兴城市发展的策略，在匹兹堡、列克星敦和马萨诸塞等地都出现了文创园区的早期形态。如今美国的文化产业已高度发达，形成了洛杉矶好莱坞电影区、百老汇戏剧产业园区、纽约SOHO区等一批相对成熟的具有世界影响力的文创园区，催生和带动了以旅游业为代表的第三产业的发展，实现了城市价值的提升和园区影响力的全球化。美国文创园区的成功得益于相对自由的文化政策环境和成熟的法律法规保障，同时广泛的社会赞助为文创园区的发展提供了资金来源。

英国的文创园区发展起步较早。从20世纪80年代早期开始，对城市更新和文化发展的投资管控和治理成为英国文化、城市和经济政策领域的关键问题，许多学者支持为破败地区建立协调一致的政策进行文化导向的城市更新。20世纪80年代末，英国最早的文创园区——谢菲尔德文化产业园区建成。近十几年来，英国的创意活动集群数量迅速增多，有的是艺术家和创意人士自发在某地区聚集而形成，有的是当地政府有意将部分街区打造成文创园区以强化地方的创意环境。伦敦、伯明翰、谢菲尔德、纽卡斯尔等英国主要城市均提出了打造"创意城市"的目标，不断提供适合创新生产的物质基础、具有吸引力的公共空间、有趣的文化生活和完善的消费设施来吸引创意人士并保持创新环境。

德国在文创园区的建设上也比较成熟，尤其在工业遗址改造文创园区方面塑造了许多经典案例。以德国鲁尔区为例，许多废弃的工业建筑被改造为各类博物馆、美术馆、剧院等，鲁尔区的很多城市能够提供大量引人注目的文化设施和活动，结构性的产业改革正在慢慢推进，通过吸引文化创意产业的集聚来替代那些在全球化和技术改革中被淘汰的工业产业。

韩国的文创园区发展以政府为主导，形成了民俗村、韩流世界、HEYRI艺术村等比较成熟的文化产业园区。韩国政府设立专门的文化产业扶持机构，每年给予大量的资金资助，同时利用经济杠杆对文化产业园区实行多重优惠和奖励措施，比如在园区建设期间免除转让费、再造费并给予交通补偿等，设立专项基金扶持相关产业。文创园区的规划也由政府全权把握。

三、国内发展历史与现状

随着改革开放的深入和文化体制改革的展开，2002年11月，党的十六大正式提出要大力发展文化产业。之后中国各地掀起了一股"文化产业园区"的建设热潮，初步形成环渤海地区、长江三角洲、珠江三角洲三大文化产业带，云南、四川、陕西等地也形成了文化创意产业集群。

立足于中国文化创意产业的发展现状，划定具有相应资金和政策配套支持的文化创意产业集聚区、文化产业示范基地或示范园区等，是一种快捷简易、能够较快在物质空间上体现出成效的途径，因此这种政府引导下的产业集群式发展模式在北京、上海、苏州、厦门等各大城市中普遍采用。与欧洲国家严格的土地管理制度相比，中国更容易取得公共土地乃至私人土地用于文化创意产业的发展，因此国内文创园区的建设大多采用政府推动的"自上而下"的模式。截至 2015 年底，国内的文创园区数量已经超过了 2 000 家。

从规模大小来看，我国的文创园区可以分为大型、中型和小型三类。我国文创园区的规模和分布，大体与区域经济的发达程度相关。大型园区主要集中在北京、上海、广州等大型城市及一些沿海城市，小型园区则散见各处。由此可见，文创园区的发展，离不开总体经济状况的支撑。

我国文创园区的整体运营状况不佳，只有约 10%的园区能够实现盈利，大多数园区处于亏损、招商困难等局面无法自拔。我国文创园区的建设模式大多数注重财税优惠，依赖房地产等物质平台的搭建，运用招商引资式的传统工业园区开发模式，引进"候鸟型"的文化企业，在一定程度上实现了高速发展，但同时也造成了同质化竞争、假借文创园区之名开发房地产套利的现象。

自 2007 年开始，文化部开始评选"国家级文化产业示范园区"，每批入选 2 个。自 2011 年开始，文化部又开始评选"国家级文化产业试验园区"，每批入选 4 个。截至 2016 年 4 月，评选了五批共 10 家国家级文化产业示范园区，三批共 12 家国家级文化产业试验园区。从实际运营情况来看，不排除有些未能入选示范园区或试验园区的企业也有强大实力，也并不是所有入选的示范园区和试验园区都完全名实相符。

表 9－1　国家级文化产业示范(试验)园区名单(截至 2016 年 5 月)

类型	所 在 地	名　　称	入选时间
国家级文化产业示范园区	陕西西安	曲江新区	2007 年
	广东深圳	华侨城集团公司	2007 年
	山东曲阜	曲阜新区文化产业园	2008 年
	辽宁沈阳	棋盘山开发区	2008 年
	河南开封	宋都古城文化产业园区	2011 年
	上海	张江文化产业园区	2011 年
	湖南长沙	天心文化产业园区	2012 年
	四川成都	青羊绿舟文化产业园区	2012 年
	安徽蚌埠	大禹文化产业示范园区	2014 年
	甘肃敦煌	敦煌文化产业园	2014 年

（续表）

类型	所 在 地	名 称	入选时间
国家级文化产业试验园区	广东广州	北岸文化码头	2011年
	黑龙江大庆	黑龙江（大庆）文化创意产业园	2011年
	湖南长沙	天心文化产业园区	2011年
	河北曲阳	中国曲阳雕塑文化产业园	2011年
	福建福州、厦门	闽台文化产业园	2012年
	山东枣庄	台儿庄古城文化产业园	2012年
	吉林长春	东北亚文化创意科技园	2012年
	宁夏石嘴山	星海湖文化产业园区	2012年
	江苏南京	秦淮特色文化产业园	2014年
	浙江衢州	儒学文化产业园	2014年
	湖北武汉	武昌长江文化创意设计产业园	2014年
	西藏拉萨	西藏文化旅游创意园区	2014年

资料来源：文化部网站。

第二节 文创园区的分类与特点

一、文创园区的分类

文创园区可以按照不同的标准分成诸多类型。根据开发模式的不同，可以划分为"传统文化资源+新型创意产业化"模式、"艺术驱动+商业业态"模式、"特色创意建筑+创意商业"模式等；根据主要业态的不同，可以划分为科技和文化有机结合型、产业型、艺术型、休闲娱乐型、地方特色型、文化地产和文化商业区型等；根据产品的不同，可以划分为创作型、消费型、复合型和产业发展型等四类；根据园区的性质又可以划分成独立型和依托型等。

根据对国内外具有代表性的文创园区案例进行梳理，借鉴国外的发展经验并结合国内发展实际，本书着重从项目的资源基础出发，以旅游功能为核心，将文创园区划分为城市更新型、艺术聚落型、工业遗产型、产业集聚型、博物馆型等五种类型。

（一）城市更新型

即依托于对城市老街区进行"整体保护，有机更新"，或者整体新建现代化的时尚街区，通过营造风格统一、特色突出的建筑集群，并引进符合街区发展理念的现代商业业态，从而形成兼具文化与商业功能的文创园区。英国、法国、德国等欧洲国家的文创园区大多数属此类型。

此类项目的一般特点是：第一，位于城市核心区域，由于此类文创园区是在对旧城进行改造更新或者新建街区的基础上发展起来的，因此一般均位于城市的核心地带或者重点发展的地带，拥有广阔的市场基础；第二，地方文化特色浓郁，依托于老街区更新而来的文创园区本身就带有浓厚的地方文化特色，而新建的时尚街区类文创园区也会在建筑设计上突出整体特色；第三，一般需要政府的协调和支持，以处理好与街区原住民之间的关系问题，尤其是历史文化街区的改造还要接受有关部门对文物保护的监督。

此类项目可能会遇到的问题有：第一，对于历史文化街区类的文创园区，街区风貌提升与历史文脉保存出现矛盾，整治改造需要拆除部分老建筑，而新建仿古建筑则有损街区的文化真实性，需要协调好二者之间的关系；第二，街区商业化无序发展，导致过度商业化和文化失真等问题，引发文化商品化、环境恶化和恶性竞争等困境，需要合理控制街区的商业业态和规模，科学评估街区商业化程度；第三，街区居住功能和旅游功能出现矛盾，街区需要开放一定的居住空间来为游客提供深度的文化体验产品，而游客的进入也对街区原住民原有的生活秩序造成了一定的干扰；第四，文化创意不足，过分依赖历史文化资源，原创含量低，主题庞杂，缺乏层次性。

案例 9-1

上海新天地

图 9-1 上海新天地一景

在改造以前，上海的石库门里弄在许多年轻人看来，是破旧、拥挤、恶劣居住条件的集中表现。1996 年，上海市原卢湾区政府决心大力改造石库门地区 52 公顷的旧城，邀请了香港瑞安集团参与进来，于是有了“上海新天地”项目。新天地项目毗邻中共一大会址，有很多有关的历史建筑需要保护，周边的新建楼宇高度也受到限制。在种种制约下，新天地项目的设计方案定为将旧的上海石库门老房子外貌保留，内部全部翻新。由于这一过程需要付出比新建建筑高一倍的成本，许多同行纷纷表示出对新天地项目的不看好，但瑞安公司坚持了下来。

新天地街区从规划论证到引进商户都由投资方操作，政府仅提供服务，而不是规划建设的主体。这种方式不仅减轻政府在历史街区改造方面的资金和人才压力，也开创了全新的历史文化街区改造商业模式。改造后的上海新天地街区，不仅保留了历史建筑的传统风貌，对建筑修旧如旧、内部翻新，同时也穿插了大量呈现当代建筑艺术特征、极富创新意识的新建筑，将上海特有的传统石库门旧里弄与充满现代感的新建筑群融为一体。在街区的功能更新方面，新天地对原住民进行了统一搬迁，将居住功能转变为商业经营功能，引进国际画廊、时装店、主题餐厅、咖啡馆、酒吧等现代休闲业态，新建硬件配套设施，使新天地成为适合现代都市生活方式的休闲娱乐中心。

如今的上海新天地已成为结合历史原型探索文化表现新形式的典型代表，体现出了新天地"昨天，明天，相会在今天"的独特理念，延续了海派的休闲理念，成为人们领略上海传统文化和现代化生活的最佳地点。

（二）艺术聚落型

此类型的项目即依靠艺术从业者的自发性集聚，逐渐形成规模并产生外溢效应，游客受到艺术氛围的吸引来到园区，人流量增长进而吸引其他业态的入驻，从而形成以艺术创作为核心、以艺术产业链为主线、兼具休闲旅游等其他功能的文创园区。

此类型项目的一般特点有：第一，地理位置偏僻，由于一般艺术从业者的收入有限，会选择地价低廉的城市郊区的村庄或废弃的工业园区进行聚集，因此这类文创园区的位置在发展初期一般都较为偏僻；第二，一般多为从民间到政府"自下而上"的推动模式，先由艺术家自发聚集并逐渐形成规模，再受到政府关注并大力扶持，而"自上而下"政府主导的模式不适用于本类型的文创园区；第三，政府在后期的扶持非常重要，没有政府的扶持就不会产生较强的品牌效应，不可能吸引那么多为艺术家提供服务的上下游服务商。

此类型项目可能存在的问题有：第一，园区性质发生变异，艺术从业者的自发聚集是因为低廉的地价，而随着园区的发展，地价会升高，导致艺术家的迁移，其他产业逐渐占据主流，使园区的性质发生改变；第二，由于该类型园区缘起于艺术从业者的自发性集聚，因而可能会面对土地、产权、配套设施等方面的一系列问题；第三，难以留住人才，发展艺术产业需要高素质人才，尤其是领导的质量和人才管理、艺术管理和经纪人员，这对园区的人力资源管理提出了很高的要求。

案例 9－2

北京宋庄

北京郊区附近的一些农村地区，既靠近城市建成区，又拥有交通便利、空间充足、环境优雅、租金低廉等优势，能够吸引艺术家或文化团体的入驻，逐渐发展为独具城乡特色的艺术集聚区。这些集聚区凭借新农村建设的契机，能够积极利用政府资金和政策支持取得进一步发展。北京宋庄便是其中的一个典型案例。

图 9-2　宋庄美术馆

20 世纪 90 年代，北京圆明园画家村拆迁，部分流失的艺术家便转移到了小堡村，逐渐形成名噪一时的“宋庄画家村”。宋庄的影响力、规模和创意群体在之后的十多年里不断扩大，甚至遍及周边的数十个村庄。在宋庄，建筑面积在数百甚至上千平方米的私人美术馆和博物馆有 100 多家，多种层次的艺术家 5 000 多人。这里的艺术品有油画、水墨、现代装置、雕塑，也有传统国画、书法。这些艺术品的价格有数百万元甚至上千万元一件的，也有几百元的。只要喜欢艺术，来到宋庄都能有所收获。为了让宋庄的艺术家能广泛地宣传艺术作品，宋庄政府组织提出了“定规划、造环境、搭平台、树品牌”的一系列整合发展措施，成立了北京文创国际公司，建立了中国宋庄艺术品交易网，并成立了专为艺术家服务的律师事务所。

通过房屋出租、后勤服务、协助创作、土地租借等多种途径，宋庄当地的农民分享到了文化创意产业在经济增长、产业升级、环境面貌改善等方面带来的巨大收益，收入水平显著提高，生产生活方式也日趋城市化。宋庄也曾面临被拆迁的境况，但是艺术家们的联合抵制保留住了这片艺术文创园区。目前政府自上而下的建设和艺术家们自下而上的个体发展逐渐步入了良性循环。

（三）工业遗产型

工业遗产即具有历史价值、技术价值、社会意义、建筑或科研价值的工业文化遗存。工业遗产型文创园区指的即是通过文化创意产业的融入，对工业遗产的空间进行再利用的一种保护模式。根据再利用途径的不同，此类型的文创园区又可细分成主题博物馆与会展、工业体验旅游、主题景观公园、创意产业集聚区和综合开发等五种模式。工业遗产所具有的科研、科普、文化、教育、休闲价值和内在精神是此类型文创园区的主要卖点,而满足游客的怀旧心理和对工业生产的好奇心是此类型文创园区的着眼点。

此类文创园区的主要特征有:第一,整体性强,需要对工业遗产区域有较为全面宏观的保护和再利用规划,尽量保留工业生产时期的面貌,形成风格独特的园区;第二,考虑到工业遗产区域一般位于城市非中心地带,且按国家文物局的指导意见,改造后的文创园区功能以提供公共服务或文化服务为主,同时兼顾商业功能;第三,除了工业遗产建筑和环境景观的规划设计之外,此类型的文创园区再利用还要关注一些细节,如档案资料的活化利用、文化主题的打造、文化资源的挖掘等。

此类型文创园区可能面临的问题有:第一,经济收益少,由于改造工业遗产成本较高,目前也缺乏较好的盈利模式,收益和成本在实践中基本相抵消;第二,工业遗产型文创园区对地方经济发展的带动作用有限,旅游创造的新就业永远无法弥补原工业关闭所导致的失业;第三,工业遗产型文创园区把生产基地变为文化、商业活动区域,可能因为涉及不同的发展目标而产生冲突和对立。

案例 9-3

德国埃森关税同盟煤矿工业区

图 9-3 德国埃森关税同盟煤矿工业区一角

德国埃森关税同盟煤矿已有百余年的历史,20 世纪初一度是世界上最大的煤矿。从建筑上来说,这里也被称为“世界上最美的矿区”,当年的煤矿主人邀请世界著名建筑师于 1927 年至 1932 年为这里设计了别具一格的工业建筑群。建筑师们根据对称性和几何学原理,在钢结构中大胆采用红砖外墙,构思巧妙,构图和谐,这种建筑式样时至今日仍然满足最为苛刻的审美要求。1986 年煤矿被关闭,不久之后被列入德国文物保护之列。1998 年德国政府成立了基金会对这一工业建筑群重新利用并加以保护。2001 年联合国教科文组织将埃森关税同盟煤矿工业区列为世界遗产。2010 年,德国埃森市入选“欧洲文化之都”,关税同盟煤矿工业区成为埃森市的文化和艺术中心,也是整个鲁尔区的文化中心。

> 如今，游客可以在矿区内很快了解煤从开采到加工的全过程。徜徉在保留原始风貌的小道上，昔日的筛煤车间、煤仓和洗矿场、巨大的机器和传送带以及如林的炼焦炉和六根巍峨的大烟囱令人眼花缭乱。各式各样的模型、精彩纷呈的影片和高端先进的展示设备极大丰富了游览内容。坐落在工业区内的红点设计博物馆每年举办世界上规模最大的当代设计展，并为优秀艺术作品颁发“红点奖”。建筑物作为纪念文物被翻修一新，许多厂房建筑深受艺术家青睐，经常在这里举办各种艺术展览，上演戏剧或者各种大型活动。而且这里也成为一个深受欢迎的休闲娱乐场所：夏天，人们可以在用集装箱焊接的游泳池内游泳，或者蹬着一部大轮子车在焦化厂的老炼焦炉之间兜风游览；到了冬季，这里百米长的一条水渠就成了天然溜冰场。

（四）产业集聚型

此类型文创园区即通过吸引文化企业和行业集聚及相关产业链汇聚，对区域内文化及相关产业发展起示范、带动作用，同时利用园区的优美环境和文化氛围发展旅游业，从而发挥园区经济和社会效益的区域。可以在园区内按照纵向价值链、横向产业链和协同网络链的全产业价值链结构，形成创意设计集群、生产制作集群和消费体验集群等。

此类型文创园区的一般特征是：第一，产业性较强，以文化及相关产业产品的生产为主，具备文化资源整合、文化创意培育以及产业孵化辅导的复合功能，兼顾休闲旅游功能，依托园区的特色产业开发旅游产品，将旅游产业作为园区产业链上的一环；第二，需要用非营利的财政法人机构或者社会企业的组织形态进行整体的管理运营；第三，是文化聚落、创意集聚和产业集聚的集合，在文化积累的基础上通过创意的聚集和产业的导入，最终通过多元力量形成文创园区。

此类文创园区可能面临的问题是：第一，人文气息不强，较易成为“挂羊头卖狗肉”的地产开发项目，较易过度商业化，失去文创园区应有的人文气息，旅游吸引力弱；第二，园区封闭化，此类型文创园区由于建立在产业集聚的基础之上，可能忽视对公共文化空间的营造，忽视文创园区应有的共享价值，形成封闭的私地；第三，园区建设简单复制，出现园区主题同质化、经营模式单一化、本质地产化和园区空壳化等弊端，通过简单的商业开发使文创园区沦为传统商业的物业模式，难以形成创意孵化、产品研发、企业创新和品牌打造的集聚效应，更难以形成旅游竞争力。

案例 9－4

广东东莞松山湖科技产业园区

> 东莞松山湖园区是以动漫产业为主导的文化创意产业园区，通过东莞市强大的动漫衍生品加工制造能力，与香港、澳门有关企业在动漫原创、设计、衍生品、渠道等方面进行全方位合作。其创意产业通过多年推动，已吸纳了多家全国知名的文化创意类企业，并有相当数量的创意企业在园区发展，被授牌“粤港澳

图 9-4 东莞松山湖园区夜景

文化创意产业实验园区”。同时,松山湖园区在规划设计上就充分考虑了旅游功能的发挥,设计了松湖烟雨、松湖花海等主题景观片区。但由于文化产业类企业分布在园区各个板块,合力的效应没有发挥出来,也不利于园区创意产业在全国形成影响力和各方资源的关注。为了应对这些问题,松山湖园区规划建设了“松山湖创意公园”项目。

在园区已有文化创意产业的发展基础之上,创意公园以动漫原创设计、卡通创意产品研发载体的生产力大厦为主体。沿生产力大厦南区平台建设集装箱改造而成的 2 000 平方米的创意市集将作为展销窗口,成为永久性粤港澳创意市集;利用松山湖图书馆公共文化艺术展览展示功能;结合松山湖学术交流中心举办创意设计的交流培训文化活动;以设计艺术、动漫原创、装置艺术、雕塑艺术、大型电影道具提升生产力大厦前后绿地的人文环境;完善艺术展演、摄影创作、运动游乐、亲子教育、餐饮休闲等配套设施形成集原创设计、研发销售、文化交流、展览展示、体验文化为一体的新一代创意园区。中国国际影视动漫版权保护和贸易博览会(东莞)松山湖分会场也将永久落户松山湖创意公园。

(五) 博物馆型

博物馆是一个地区文化要素高度集中的场所之一。此类型的文创园区即依托一个博物馆或博物馆群作为核心,提升当地政府或民众对文化创意或艺术的关注程度,通过政府和民间企业的多方支持,逐渐吸引文化产业创业者、艺术家等人群的集聚,从而形成文创园区。

该类型文创园区的主要特征有:第一,建设周期长,从核心博物馆落成到文化创意产业渐渐集聚需要一个相对较长的过程,建设成效显现较慢;第二,需要政府和民间资本的共同支持，核心博物馆的建设运营、文化社区的形成、相关人才的集聚等都需要得到政府的政策支持和公共资金投入，也离不开民间资本的支撑作用；第三，核心博物馆的设计至关重要，为了能够提升知名度和对产业集聚产生吸引力，核心博物馆的设计一般都高瞻远瞩，要么文化特色突出鲜明，要么设计风格时尚前卫，且规模宏大或具有显著的差异性、典型性，能够很快吸引到各类媒体的关注和游客的到来。

此类文创园区可能会面临如下问题：第一，核心博物馆的建设立意不高，特色不鲜明，与其他地方的博物馆相比缺乏优势，难以吸引到游客的关注，更难以吸引相关产业的集聚；第二，太多依赖政府扶持，由于国内的博物馆仍处于事业单位的管理体制，依靠国家拨付维持运营的资金，可能导致园区缺乏市场经营的理念，最终使文创园区实际上成为提供公共文化服务的场所，无法对产业集聚形成带动效应；第三，缺乏实质性的文化内涵，没有吸引人的展览内容，仅凭前卫造型的美术馆没有办法满足民众的需求，当观众对建筑外形的新鲜感消退、新闻热度消失后，此类型的文创园区将面临经营的挑战。

案例 9－5

西班牙古根海姆博物馆

图 9－5 西班牙古根海姆博物馆外观

位于西班牙北部的毕尔巴鄂市原先是以钢铁、造船及港口商贸为支撑产业的工业城市。自 1997 年新建古根海姆博物馆后，由博物馆带来的象征意义和触发效应，不仅促进了城市的经济发展，还塑造了城市形象并进而提升了城市的信心，促使这座城市变身为高效城市和创意再开发的标志性典范。

古根海姆博物馆在起步之初就重视对当地艺术家的支持，经常举办本土艺术家的个展，利用博物馆来宣传和强化西班牙艺术在世界的形象。古根海姆博物馆的落成也激励了公共投资向当地其他博物馆的流入，不但原有的博物馆得以翻修以适应增长的客流，许多新的博物馆、休闲区也相继出现。一方面，在古根海姆博物馆周边逐渐聚集起美术馆、古玩店、艺术品创作中心等机构，聚焦于艺术品消费；另一方面，在毕尔巴鄂市的老城区聚集起大量的手工品零售企业，形成了另一个与新区相互补的艺术集群，侧重于艺术品生产。

当地的公共部门或私营机构都为支持创意发展提出了多种行动方案。古根海姆博物馆的到来鼓舞了城市对传统艺术的关注，更为现代的艺术社区在城市里渐渐出现。年轻的艺术家可以获得来自多方的资助，越来越多的艺术人才聚集起来，形成了多个气氛活跃的艺术社区。古根海姆博物馆在城市和经济复苏中发挥了有效的复兴作用，而一系列与之配合的经济和政策行动也是必要的，从而使博物馆能够充分发挥作用并成为推动经济复苏和创意成长的引擎。受博物馆影响而带来的文化和创意活动已将毕尔巴鄂这座工业城市转变为一座富有吸引力和竞争力的创意城市。凭借古根海姆博物馆，毕尔巴鄂不仅转变为一处新的游览胜地，而且成为城市创业精神、战略规划的范例，构筑了通过文化旅游获得城市复兴的愿景。

二、文创园区旅游的特点

（一）产业性

文创园区不是单纯的历史遗迹区或文化体验区，产业性是文创园区最主要的特点之一。无论是依托历史文化街区、工业遗产改造而成的文创园区，还是通过艺术家集聚、博物馆效应外溢或者完全新建的文创园区，都需要通过一定的产业植入来吸引游客在园区中消费，从而维持文创园区的运营和发展。而产业性的特点也要求文创园区更多地去适应市场的需求，根据消费者的实际需要提供各类产品，消费者的需求得到了满足，园区的客流量也就得到了保证，进而吸引更多相关产业的入驻，形成良性循环。

（二）生活性

在文创园区发展初期，全国多地“铺天盖地”圈地建设，而九成左右的园区都面临亏损的困境，究其原因就是没有融入城市市民的生活，有的园区实行封闭管理，有的园区选址偏远，导致园区无人问津、客流稀少，经营面临困难。这种建设思路是与文创园区诞生的初衷相背离的。建设当代的文创园区，要重点突出生活性，多提供公共文化服务或者较受市场欢迎的文化产品，成为能够满足市民文化生活需要和娱乐休闲需要的文化创意产业集聚区，真正融入市民的日常生活之中，这样才能发挥出文创园区的真正价值。

（三）特色性

当代意义上的文创园区不仅仅是文化创意产业的集聚区，同时也是城市居民的“文化客厅”和新兴的旅游目的地，因此彰显特色对于文创园区的发展至关重要。纵观世界上发展较为成熟的文创园区，无不是建立在依托特色文化资源、依赖特色区域资源禀赋，或根植于特色城市文脉的基础上发展起来的。文创园区只有牢牢把握住特色性，才能形成较强的旅游吸引力与核心竞争力，才能在当前全国文创园区“遍地开花”、普遍亏损的无序同质化竞争中脱颖而出。

（四）体验性

文创园区作为一种新兴的旅游目的地，要迎合当下文化旅游向“体验经济”、“活动经济”发展的态势，突出体验性。文创园区要构建各种都市生活娱乐设施组合所形成的具有文化价值取向的场景，利用场景触发游客进行消费的欲望。文创园区要通过创意、设计和组织各种展览、演出、培训、娱乐体验等活动，通过吸引旅游带动园区所有服务业的发展，让游客获得一个感受、发现、体验的过程。其目的已不再仅仅是单纯消遣和娱乐，而是要让游客得到物质需求和精神生活的双重满足，特别是身体和情感的经历和感受。

第三节　文创园区旅游策划方法

一、文创园区旅游策划的原则

（一）突出创意元素

创意是文创园区的灵魂，关系到文创园区项目的核心竞争力。而在现有的大部分文创园区中，创意人才的价值迟迟没有受到尊重，创意的知识产权始终受到“山寨”和抄袭的威胁。大量文创园区形式雷同、定位模糊，缺乏主动创新的精神，一味效仿成功文创园区的模式。在策划文创园区项目时，应当注重差异化发展，努力在园区规划、建筑设计、产业打造和旅游项目策划等方面突出与众不同的创意元素，鼓励越来越多的文化“创客”入驻园区大显身手，这样才能打造出园区的品牌，在众多的文创园区项目中脱颖而出。

（二）结合文化内涵

文创园区不是纯粹的商业街区，文化才是文创园区的精神内核。许多地方建设的文创园区定位较低，文化创意的概念被滥用，使文化沦为物质的附庸，失去其精神内核。策划文创园区项目要以文化内核的塑造为第一位，深入结合文化内涵。文创园区应当是从本土文化资源中生长出来的，而不是单纯依靠招商引资从外引进的。策划文创园区旅游项目需要深入了解当地的文化背景、风俗民情，体会城市文脉与文化氛围，在此基础之上凝练特色，融入文创园区的策划之中，这样的项目才能够与当地文化很好地融合，形成特色鲜明的园区形象。

（三）形成产业特色

在策划文创园区旅游项目时，要定位好园区的产业特色。一是要精准定位园区的主体产业，避免将不相干的内容都纳入文创园区的范围。许多园区的主要经营内容都偏离文化创意产业的核心，一些文创园区还盲目搞文化用品的批发，虽然也属于文化创意产业的范畴，但从文创园区发展的角度来说并没有前途。二是要精准定位园区的主要客流群体，根据所定位群体的消费需求、心理需求等来确定文创园区的主要产业，避免在市场定位不清楚的情况下盲目策划项目。三是要趋利避害，发挥园区的产业特长，避免陷入与其他园区的同质化恶性竞争。四是要形成多条产业链的组合，发挥产业链的最大效益，既可以由强势文化资源或创意为核心主导产业链构建，也可以由存在的互补产业以战略联盟的形式构建产业链组合，还可以考虑均势整合型的产业链组合。

（四）营造创意氛围

文创园区是文化产业集群的新公共领域，需要创意的集聚，因此营造创意氛围非常重要。一个园区必须要构建出有利于创意产生的人文气氛，不断提升创意集聚的条件，才能够吸引创意人才的不断集聚，从而加快创意产业的发展。理想的文创园区能够让在园区中互动的各类人群用创意的精神激活物质的空间，发挥出各自的特长，促进园区内文化创意产业、旅游产业等的发展。在策划文创园区项目时，除了在硬件设施方面做好设计，还要注意考虑如何利用活动设计、场馆用途设计、建立沟通与合作机制等手段，营造出鼓励创意产生的园区氛围。

二、文创园区旅游产品开发

（一）园区物业

即把文创园区中的所有或部分场所通过出租的方式交由专业的公司运营，园区主管方主要负责园区内的物业管理工作，同时为入驻的公司或个人提供基础设施、公共平台等服务，通过收取租金、服务费等方式获得盈利。此类产品是文创园区经营中最常见的产品，但为了文创园区创意元素、文化内涵和产业特色等方面的形成，在提供园区物业产品时应当事先编制宏观的招商计划，合理规划好引进业态的种类、数量和布局，避免使文创园区的核心功能和文化氛围因招商而发生变异。

（二）创意产品

创意产品商业零售是文创园区主要的盈利点之一，也是吸引客源的主力。文创园区的创意产品既可以是工艺品、美术品、创意纪念品、手工制品等产品，也可以是经过文化主题包装的茶食糕点、地方特产等精致伴手礼，从多方面满足不同游客的需求。创意产品是文创园区重要的品牌形象载体，既能够满足游客的消费需求，又能通过在人际间的馈赠将园区的品牌形象宣传出去。需要注意的是，创意产品开发要与园区的文化氛围和主题定位相和谐，将商业与文化有机融合，努力实现文化与商业的和谐共生。创意产品还要根据目标受众的需求进行开发，合理确定产品的类型、档次、价格等，避免脱离市场实际。

（三）体验产品

文创园区可以引进能够给游客带来多感官体验的旅游产品，丰富游客在园区中的体验。目前比较常见的文创园区体验产品有：依托现代视听技术开发的游乐设施，依托人类视觉错觉开发的立体画廊，依托手工体验开发的 DIY 式作坊，依托非物质文化遗产资源开发的演艺节目，等等。体验产品的开发要以消费者为中心，注重消费者的感受，满足消费者个性化的需求，出发点和终点必须都以用户满意来进行体验产品的设计开发。另外开发体验产品还要注重与高新技术的结合，将虚拟现实（VR）、增强现实（AR）等新兴技术应用其中，紧跟科技发展的潮流。

（四）配套产品

即为游客提供的生活性配套服务产品，包括餐饮服务、住宿服务、便利零售等。配套服务是文创园区旅游开发中的另一项主要盈利点。许多现有的文创街区都聚集了大量提供配套服务产品的商铺，在有的园区中甚至占据了主流的位置。特色突出、安排得当的配套服务产品可以强化园区的品牌形象，而低端无序的配套服务产品反而会破坏园区的文化氛围。文创园区的配套服务也要紧紧围绕园区的文化主题，与文化创意相结合，将文化情怀融入其中进行主题开发，与园区的文化氛围和市场定位相适应。

三、文创园区旅游的环境营造

（一）公共空间营造

文创园区的公共空间营造主要包括建筑总体风格设计、园区景观打造等方面。

在建筑总体风格上，城市更新型和工业遗产型等类型的文创园区主要依托原有历史建筑进行提升改造和空间的重新规划利用，以保留原有建筑风貌和融入现代使用功能为策划的方向。而其他新建型的文创园区则主要按照园区主题进行总体的规划设计并投入建设，以利用建筑风格营造独特的文化氛围和打造宜居、宜游、宜业的园区为策划的方向。文创园区建筑总体风格设计要综合城市设计、建筑设计、文化创意、土木工程等多专业的人才进行。

在园区景观打造上，可以运用原场地元素的利用和改造、新元素的植入或者植物配置设计等方式，打造具有明显识别性的园区景观。从场地中提取原有的元素进行艺术地再创造，能够唤起造访者的记忆与共鸣，同时又具有新时代的功能和审美价值；新植入的景观元素可以独立设置成为主景，也可以和原场地元素组合形成复合型构成元素，彰显园区文化与特征；文创园区的植物配置要富有多样变化和特色，创造良好的生态环境空间。

案例 9-6

陕西西安曲江新区的整体规划

图 9-6　西安曲江新区开元广场

西安的曲江曾是汉唐时期的皇家园林，被誉为中国古典园林的先河。2003年，曲江新区获批成立，规划以“恢复曲江水系、保护曲江大面积植被、建设应尊重曲江原有地形、保护区域内的文化遗存、保护曲江特色格局、控制开发项目”为原则，并保障曲江水系与绿地的完整性，确定文化遗产的保护范围及其风貌协调区与建设控制区。曲江新区先后建成开放了六大遗址公园和大雁塔北广场，形成了“六园一塔”的历史文化空间格局，公共园林面积总计3 300多亩。这些以历史遗存为依托建立的公共性文化空间，通过对历史文化资源进行整合，挖掘历史价值，采用遗址公园的形式对文化资源进行了全新的演绎和诠释，以增强历史文化的吸引力。在历史文化空间之外，又布局了大唐不夜城、乐汇、大唐通易坊等以唐风元素为主线，以体验消费为特征的文化消费空间，设计了结合当地植被、地形与文化元素的游憩型公共文化空间，还开发了艺术博物馆、电影城、国际会展中心等分别体现出新唐风与现代化两种建筑风格的文化设施，并展开住宅、公寓、写字楼、商业综合体等城市功能空间。西安曲江新区的整体规划设计很好地结合了传统文化元素与现代功能，彰显出盛唐文化的魅力。

（二）创意情境营造

文创园区的创意情境营造主要包括提供休闲环境、营造文化氛围等方面。

提供良好的休闲环境，要求文创园区策划者能够做到人性化的设计，在细节方面照顾到游客和园区内商家的需要。例如要提供足够的休憩空间，维护好整洁、安静的休憩环境，提供多样化的休闲产品，等等。

营造文化氛围，则要求文创园区策划者在建筑立面设计、景观布置等方面融入文化的主题和创意的元素，淡化商业气息，突出文化形象，防止出现传统文化缺记忆、特色文化缺内涵、景观文化缺艺术等现象。

文创园区需要创意情境的包装，进行场景营销。一要明确消费者的需求，从消费者最迫切的需求里找到痛点切入进行营销；二要打造优质的入口，让消费者能够十分便利地进入所设计的场景；三是要简明扼要，营造出来的消费场景越简单明了越好，让人印象深刻。同时也要利用好网络平台，构建数字化的场景，实现线上线下相结合。

案例 9－7

台湾地区松山文创园区的小资文艺场景营造

台北松山文创园区前身为建于1937年的松山烟厂，1998年停产，保有完整厂房、庭园造景及丰富的人文景观。2011年，台北主办了世界设计大展，松山烟厂及其附属建筑成为该活动的主场地，并由全岛设计中心“台湾创意设计中心”注入资源及能量。这次大展的成功举办，使得台北市看到其发展潜力，于是耗资6亿新台币，在这一年将松山烟厂改为松山文创园，由台北文化基金会运营。2012年，松山文创园区被定位为“台北市的原创基地”，以“创意实验室”、“创意合作社”、“创意学院”和“创意橱窗”为创意四大策略。松山文创园区着力构建文化

图 9－7 松山文创园区一角

美学的生活方式和慢生活节奏，塑造小资文艺的场景模式。园区还引进了著名的台湾诚品书店，由此成为台湾地区著名的文化观光地，是文化人、文艺青年赴台非去不可之地。

四、文创园区旅游活动策划

文创园区旅游活动策划的目的在于通过在文创园区内举办与主题相关的节庆或会展活动，以求在一定时间内增加在媒体上的曝光量和社会关注度，从而提升园区整体的知名度和影响力。文创园区一般采用的节事营销形式有：主题节日、主题展览、大型演艺活动、特殊庆典活动、市集庙会等。节事营销活动能够为游客提供体验性更强的旅游产品，对文创园区特色的形成和品牌形象的打造都起到较强的作用。

策划节事营销要紧紧围绕园区的文化主题和定位，创造大众关心的话题，吸引消费者的参与。要做好事前规划、节目策划、赞助单位联络、工作人员调配、现场布置、交通安排、现场控制等各项管理与维护措施，还要进行事后的评估改进。

案例 9－8

湖北武汉昙华林街区的节事营销

昙华林是位于武汉市武昌区的一个老街区，拥有众多近代建筑遗存，各流派建筑于此，中西文化交汇。现在的昙华林是国家级文化产业示范园区——武昌·长江文化创意设计产业园的一个片区，聚集了许多艺术展馆、工艺品商店、创意商店、咖啡馆等深受青年人喜爱的店铺，成为武汉著名的文艺第一街。昙华林经常举办各类节事活动吸引社会的关注，比如从 2011 年开始作为武汉设计双年展的主要会场之一，从 2014 年起每年举办“昙华林艺术节”，2015 年起举办“昙

图 9－8　充满文艺气息的武汉昙华林

华林咖啡文化节”，2015 年 9 月还承办了第四届湖北美术节的开幕式。在平时，昙华林还会经常举行儿童画展览、主题比赛作品展等小型街头展览。各类与艺术息息相关的节事活动更加深化了昙华林街区的文艺形象，吸引越来越多青年人的到来。

思考题

山东省济南市齐鲁文化产业园位于济南市长清区，毗邻大学城，距离济南市中心 24 公里。该园区是在多所知名高校专家的设计下精心规划的，于 2009 年 9 月 10 日正式开园，其令人震撼的文化地标建筑组群，吸引了各界的注意，山东省、济南市领导多次予以关注、视察。园区以“文化成就时尚，创意引领未来”为理念，在园区的规划设计中，既有“非遗视界”这样用以展示山东各地方非物质文化遗产的区域，也有太空遨游、地下潜艇、创意摄影棚等深受青年群体喜爱的体验性项目。然而时隔 4 年，整个园区 900 余家店铺仅剩不足百家还在营业，大部分店铺基本闲置，而且正在营业的店铺也多为与文化产业不相关的家居建材店铺，甚至形成了“建材一条街”。园区的文化味已然淡去，文化类店铺的生意渐趋萧条。2013 年，园区管理方放弃了园区文化创意的定位，转而向文化商贸批发市场的方向转变。

1. 齐鲁文化产业园为什么会面临经营困境并被迫转型？存在哪些主要的问题？
2. 如果将齐鲁文化产业园定位为具有旅游功能的文创园区，可以有哪些供开发的产品？
3. 谈谈你有什么好的想法，可以让齐鲁文化产业园重新恢复文化创意的活力？

图 9-9

山东济南齐鲁文化产业园外景

案例导读

旅游商品系列谈之七：地方特色商业街区重在为游客服务

吴思晶

《国务院关于促进旅游业改革发展的若干意见》在扩大旅游购物消费这项工作中，提出要大力发展具有地方特色的商业街区，鼓励特色商品购物区的建设。

在调研中发现，一些地区和企业对什么是地方特色的商业街区和特色商品购物区的理解还有些偏差。有人认为，近几十年来各地已经有了一些商业街区，这些就是地方特色的商业街区和特色商品购物区。也有人认为，地方特色的商业街区和特色商品购物区就是同一种街区，没必要分开讲。还有人认为，在建筑上有地方文化特色的商业街区就是地方特色的商业街区和特色商品购物区。

这些观念最大的问题是忽略了主题，这个主题就是旅游！忘了地方特色的商业街区和特色商品购物区的消费群体主要是前来旅游的游客。

为了人们的生活需求、购物的方便或是交易的便利，几乎每个城市都有历史久远的商业街。商业街以交易方式划分，可分为以批发为主的商业街和以零售为主的商业街。以零售为主的商业街以消费群体划分，又分为主要针对本地人的商业街和主要针对外地人的商业街。针对本地人的商业街在以零售为主的商业街中占多数。针对游客的购买而言，地方特色的商业街区首先是那些以零售为主的商业街区。

地方特色的商业街区与旅游商品有直接关系。

其一，旅游商品具有与一般商品不同的特征。旅游商品是由于游客的购买而形成的，销售对象是游客。而一般商品的销售对象则是本地居民。

其二，游客对旅游商品的质量、价格、品牌、文化特征等有较强的敏感性。游客不愿意购买在家门口就能买到的商品，也不愿意购买到哪里都能买到的商品。

其三，旅游购物是由于旅游行为而带来的。游客与购物场所和商品的接触时间、熟悉程度远低于本地居民，而游客购买旅游商品的行为本身也是一种旅游享受。

因此，地方特色的商业街区、特色商品购物区的规划、建设和经营必须体现旅游购物、旅游商品的规律，如商品质量、价格、品牌、文化、销售地域等因素，必须考虑到旅游特点和游客习惯，充分体现出对游客的吸引力、购物的方便性和舒适性等。

地方特色的商业街区更像一个小型的旅游目的地，游客到特色商业街区是旅游的一部分。一个为游客服务的完善的特色商业街区需要将旅游的六要素体现出来，包括食、住、行、游、购、娱，也就是需要有特色餐饮、特色购物区、主题酒店、独特景观，以及匹配的娱乐项目等，可进入性强。一些地区在新建、改建特色商业街的过程中，脱离旅游规律的现象比较多，有些只是冠以“旅游商业街”、“旅游购物街”的称号，而无法满足游客的各项需求。

旅游商品的地方特色是对游客的重要吸引力。游客对地方特色的认知包括：地方制造、地方文化、地方品牌等。这些具有地方特色的商品只有游客购买并带走才是旅游商品。游客所关注的旅游商品的质量、价格、品牌等也要符合游客的购物需求。为了方便游客的旅游购物，需要建设为游客服务的特色商品购物区。而为了让游客留下来享受旅游和购物的乐趣，特色商品购物区理应成为汇集食、住、行、游、购、娱功能的地方特色商业街区的重要组成部分。

扩大旅游购物消费要重视旅游商品的开发，更要重视有地方特色的商业街区的建设。要让地方特色的商业街区从业态、布局、建筑、装饰、店铺、商品的文化、质量、价格、品牌、服务等处处都有特色。只有旅游购物、旅游商品的每个环节都能够体现出为游客服务的理念，扩大旅游购物消费才不至于成为一句空话。

（资料来源：《中国旅游报》2015 年 1 月 6 日）

随着我国城市旅游业的迅速发展，将旅游与商业的结合既能够保护城市文化特色，又是推动城市经济发展的重要手段。旅游商业街区是将旅游和商业相结合的常见载体，同时它也是展示城市魅力和文化特色的一扇窗口。国内许多城市的旅游商业街区有着悠久的历史，经过近百年、特别是近二十年的改造提升，依然保留着传统风貌和文化特征，同时也与现代时尚、现代消费紧密融合在一起，俨然是一个城市中最能够集中、浓缩展示文化特色的代表，也是城市吸引力最强、最为活跃的旅游目的地之一。

第一节　旅游商业街区发展概况

一、旅游商业街区发展的概念界定

旅游商业街区（Recreational Business District，简称 RBD）是一种以休闲商业为基础，融合了娱乐休闲、餐饮、购物等多种活动形式的新型城市旅游经济形态，其本身是一个聚集了大量旅游企业、个体商户和相关组织机构的旅游集群，是市场经济、城市旅游和旅游大众化发展的必然结果，同时也是城市中最具吸引力、最有特色、最能全面展示城市旅游业和商业的区域。旅游商业街区由旅游吸引物、各类纪念品商店、各种档次的餐饮场所等集中组成，代表着所在城市的传统市井生活面貌，具有鲜明的文化个性和特色。旅游商业街区以旅游吸引物为核心，以满足旅游者和本地居民的休闲和购物需求为主，构建消费场景，具有足够商业聚集度和消费吸引力，可以产生旺盛的消费需求和高档次消费。

总而言之，旅游商业街区是依托于一定的旅游吸引物而形成的，兼有观光、体验、休闲、零售、餐饮、酒店、娱乐等功能，并有一定的文化内涵和特色，服务于本地居民和外来游客的城市商业地段。

二、国外旅游商业街区发展概况

纵观国外城市商业街区的发展史，便可发现人们对生活环境的需求升级以及对城市发展观念的变化是重要的影响因素。早期商业街区的出现往往伴随着城市广场的形成与发展。城市广场在城市生活中扮演着重要角色，很多社会活动往往都在城市广场上举办，而在平时，广场周边便自发地形成了一些商业贸易活动的场所，这便是西方早期商业街区的雏形。

最早的步行商业街出现在德国，取名为林贝克大街，且德国的步行商业街系统一直位居世界的前沿。林贝克大街建设的初衷是为了设计一个没有机动车通行的林荫大道，能够为人们提供休息和购物的场所，以此来弥补因为工业化发展而带来的步行空间的缺失。这种新型的购物方式满足了许多人的需求，大受市民的欢迎，于是林贝克大街在经济收入和社会影响力上都获得了巨大的成功。

随着时代的发展，早期的商业街区慢慢脱离了城市广场，在城市中开始以独立的形式存在。随着工业化的不断推进和城市化的发展，欧洲很多富有文化特色和市井生活气息的街道不断被机动车道所占领，失去了原有的风貌，城市的生命力在逐渐衰退，文化特色逐渐淡化。

随着街道在当时的城市规划中已被限制为单纯的交通功能，商业街区逐渐消失，取而代之的是一些交通便利、更加集中化的购物中心。虽然购物中心具有商品集中、生活便利等优点，但人们却很难再像穿行于传统商业街区那样，在步行中体会城市历史文化所沉淀下来的魅力。千篇一律的购物中心逐渐兴起并遍布城市，传统的城市中心变得更加呆板无趣，那些个性鲜明的购物街区逐渐消失，历史文化积淀也被破坏殆尽。

到了 1970 年以后，城市复兴运动逐渐在欧美国家推广开来。如何能够恢复城市的活力、彰显出文化个性，成为当时城市规划师和建筑设计师们思考的问题。而在此时，新建城市商业街区系统恰恰是能够重新带动城市活力的有效方法。经过长时间的磨合，城市商业街区经过不断演变发展成如今集旅游、购物、休闲、娱乐等多重功能于一体的旅游商业街区。旅游商业街区已不单单是纯粹的商业空间，而是和独特的城市地域文化、鲜明的城市形象、有生机的生活方式相结合，发展成为传承历史、延续记忆、塑造未来的多功能空间实体。

三、国内旅游商业街区发展概况

在中国古代，早期的商业活动场所叫作“市”，就是我们所说的市场。在宋代以前，城市管理施行里坊制，民间商业活动只允许在固定的“市”当中进行。到了宋代以后，废除了里坊制，民间商业活动开始允许在街市中自由经营，于是形成了最早意义上的商业街区。从北宋画家张择端的代表作《清明上河图》生动的描绘中可以看出，人们的各种生活、贸易、交流活动都在商业街区内发生，形成了熙熙攘攘、丰富生动的城市生活景象。

到了近代的中国，由于西方文化的不断渗入，商业街区出现了很多浓厚的异域风情，例如上海南京路、武汉江汉路、哈尔滨中央大街等等。中西文化交融，饱含深厚的历史文化背景和特色，成为城市风貌中独特的记忆。

改革开放以后，商业街区作为丰富城市景观、传承历史文化和发展第三产业经济最好的纽带，重新得到了设计师的青睐。随着人们对历史文化价值的重新认识，很多城市中的历史街区和步行商业街被较为完整地保留了下来，并加以改造使之重新焕发出新的活力。而今，随着人们对城市与生活质量要求的提高，商业街的功能和价值已经不单单存在于商业上，它正在以一种城市细胞的形式在生长。将商业和旅游业有机结合起来，形成旅游商业街区，使得传统的商业街区有了文化的依托和支撑，成为展示一个城市文化特色的平台，给目前我国旅游业发展指出了新的方向。

在经济稳步发展的当下，旅游已经成为社会经济和文化生活中的重要活动之一，旅游景区周边的商业街区也迅速发展起来。它与一般集中在城市的繁华地带、由诸多老字号商店为龙头慢慢演变而成的传统商业街区不同，它不是自发组织的形式，而是从一开始就被整体规划，其配套设施被迅速完善，往往是由建筑群联合构成旅游服务综合体，集饮食、购物、娱乐、旅游等各类服务于一体，形成当代旅游业发展中一道独特的风景，从而全方位满足游客的需求。

国内城市商业街区的发展跨越了三个历程：(1) 初级阶段，为了满足居民日常需求而出现了传统商业街区；(2) 到了20世纪80年代，改革开放带来城镇化的飞速发展，早期的商业街区向步行街的方向发展，但仍以购物业态为主；(3) 跨入21世纪后，伴随着体验经济的到来，具有深厚历史文化题材的商业街区成为商业地产的新宠，它不但能够满足城市居民文化休闲的需求，又能吸引大量前来旅游的游客，促进了商业街区和旅游产业的有机结合。

表10-1 中国城市商业街区发展阶段划分

	传统商业街区	步行商业街区	文化旅游商业街区
地理区位	城市居民集中区	城市经济繁荣区，即市中心地段	城市文化特色突出的传统街区城市或旅游资源富集区
服务人群	周边居民	城市居民	城市居民及游客
主要功能	日常生活消费	商业、服务经营为主，辅以休闲、娱乐功能	以文化休闲、旅游购物为主，兼具商业购物功能
商业特点	商品零售业为主；人车未分流，住宅与商业混合	人车分流，消费环境及配套完善；商业集中发展，业态多元化、多功能化	商业趋向主体化、体验化，注重城市文化内涵挖掘

第二节 旅游商业街区的分类与特征

一、旅游商业街区的分类

根据功能、风格和依赖资源不同，可将旅游商业街区分为都市现代商业街、城市文化街区、时尚休闲街区、文化创意街区、古城古镇街区和景区集散街区。

(一) 都市商业街区

都市商业街区一般位于城市中的核心商圈，商业价值较高，是本地市民中高端购物以及外地游客体验城市的首选，是集休闲、购物、文化、娱乐、餐饮、商务等于一体的商业步行街。活跃指数较高，是城市商业中最活跃的区域，并日益成为城市文化与性格的主要载体和形象名片；具有文化化、景区化与休闲化趋势；品质化升级的要求日益强烈，呈现出商业与商务结合的趋势。

案例 10-1

北京王府井

图 10-1 北京王府井

王府井大街，南起东长安街，北至中国美术馆，全长约 3 华里，是北京最有名的商业区，有"中国商业第一街"之称，是号称"日进斗金"的寸金之地，也是观光客到北京的必游之地。王府街旁西侧有一口远近闻名的优质甜水井，王府井的地名也就因此而得。从金鱼胡同到与长安街相界的南口，810 米长、略呈波浪形的大街两侧分布着 12 个大型商场，除原有的百货大楼、工艺美术大楼、穆斯林大厦、外文书店、协和商场、新东安商场外，还新建了百货大楼新楼、东华服装、明辉大厦、好友世界、丹耀大厦、东方广场等 6 个大型购物娱乐商务综合性商厦，使得这一商业街区热闹非凡。王府井至今已有近百年历史，早在明、清时期，这里便是老北京的商业中心之一。如今的王府井已经拥有了亚洲最大的商业楼宇，密度最大、最集中的大型商场、宾馆与专卖店。王府井还是国内商业旅行社联结最近的大型购物场所，国有品牌、老字号最集中之地。这条充满现代气息、高品位、高标准的国际化中心商业街，与法国的香榭丽舍大街结为友好姊妹街，使它的国际地位不断提高。

（二）城市文化街区

城市文化街区一般位于城市市区内，具有深厚的文化底蕴，往往是城市文脉的集中体现，文化氛围浓厚。以观光与旅游购物休闲游客市场为主，尤其是外地游客市场；与都市现代商业街相比，城市文化街区具有浓郁的本土文化氛围，是游客进行体验消费的重要场所。此类街区综合效益较高，旅游氛围更足，情景化与体验化趋势明显；在建设中会涉及文化保护、挖掘展现与开发的协调。

案例10-2

成都锦里

图 10－2 成都锦里

传说中锦里曾是西蜀历史上最古老、最具有商业气息的街道之一，早在秦汉、三国时期便闻名全国。现在，锦里占地3万余平方米，建筑面积1.4万余万平方米，街道全长550米，以明末清初川西民居作外衣，三国文化与成都民俗作内涵，集旅游购物、休闲娱乐于一体。

锦里由成都武侯祠博物馆恢复修建，作为武侯祠(三国历史遗迹区、锦里民俗区、西区)的一部分，街道全长550米。现为成都市著名步行商业街，为清末民初建筑风格的仿古建筑，以三国文化和四川传统民俗文化为主要内容。古街布局严谨有序，酒吧娱乐区、四川餐饮名小吃区、府第客栈区、特色旅游工艺品展销区错落有致。锦里于2004年10月正式对外开放，其延伸段锦里二期(水岸锦里)于2009年1月开始迎客，成都文化名片之一的锦里古街完成升级，锦里依托武侯祠，“拜武侯，泡锦里”已成为成都旅游最具号召力的响亮口号之一。2005年锦里被评选为“全国十大城市商业步行街”之一，与北京王府井、武汉江汉路、重庆解放碑、天津和平路等老牌知名街市齐名，号称“西蜀第一街”，被誉为“成都版清明上河图”。2006年，锦里又被文化部授予“国家文化产业示范基地”。

锦里商店里卖的是筷子、茶叶、灯笼、蚕丝被和土特产。餐厅里的美食有张飞牛肉、三大炮、肥肠粉，一箸一杯都是冲着味道去的，不花哨，没有噱头，讲究的是实惠。还有手艺人的玩意儿，捏个泥人，转个糖画儿，买张剪纸，都是饱含童趣的东西，怀旧也是怀念童年淳朴的快乐。一条街色彩缤纷的花灯和幌子，是大俗，图的是个热闹。而街上最吸引眼球的，还是那些让人热烈思慕的成都粉子。她们在酒吧里嗑瓜子和打牌，喝着外国酒，说的还是绵软成都话。

成都的人民就这样嬉闹着松弛地在锦里闲逛，怀旧的人情感有了出口，爱吃的人满足了口腹之欲。锦里呈现的是人间的景象。

（三）时尚休闲街区

时尚休闲街区是由现代时尚休闲的主流形式(酒吧、咖啡屋、夜店等)形成的休闲聚集结构，汇聚现代时尚元素，以城市中青年的白领阶层为主，夜间休闲市场居多。依托和聚集是时尚休闲街区成功的关键因素，如国际时尚的异域文化氛围、传统复古街区的更新氛围、度假主题的风景区休闲氛围等。

案例 10－3

上海新天地

图 10－3　上海新天地

上海新天地这个城市的起居室，是烦冗生活之余惬意的放松之处，也是观望世界与本土、张望昨天和明天的窗口。上海新天地是以上海近代建筑的标志——石库门建筑旧区为基础，首次改变了石库门原有的居住功能，创新地赋予其商业经营功能，把这片反映了上海历史和文化的老房子改造成集国际水平的餐饮、购物、演艺等功能于一体的时尚、休闲文化娱乐中心。

新天地的石库门建筑群外表保留了当年的砖墙、屋瓦，而每座建筑的内部，则按照 21 世纪现代都市人的生活方式、生活节奏、情感世界度身定做，无一不体现出现代休闲生活的气氛。

漫步新天地，仿佛时光倒流，有如置身于 20 世纪二三十年代的上海，但一步跨进每个建筑内部，则非常现代和时尚；亲身体会新天地独特的理念：昨天、明天，相会在今天。

在新天地项目开发之前，这里是一片拥有近一个世纪历史的石库门里弄建筑。从 19 世纪中叶开始出现的石库门建筑有着深深的历史烙印，它是中西合璧的产物，更是代表了近代的上海历史文化。然而随着城市的不断发展，昔日风光显赫的石库门早已不能满足居住需求而渐渐淡出历史舞台，曾有专家不无忧虑地预言：21 世纪，上海将见不到原汁原味的石库门了。

（四）文化创意街区

文化创意街区是特色文化街区的一种，是文化创意产业与商业的结合体，可以将众多艺术感悟融入其中，能够让由高科技、新创意所生产的有形产品更加容易进入百姓生活，实现展示、推介、交易和传播功能，最终带给人们新的生活方式。同时，文化创意街区强调街区内应拥有区域性的特色文化创意产品与服务。此外，文化创意的产权保护是此类旅游商业街区另一个重要特点。

案例10-4

798 艺术区

图 10-4　798 艺术区

798 艺术区位于北京市朝阳区，规划四至范围是：西至酒仙桥路，东至京包铁路，北至酒仙桥北路，南至万红路，总占地面积 138 公顷，其中由 798 艺术区管理机构办公室管辖的范围占地面积 69 公顷，总建筑面积 23 万平方米，由艺术家和艺术机构租用的建筑面积约 12 万平方米，占一半以上。21 世纪以来，798 艺术区成为北京最具工业传奇、艺术气息、城市活力、国际影响的区域，七八年间陡然由一个普通的军工编号转化为地标性的文化符号，由一个单位所有的封闭厂区转化为开放型的文化社区，由一个自发形成的艺术区转化为城市文化旅游的重要吸引物，并且富有戏剧性地快速纳入政府常态管理体制，成为重点规划建设的市级文化创意产业集聚区。

21 世纪初，798 艺术区逐渐成为摄影、画廊、艺术书店、环境设计等文化创意空间汇集的聚集区，被北京市政府列为首批 10 个文化创意产业集聚区之一。截至 2010 年，798 艺术区的文化艺术类机构达 300 多家，成为国内外最具影响力的文化创意产业区之一。

作为“北京文化的新地标”，艺术区由原来的安静状态逐渐变成充满艺术氛围的活跃艺术区，各种形式的艺术展览在此举行，内容涉及很多领域，比如影像、行为、音乐等许多方面；而且还有众多的表演活动如戏剧、舞蹈等也纷纷吸引了大批的艺术家、媒体和参观者。我们该怎样理解“798”艺术区？大家公认的几个概念是：中国的，当代的，艺术的，原创的。

（五）古城古镇街区

我国拥有众多各具特色的历史古街、古城、古镇，而古城古镇街区是营造旅游体验环境、发展旅游商业和展现本土古朴氛围的重要载体。古城古镇街区是市井生活观光与体验相结合的一类特有的商业街区，此类街区的最大特点在于利用中国传统建筑的空间、布局，宅院、水系、景观、广场等建筑之间的错落关系形成和谐自然的人居休闲街区。例如凤凰古城、平遥古城、阳朔的西街和丽江大研古镇等。

案例 10－5

丽江大研古镇

图 10－5 丽江大研古镇

1997 年 12 月，联合国教科文组织世界遗产委员会第二十一次会议通过决议，云南省丽江古城被列入世界文化和自然遗产清单；2003 年 10 月 15 日，丽江市收藏的用象形文字书写的东巴古籍，被联合国教科文组织列入“世界记忆名录”；2003 年 7 月 2 日，滇西北横断山脉崇山峻岭中金沙江、澜沧江、怒江并肩奔腾的“三江并流”保护区，荣登世界自然遗产名录；丽江从一个曾经鲜为人知的西南边城一举成为拥有三项世界遗产桂冠的神奇之地。这里，成了世人最为向往的古镇之一。

丽江古城又名大研镇，它是中国历史文化名城中唯一没有城墙的古城，据说是因为丽江世袭统治者姓木，筑城势必如木字加框而成“困”字之故。丽江古城始建于宋末元初（公元 13 世纪后期），全城面积达 3.8 平方公里，自古就是远近闻名的集市和重镇。城内的街道依山傍水修建，以红色角砾岩铺就，雨季不会泥泞、旱季也不会飞灰，石上花纹图案自然雅致，与整个城市环境相得益彰。位于古城中心的四方街是丽江古街的代表。

四方街是丽江古街的代表，位于古城的核心位置，不仅是大研古城的中心，也是滇西北地区的集贸和商业中心。四方街是一个大约100平方米的梯形小广场，五花石铺地，街道两旁的店铺鳞次栉比。从四方街四角延伸出四大主街：光义街、七一街、五一街、新华街，又从四大主街岔出众多街巷，如蛛网交错，四通八达，从而形成以四方街为中心、沿街逐层外延的缜密而又开放的格局。不管白天或晚上，总能看到一群纳西老人在四方街围成一圈打跳。打跳意即"大家来跳舞"，大家手拉手围成一圈，沿顺时针方向行进。

纳西男子的服饰基本上与汉族相同，妇女则穿"披星戴月"服，以示勤劳。丽江每年正月十五有"农具会"(俗称棒棒会)，中甸、丽江在"二月八"、三月、七月赶"骡马会"。这些节日都要举行盛大的物资交流会和内容丰富多彩的竞赛。

丽江古城内架有354座桥梁，较著名的有大石桥、万子桥等，均建于明清时期。最有名的大石桥位于四方街东向100米，由明代木氏土司所建。因从桥下中河水可看到玉龙雪山倒影，又名映雪桥。该桥系双孔石拱桥，拱圈用板岩石支砌，桥面用传统的五花石铺砌，坡度平缓，便于两岸往来。大石桥负载了几百年古城的商旅往来，市井交流，为古城众桥之首。

（六）景区集散街区

旅游景区的出入口是游客的集中区域，是打造旅游商业街区的理想地段。结合旅游服务功能，集散型旅游商业街区一般以满足游客基本需求为主，同时包含餐饮、住宿、购物、休闲娱乐等业态。此类街区不仅发挥旅游集散中心"散"的功能，还可以在此基础上通过调动旅游集散中心主体的积极性，发挥"集"的功能：主动开拓本地与外地市场，增加旅游目的地的旅游人数和停留时间。

案例 10－6

武当山金街银街

武当山金街是自明代大修武当以来，武当山建筑工程史上的又一次伟大壮举。坐揽山门黄金地段，成为武当山新地标建筑，也成为武当山最美丽的风景之一。武当山金街被外宾朋友称为"武当山的第二山门"，是游客前往游客服务中心的必经之地。与武当山金街相对应的武当山银街，以一种婉约灵秀的风格盘踞于山门的另一边——游客下山的集散地。与金街的恢宏大气有别，银街建筑风格体现了江南的灵秀婉约。金、银二街与武当山的古建筑群相辅相成，相得益彰，楼宇、店铺无不充分体现了道教建筑思想和现代商业文明完美结合的意境与天人合一的思想。

2012年，根据全省"湖北旅游名街"创建单位申请验收的请示，对全省旅游名

图 10-6 武当山银街

街创建单位进行了验收与评定。武当山金街银街在十堰市各县市区七条申报街区中高分入围，脱颖而出，荣登湖北旅游名街。

二、旅游商业街区的特点

（一）浓郁的地域文化

旅游者在旅游目的地游玩度假时，希望看到的是与自己生活、居住区域有所不同的文化风情与景观。为此，旅游商业街区所呈现出来的景观展示出的是一种地域最本质的文化特色，注重精神体现，呈现怀旧、复古的情怀。旅游商业街区凝结城市文化基因，以当地历史、民俗为主题，注重当地人文遗产、建筑风格、文化特色、风土人情等地域特征的体现。多数旅游商业街区对传统建筑或民俗文化的重现展现在街区特色形象的方方面面。

（二）丰富的商业业态

旅游商业街区最终的目的在于增加旅游产业的收入，丰富的商业业态可以充分地推动旅游商业街区的经济发展。传统的商业街区以零售、餐饮、休闲娱乐为三大主力业态。随着商业开始向体验化、主题化方向发展，旅游商业街区因为其独有的人文基因，在打造旅游场所的情境化、主题化和情感化层面具有更强的优势。因此，一般而言，成功的旅游商业街区可以给游客以可赏、可游、可乐的高质量体验，包括特色文化景观、特色餐饮、土特产品购物、主题酒店、娱乐体验等。

（三）浓厚的旅游氛围

旅游商业街区既是市民体验性购物场所，同时更是游客感受当地文化、体验风味小吃和购买地方旅游纪念品的最佳场所，是城市观光旅游的引擎。因此，要吸引大量市民与外地游客前来体验，必须具备浓厚的旅游氛围。而旅游氛围的营造体现在旅游商业街区的方方面面，包括主题形象广告的艺术呈现与推广，景观小品与文化广场的主题设计以及历史名人故事、景点传说在旅游产品中的艺术再现等。

（四）多样的休闲场所

随着旅游休闲时代的到来，生活化的旅游逐渐深入人心，"慢生活"独特氛围的营造日渐成为旅游商业街区的一种重要追求，传统的商业场所逐渐被茶馆、酒吧、书吧、水吧、KTV、慢摇吧、陶吧等丰富多彩、时尚新颖、动静结合、日夜不断的休闲场所所取代。因此，为了使游客获得消除疲劳、放松心情之外的更多文化精神上的享受，受环境和氛围的熏陶从而达到转换心情的目的，旅游商业街区往往具有多样的休闲场所。

三、旅游商业街区的业态

旅游商业街区的主题化可以通过特色业态来表现，但业态更重要的意义在于，通过其科学合理的业态选择和结构配比，吸引游客更长时间的停留并促使其更多的消费，一方面为游客提供更丰富和更深入的体验，一方面获得更多的商业利益。有合理业态的旅游商业街区才会是成功的旅游商业街区。

（一）主题餐饮

一般而言，不同的旅游商业街区都拥有自己专属的主题餐饮，而这些餐饮的布局与设计是基于某一主题文化与理念来进行的。它的最大特点是赋予一般餐饮某种主题，围绕既定的主题来营造餐饮业态的经营气氛：其内部所有的产品、服务、色彩、造型以及活动为主题服务，使主题成为顾客容易识别该旅游商业街区的特征和产生消费行为的刺激物。

（二）主题酒店

为满足游客休闲度假的需求，在旅游商业街区布设休闲住宿是必不可少的，包括精品酒店、主题酒店、民宿、客栈等。作为度假休闲的载体，主题酒店所提供的不只是"住"的功能，而是体会"生活在别处"的新鲜、放松、舒展、安静祥和。这种休闲生活是跟日常生活完全不一样、"非常态"的；不是因为去某地游玩、商务而客观需要的暂时栖身之地，而是人们希望体验独特的地域文化而主观选择的一种旅游方式。

（三）特色购物

在旅游商业街区内，根据当地的文化特色和地方特产，形成多种个性鲜明的零售店铺、便利店、自动售货店、品牌形象店、购物广场，以及以专门经营或授权经营某一主要品牌商品为主的零售业态。将具有地方文化特色的产品在旅游商业街区中进行展示与销售，可以使游客对旅游目的地形成区别于他地的独特印象。

（四）娱乐体验

休闲娱乐是发展最迅速的商业业态，消费者游逛旅游商业街区本身就是休闲娱乐行为，其中休闲酒吧、美术馆、博物馆、电影院等新型的娱乐业种正成为商业街区成功的重要筹码。当然，不同的旅游商业街区拥有不同的业态类型，如表10－2所示北京旅游休闲街区业态对比表。

表 10－2 北京旅游休闲街区业态对比表

街　区	性　质	类　型	特　征
南锣鼓巷	创意街区	老胡同改造成功	主题创意＋特色购物＋休闲
王府井大街	现代商业街区	商业街升级转型	旅游＋品牌购物＋市场
什刹海旅游区	历史文化街区	传统文化与旅游结合	传统文化＋休闲旅游
高碑店	主题街区	城中村改造成功	民俗旅游＋商业地产＋专业市场

资料来源：杨萍芳、曾祥添(2015)。

第三节　旅游商业街区策划案例——宽窄巷子

宽窄巷子位于成都市青羊区。由宽巷子、窄巷子和井巷子三条平行排列的城市老式街道以及沿街的四合院群落组成，占地 108 亩。它既是成都少城文化的代表，又是满城文化的传承，同时也是北方胡同文化与建筑风格在南方地区保留下的“孤本”。

一、项目背景

宽窄巷子曾是清代遗留的兵丁胡同，新中国成立后，将房子分配给附近的国营单位用来安置职工，“文革”时期又对房屋进行了重新分配。2003 年改造之前，宽窄巷子呈现环境差、建筑破败、安全隐患突出等问题。它的商业业态也较零散，多为当地居民自发利用自家房屋、院落形成的民间经营业态形式。2003 年，在成都提出打造“休闲成都”的发展战略背景下，由成都市政府牵头，宽窄巷子历史文化街区主体改造工程确立，提出以“成都生活精神”为线索、以“修旧如旧，保护为主，原址原貌，落架重修”的思路，在保护老成都原真建筑风貌的基础上，形成汇集民俗生活体验、公益博览、高档餐饮、宅院酒店、娱乐休闲、特色策展等多种业态的情景消费式旅游商业街区。

二、总体定位

项目定位：成都历史文化商业街区。

历史文化赋予了商业街区情感和生活，使之充满情趣，浪漫感性，让商业场所反映出一种市井民俗的历史文化。如果完全变成一种人和商品本身的关系，商业街区将显得枯燥和乏味。在历史文化商业街区里，消费者的目的不再是单纯的购物和消费，而是在这个商业空间里获取更多的资讯；在这里休憩、娱乐、社交、购物、美食、欣赏艺术，放松心情，舒缓压力。只有开放的富有历史文化底蕴的街区，才能达到真正的休闲文化要求。

文化定位：老成都生活文化。

形象定位：老成都，新生活。

恢复的是老成都记忆——重现老巷子风貌，老井、老树、老屋、老巷、老人、老茶馆；消费的是时尚新生活——引入现代商业业态，包括餐饮、酒吧、咖啡、书店等。

消费定位：主题性、目的性、特色性消费。

这里没有商圈，没有消费传统，交通动线的组织也存在瓶颈。因此，必须依靠主题性、目的性、特色性消费吸引固定消费人群，形成街区可持续发展的动力。

消费特色：以院落为特色，以老成都为背景，以优雅的慢、洒脱的闲、时尚的新为情调，搭建传统与现代对话的空间。

目标客户：文化消费人群（稳定的客源）；旅游者（有力的传播者）；文化人（提升街区形象和品质）。

三、分区策划

（一）宽巷子

宽巷子，呈现了现代人对于一个城市的记忆。以旅游休闲为主题，代表成都最市井的民间文化，原住民、龙堂客栈、精美的门头、梧桐树、街檐下的老茶馆等意象构成了宽巷子独一无二的吸引元素和成都语汇。在宽巷子中针对怀旧休闲客群，布局中餐、茶文化、传统文化和民俗展示等业态。

一个街头一个城市。宽巷子的街头，定义了成都的传统和闲逸。街头体现出城市的过去和现在，街头巷尾、店面装饰、公共庆典等，往往是把一个城市和另一个城市区别开来的依据。宽巷子的街头，是装满成都内容的街头，是街头艺术家、街头艺人、街头美食等共同构成的一个街头。

一个院落一种风情。宽巷子是成都化的大众社交空间，是成都的城市客厅。展示的是成都的市井文化。它的业态主要以文化性公共设施等公共性业态为主。所以，它的每一个院落，都是一种独一无二的文化展示场。

1. 文化主题：宽巷子的记忆

通过静态或动态的展示、体验，把老成都民俗、风物加以再现，如老茶馆、老酒馆、老作坊、老工艺。让消费者仿佛回到老成都的生活氛围和记忆的情境中去。如坐在老茶馆外纳鞋底销售的老太太，老作坊长凳上蹲着的一只老猫等。

2. 消费主题：以地方民俗为特色的大众文化消费

宽巷子的消费主题是地方文化、日常性和民俗性，以观看和购买为特色，将成为成都市民认可和习惯性消费的场所。如老茶馆、老作坊等。

植入文化经营类业态，丰富宽巷子的文化内涵。如画廊、书店、特色旅游品商店等。

扩展室外的消费空间，使消费与景观相融合，突出街头消费文化。

3. 景观主题：宽巷子的故事

(1) 故事之一：建筑

宽巷子的建筑本身就是成都传统的标本。用景观节点的方式讲述宽巷子的建筑和构件的故事，使这些传统建筑和构件不仅是成都生活的载体，更是成都生活的一部分。

(2) 故事之二：名人

宽巷子的显赫家世留下了数不清的名人传说。这些名人故事将构成人们对宽巷子的想象。我们用多媒体的方式，真正讲述这些名人的故事，让人们用耳朵阅读宽巷子。

4. 核心意象：广场

把街头还给市民，是宽巷子最重要的文化意象；也是宽巷子展示成都生活、聚集人气、赢得本地人认同的重要内容。因此，以街头广场的形式构成宽巷子最重要的文化意象。街头广场并不一定是宽阔的广场，仅仅是相对于宽巷子的小尺度界面，略微放宽的街道空间，它将成为宽巷子最为丰富多彩的街头空间。

5．文化节点

城市舞台。在宽巷子的街道节点设置小型广场，为流动摊点的传统艺人、流浪歌手、街头魔术提供表演场所，为游客提供聚集之地。

成都人家。展示一个普通成都人家的生活状态，把这种生活状态进行典型化提炼，使游客通过这一角，进入到成都城市的内心。

未来之家。如果说成都人家是成都的文化通过一户人家的窗户流泻下来，那么，未来之家就是一个供游客参与、想象、玩耍的科技之家、现代之家。

成都老茶馆博物馆。专辟一个院落打造成都老茶馆博物馆，它既是休闲品茗的茶馆，也是展示成都茶馆历史变迁的博物馆。

（二）窄巷子

以品牌商业主题，体现院落文化。院落，上感天灵，下沾地气。这种院落文化代表了一种精英文化，一种传统的雅文化，一种自由惬意的市井文化；布局西餐、特色餐饮、现代艺术等业态，针对主题精品消费的目的性消费客群。

一个院落一个圈子。窄巷子的院落生活，让近似的社会背景，近似的人生经历，近似的人生趣味，维系在以院落为消费单位的圈子里。

一个院落一种收藏。院落独有的包容性，使它具有了收藏的可能性。收藏美食、收藏美景、收藏文化。收藏是窄巷子迥异于所有消费场所的独特魅力：收藏意味着尊贵，收藏意味着珍稀。

1．文化主题：宽窄巷子的一天

以一天为单位，记录三个不同时期——民国大户人家、80年代普通百姓、90年代背包客，在宽窄巷子一天的生活，把幽深而静谧的宽窄巷子院落生活在我们的记忆中深深地固定下来，成为宽窄巷子的典型意象。

2．消费主题：以院落为特色的主题消费

建筑特点、交通动线等，表明窄巷子提供的是一种目的性消费。这种目的性消费是以院落为特色的主题精品消费。

3．文化节点：院落文化植入

不同的院落，确定不同的文化主题。为每一个院落的业态量身定做文化植入方案。

4．核心意象

珠帘。“十里珠帘都卷上，少城风物似扬州。”范成大笔下珠帘的华丽、灵动和“犹抱琵琶半遮面”的意象，是少城繁华记忆中最典型的情景，在窄巷子中以各种材质的珠帘意象，串联街区的文化节点，成为窄巷子院落的景观引导。

绿荫。一道矮矮的城墙之隔，顿成两个世界：一进满城，只见到处是树木，有参天的大树，有一丛一丛密得看不透的灌木，左右前后，全是一片绿。绿荫当中，长伸着一条很宽的土道，两畔全是矮矮的黄土墙，墙内全是花树，掩映着矮矮几间屋；陂塘很多，而塘里多种有荷花。

院墙。窄巷子的魅力来自院落，也来自白墙。突出墙、提炼墙，让院墙变成老巷子最重要的提示和视觉符号。

（三）井巷子

井巷子是宽窄巷子的现代界面，是宽窄巷子最开放、最多元、最动感的消费空间。井巷子是时尚成都的剖面；以时尚年轻为主题，体现现代文化，展示成都人的新生活。成都兼容并蓄、为我所用的时尚性、现代性在这里体现。井巷子的现代，定义了成都的开放和时尚。井巷子布局酒吧、夜店、小吃城等业态，针对都市年轻人客群。

1. 消费主题：以酒吧为特色的时尚消费

井巷子的业态上体现成都现代时尚都市的气息，如特色小店、特色餐饮、特色酒吧等。在业态的文化上可以不做太多限制，制造出一种业态混搭的效果，呈现出热烈的、现代的、自然化的生活气息。

2. 核心意象：现代雕塑

井巷子是成都现代生活的展示空间。因此，以现代雕塑的方式来串联井巷子的空间意象，使现代性的形体构成与传统空间界面呈现出迷人的张力，传统与现代在这里无障碍对话。

图 10－7

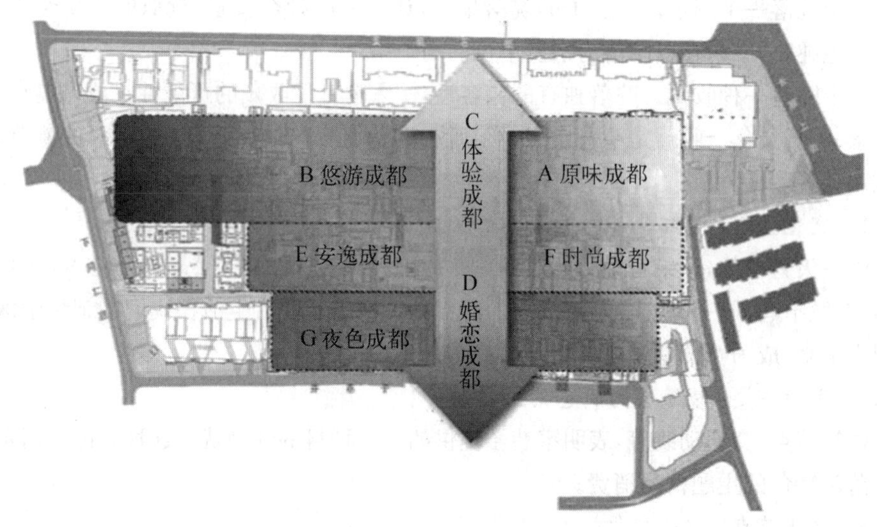

宽窄巷子院功能分布图

四、投资模式

2003 年，项目最初由成都城市投资公司担任业主方，从 2007 年起由成都文旅集团接手。成都文旅集团、青羊区按 8∶2 的比例投资组建的成都少城建设管理有限责任公司负责宽窄巷子的拆迁、建设和开发。项目的投资、营运、招商、管理等方面全面由文旅集团负责。

由于宽巷子、窄巷子核心保护区域楼层比较低，商业空间密度较低，市政府对这个项目提供政策和资金支持，包括政府在市政资金中安排宽巷子、窄巷子片区道路、给排水等市政管网建设费用，降低并缓交该区域内的土地使用权出让金等。

五、经营模式

（一）管理主体

成都文旅集团组建的专业运营公司——成都文旅资产运营管理有限公司，采用只租不售的运营管理模式，负责宽窄巷子的投资、运营、招商、管理等方面工作。文旅集团的接手是宽窄巷子发展的转折点，2003—2007年，项目最初由成都城市投资公司担任业主方，但因政府、业主方、项目负责人并没有就宽窄巷子的最终定位达成一致，项目工程进度缓慢，文旅集团接手一年内完成了剩余的拆迁、建设工作，同时从策划营销的角度进行了招商、推广。虽为国企，但文旅集团拥有浓厚的市场文化气氛，负责人均为社会招聘的高级文化人才。宽窄巷子从其推广、营销到招商，全套采取了市场化的运作手法，在文化与商业之间找到了完美的平衡。

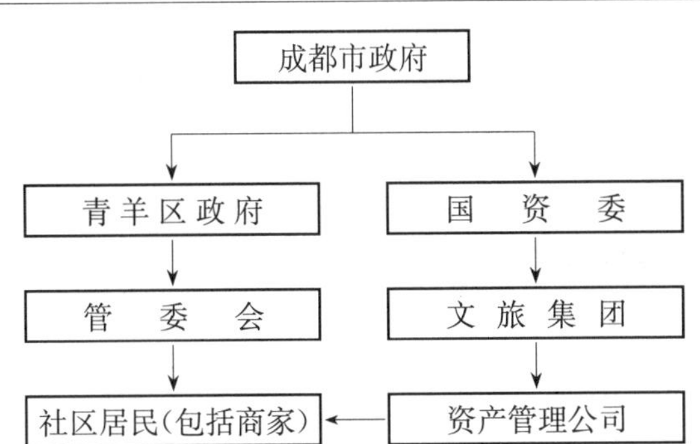

图10-8 宽窄巷子管理组织结构

（二）经营活动

2008年10月底，宽窄巷子开始陷入低谷，游客减少很多。为此，成都文旅并未对这里的商业业态进行调整，而是进一步提升服务，坚持以活动带动人气，创办创意集市，吸引年轻人来这里，体会老成都背景下的新东西；组织跨年音乐会、创办文化沙龙等。

每年宽窄巷子在旅游淡季都会举办许多活动，提升项目的人气。如2013年，路易威登在成都举行2008路易威登老爷车巡游展，宽窄巷子作为此次巡游展的中国第一站，进入世界视野；2012年举办宽窄巷子创意新年嘉年华；2011年举办宽窄巷子街头音乐季。

（三）盈利模式

盈利模式体现为“一期商业经营+二期高端房地产+远期模式拓展”。

一期通过租赁街区的商业，获取持续性的经营收益，提高土地价值。

二期通过写字楼、高档公寓等房地产开发获取良好的现金流及利润。

三期借助宽窄巷子品牌与成功经验，进行复制拓展。

（四）招商策略

招商首先要做到精准的市场定位，宽窄巷子在做商业规划时用的是闲、品、泡三个字，闲在宽巷子、品在窄巷子、泡在井巷子。招商中具体的做法包括：(1) 做到点对点的招商，并非铺开式的招商，而是根据某一地段所需的业态进行针对性的招商。(2) 跨界招商，将文化、艺术、设计建筑领域等非传统领域引入这个巷子里面做生意，这是宽窄巷子在经营过程中成功的因素之一。(3) 本土化。宽窄巷子并不像其他文创园招来很多国外大品牌，90%的商家是本土、本地经营商家。(4) 面向特定人群进行"招商引智"，注重选择对文化有敬畏感的文化人士，让文化人成为文化创新的主角与主体。

(五) 保障体系

"政府、公司、商户"三位一体。概括来说便是政府经营环境——战略的制定、综合管理、配套支持，既有管委会监管，同时又有《成都历史文化名城保护规划》、《宽窄巷子历史文化保护区管理办法》等规章制度保护；企业经营市场——商业定位、招商规划与市场营销，为此专门组建了专业的管理公司，同时为商业提供安保、保洁工作；民众经营文化——企业招商引智，引入具有文化创新力的商户，在特定规定外，允许商户根据自身的业态和资源进行文化创新。

思考题

1. 简要阐述国内外旅游商业街区的发展异同点。
2. 描述一个你所熟悉的旅游商业街区。
3. 尝试为你所青睐的景区策划一个商业街区。

案例导读

禅意生活度假区：灵山小镇·拈花湾

钟　晟

灵山小镇·拈花湾位于无锡太湖之滨，紧邻灵山大佛景区。在灵山创作团队打造出灵山大佛、梵宫这样的经典之后，经过几年的精心创作，于2015年又推出了灵山小镇·拈花湾。拈花湾的创作原委，是在灵山佛教文化朝圣观光的基础上，以小镇作为禅意生活体验的空间载体，通过在小镇上居住、休闲、游赏，扩大游客体验的时空范畴，丰富文化体验的业态与内涵，与灵山朝圣观光项目形成良好的互补态势，打造出完整的灵山圣境文化体验闭环。

其一，拈花湾将禅文化融入生活。禅的体验不离生活，正是在生活中才能获得深刻的禅体验和禅觉悟。《六祖坛经》有云："佛法在世间，不离世间觉，离世觅菩提，恰如求兔角"，永嘉玄觉大师说："行亦禅，坐亦禅，语默动静体安然"，乃至当代净慧法师提出"生活禅"的修行理念，都体现禅与日常生活的密不可分。在灵山大佛和梵宫，是朝圣的宗教文化体验；而在拈花湾，则是禅文化的生活体验。禅的生活，不是遥不可及的精神世界，而是一种在生活中时时刻刻把握当下的觉悟。拈花湾的禅意生活设计和囊括食、住、行、游、购、娱的旅游休闲体验，较好地把禅文化表达和游客消费体验相结合，显得十分自然，让人不自觉地想在这里住下，在这里生活，这也正是其妙处所在。

其二，拈花湾的极致禅意美学。禅意生活的重要表现是其美学化，由此形成了独具东方特质的禅意美学。禅意美学注重对禅宗思想微妙法门的表达，正所谓中国所推崇的"正、清、和、雅"，以及日本所推崇的"和、静、清、寂"，都是禅意美学的特质。在建筑园林的表现上，禅意美学首推中国的唐宋时期，那是一种雍容、质朴、天然、沉寂之美，后世所推崇的日式建筑园林的禅意便肇端于唐风宋韵。在拈花湾，可见其设计者在禅意美学上下了极大的功夫，从山水构景、街道景观、楼阁建筑、屋顶栏杆，乃至一砖一瓦、一草一木，都体现了极致的禅意美学。一处建筑园林能够极致表现禅意并不很难，但整个灵山小镇·拈花湾如此大的体量能够整体打造出这样一种东方禅境，且较好地避免了重复与单调，则极为不易。

图11-1　灵山小镇·拈花湾的禅意生活

其三，拈花湾禅意生活的体验化。作为一个旅游项目，禅意表达是基础，但更重要的是如何将禅文化体验化，成为一个个能够吸引游客、丰富体验的旅游项目、景观、活动与产品。拈花湾在旅游景观节点的设置、游线的组织、旅游活动与产品的设计上十分讲究，让人步入禅境、渐入佳境，进入一种“此中有真意，欲辩已忘言”的深度体验状态。

进入拈花湾，踏过“童心桥”，犹如返璞归真，进入婴儿之状态。“香月花街”是拈花湾小镇的主街，街道两旁是唐风宋韵又带有日式风格的建筑群，街市上有体现禅意生活的各式店家，包含餐饮、民宿、购物、体验、娱乐等各式业态，是拈花湾小镇的生活体验空间。“拈花广场”是香月花街的高潮部分，也是小镇的中心位置，在这里拈花塔、百花堂和妙音台是标志性建筑群，也是游客集中和举行活动的区域。穿过香月花街的后半部分，则进入另一处开阔空间“五灯湖”，禅乐就从花草间轻轻滑出，大型禅意主题演出《禅行》，就在这仙境般的五灯湖上呈现。

体验拈花湾，最好的时间便是晚上，再在拈花客栈住上一晚。这不仅是夜间更能发现拈花湾之美，更是因为拈花湾的民宿值得体验。拈花湾小镇上有诸多不同主题风格的民宿，采取独立经营、统一管理的模式。可以预先预订民宿与景区门票的套票，进入景区前台办理入住手续后，再由统一运营的电瓶车将游客送入所预订的民宿客栈之中。每座民宿都有主人进行管理，其亲切的微笑与细致的服务令人难忘，给人一种跟住酒店完全不一样的民宿感受。

当然，拈花湾在禅意表达、旅游体验和商业设计上还是有很多不足之处，但是该项目作为国内禅文化旅游的巅峰之作，其投资、创作和设计团队对该项目的情怀、用心与工匠精神，值得推崇与学习。

（资料来源：新浪博客“钟晟旅游文化”）

旅游度假地产是旅游业与房地产业两大产业融合而衍生出的一种新型地产开发模式，它的出现不仅有利于突破房地产传统市场格局、拉动地方经济，更有利于营造出生态体验的新型生活方式。因此，旅游度假地产越来越受到各级政府、旅游企业和房地产开发商的关注。

第一节　旅游度假地产发展概况

一、旅游度假地产的概念界定

在国外，通常认为旅游度假地产是伴随着分时度假（Time Share）概念的提出而产生的。20 世纪 60 年代，德国的亚历山大・奈特最初提出分时度假的概念，认为分时度假是通过将旅游度假地房产的股份出售给消费者，购买者在度假地拥有住宿单元的使用权，该购买者被称为股东或合伙人，其使用权是永久性购买或固定一段时间（一般为 20 到 40 年）。一旦经确定购买之后，消费者对于住宿单元、使用时间等都没有调整的权利。

在国内，旅游度假地产是旅游地产的一种类型，是指以旅游度假为目的的房地产投资、开发、营销模式，开发项目全部或部分实现了旅游功能。旅游度假地产有两层意思，一是指以住宿业为主，包括旅游酒店、宾馆、服务式公寓、旅店、经济型酒店、度假村和休闲度假住所等的旅游地产。我们通常所讨论的旅游地产是围绕着旅游房产的含义，而且主要集中在目前较为热门的产权酒店上，即将酒店、宾馆的每个客房作为一个有独立产权的单位，分别出售给投资者，投资者可以像购买其他房产一样投资置业，委托酒店管理公司管理，从出租经营收益中获取回报，投资者每年还可拥有该酒店、宾馆一定时间段的免费居住权，其实质就是“分时度假 + 房产投资”。二是指包括景观住宅、度假休闲区、主题公园、康体娱乐区、商业游憩区等多种形式的旅游地产，所有地产开发依附于旅游资源而形成的地产形态都可归类于旅游地产。

二、国外发展历史与现状

旅游度假地产最早发源于中世纪欧洲世袭贵族的度假城堡。20 世纪初，地中海沿岸开发了大量海滨别墅，欧洲、北美的政府要员、贵族、富商蜂拥而至，一时间地中海成为欧洲乃至世界的休闲度假中心。20 世纪 60 年代，欧美国家经济发展稳定，中产家庭成为社会主流，旅游度假成为社会时尚，但是由于经济实力的限制和度假地房产的高昂价格，多数家庭都无力单独购买度假地别墅；部分有购买力的度假者，也由于每年对度假地别墅的使用率不高，因此购买动力不大。

20 世纪 60 年代，法国阿尔卑斯山地区的别墅度假村首先开发了以分时销售招揽客户的形式，标志着旅游物业市场的形成。分时度假从萌芽、兴起到发展、成熟，经历了一段曲折的过程，初期一些不法商人搞强迫性销售和欺骗性销售，有的甚至利用顾客预交款项的机会卷款逃跑，结果导致了许多有关分时度假的负面报道。

20 世纪 70 年代中期的石油危机，使美国的经济进入紧缩期，泡沫经济造成了大量房地产积压和闲置，特别是经济繁荣时期开发的大量别墅。为了充分盘活闲置资产，美国从欧洲引入“时权酒店”这一概念，取得了巨大成功；1977 年美国市场 95%以上的度假物业是由其他项目改造过来的；到 1987 年后，大量投资商、开发商纷纷进入这一领域，使产品模式更加清晰，法规也相应健全，配套的服务业、管理业和房地产中介也迅速成熟。

在 20 世纪 90 年代以后，由于有了分时度假交换系统的支持，分时度假风靡美洲和欧洲大陆，大洋洲和部分亚洲国家也加入了这一市场。1999 年全球分时度假物业销售额达到 67.2 亿美元，540 万个家庭参与了分时度假网络。以美国为例，20 世纪 90 年代以后，万豪、迪士尼和希尔顿等娱乐饭店业巨头进入分时度假领域，从而提升了整个行业的信誉度和知名度。

21 世纪以来，随着现代旅游的迅猛发展，现代旅游度假地产也跟着迅猛发展，旅馆、饭店、度假村、主题公园等各类为旅游者提供食宿、娱乐的旅游地产遍及世界各地。在亚洲，日本、韩国、菲律宾、泰国、马来西亚、新加坡等国家近几年大打“旅游度假牌”，假日休闲、周末度假、旅游度假、会议休闲、运动健康休闲等形式方兴未艾。随即，大批国际金融投资商、地产开发商、酒店投资管理机构纷纷介入旅游物业开发，并取得了可观的收益。

三、国内发展历史与现状

20 世纪 80 年代至 90 年代，在部分经济发达的沿海地区，尤其是改革开放较早的省、市，房地产建设较多，供过于求，出现房屋空置，为旅游度假地产的产生提供了机遇。对主要集中在旅游城市、沿海地区和比较发达的大中型城市的空置房来说，最合理也最为有效的利用方式便是将其作为旅游物业，达到双赢的目的。1994 年前后，海南三亚、广东珠海等地，提出要发展休闲度假、打造顶级旅游胜地。

21 世纪以来，房地产业和旅游业作为拉动我国内需的两个热点行业，发展十分迅速。同时，随着城市房地产开发重心逐渐偏移，房地产市场进入新一轮整合过渡期，投资和消费模式逐渐转变。大量的传统房地产资金开始开辟新领域，其中包括旅游度假物业的开发。旅游交换平台逐步形成，住宅消费开始由需求型向舒适型转变，旅游需求日趋多元化，使旅游地产业进入了新一轮的发展时期。旅游地产类型也从单一的酒店转向游乐设施、度假别墅、第二居所等多元化并存的发展形式。

目前，我国旅游度假地产呈快速发展之势。随着中国新兴中产阶层的逐步形成，个性化休闲度假时尚生活更是引领中国社会消费新模式。根据国外旅游和酒店业的发展经验，以及中国社会经济的发展趋势，中国旅游度假地产产品创新仍蕴藏着巨大的市场机会，无论是多元化旅游市场所形成的对旅游房地产创新需求的推动，还是社会资本对旅游房地产的投资需求，中国旅游度假地产已呈现出市场消费群体和投资主体多元化现象。

第二节 旅游度假地产的分类与特征

一、旅游度假地产的分类

根据不同的标准，可以将旅游度假地产划分为不同的类型。其中，根据运营模式的不同，可以划分为度假村型、复合社区型、分时度假型等；根据驱动因子的不同，可以划分为创意农业驱动型、温泉驱动型、文化创意驱动型、高尔夫驱动型等。本书根据旅游度假地产所依托的自然、文化资源的不同，将旅游度假地产划分为滨海型、湖泊型、山地型、温泉型和文化型等。

表 11-1 我国第一批国家级旅游度假区

类　型	名　　　　称
滨海型	山东省凤凰岛旅游度假区
	山东省海阳旅游度假区
	四川省邛海旅游度假区
	云南省阳宗海旅游度假区
湖泊型	江苏省天目湖旅游度假区
	江苏省阳澄湖半岛旅游度假区
	浙江省东钱湖旅游度假区
	浙江省太湖旅游度假区
	浙江省湘湖旅游度假区

（续表）

类　型	名　　　　称
文化型	湖北省武当太极湖旅游度假区
山地型	吉林省长白山旅游度假区
	重庆市仙女山旅游度假区
温泉型	江苏省汤山温泉旅游度假区
	河南省尧山温泉旅游度假区
	湖南省灰汤温泉旅游度假区
其　他	广东省东部华侨城旅游度假区
	云南省西双版纳旅游度假区

资料来源：国家旅游局网站。

（一）滨海型旅游度假地产

滨海型旅游度假地产是依托滨海的自然景观资源所开发的旅游度假地产。是一种综合性、高质量的海湾综合体，拥有完备的娱乐和商业设施，其服务对象是海滨度假旅游群体。

滨海旅游度假地产的开发迎合了人类“回归自然”的旅游观念。随着经济的增长和城市化的扩张，人类越来越重视自然在人类生活中的地位。逃避城市的喧嚣和紧张，回归自然，将成为越来越多人的共同趋向。西方国家旅游消费群体很早就开始以阳光、沙滩、海洋为主体的“3S”旅游，并且催生出地中海、东南亚、太平洋、加勒比海等一批世界著名滨海度假地。滨海旅游度假地产的开发能满足人们暂时逃离城市的意愿，成为目前及将来都很热门的旅游度假地。滨海旅游度假地产的开发在保持传统旅游方式、提高质量的同时，将逐渐向主题性、文化性、生态性、景观性、休闲性等方向发展。滨海旅游度假地产之所以能迅速发展，除了滨海所具有的游乐价值外，其优美的环境景观及滨海地区特有的风情也是吸引人们前往的重要因素。

案例 11-1

中国海南海花岛

图 11-2　中国海南海花岛设计效果图

海花岛位于海南省儋州市排浦港与洋浦港之间的海湾区域，南起排浦镇，北至白马井镇，距离海岸大约600米，总跨度约6.8公里。该旅游度假地产项目由三个独立的离岸式岛屿组成，规划填海面积约8平方公里，规划平面形态为盛开在海中的三朵花，故人工岛取名为“海花岛”。

海花岛是恒大集团总投资1 600亿元，汇聚600位国际设计大师，铸就重构世界旅游版图的世纪巨作，倾力打造全球最大的国际会议中心和国际会展中心。项目包含现代酒店群、七星半岛酒店、欧式城堡度假酒店、健康管理中心、运动健身中心、世界童话主题乐园、12.7万平方米奇妙海洋世界、23项游乐水上乐园、大型国际购物中心、6大风情商业街、8大主题美食街、茗茶酒吧街、28个特色博物馆群、5国风情温泉城、文化娱乐城、影视基地、大型水上表演、观光塔、中央民俗广场、超大型中心公园、珍稀特色植物园、婚礼庄园、邮轮港、游艇俱乐部、交通枢纽、高尔夫练习场等，打造世界级的顶级文化旅游胜地，成为滨海型旅游度假地产的典型案例。

（二）湖泊型旅游度假地产

湖泊型旅游度假地产是依托湖泊丰富的水文条件、生动的自然景观和良好的生态环境所开发的旅游度假地产，可以使旅游者体验湖泊特殊景观环境，依托湖泊进行各种体验性旅游活动。欧洲的湖泊旅游度假开始于18世纪，发展于19世纪，兴盛于20世纪。20世纪70年代后期，大多数欧洲发达国家半数以上的人口每年至少离家休假一次。经过长期发展，欧洲的湖泊型旅游度假地产发展较为成熟，有稳定的度假客源市场。在世界范围内，已经涌现出许多知名的湖泊型旅游度假地产项目。

我国内陆湖泊分布广，数量多，类型多样，是旅游度假资源的重要组成部分。我国湖泊型旅游度假在20世纪90年代前，主要以政府主办的疗养院等为主，如太湖、滇池附近的疗养院。1992年后，建立了国家级、省级的湖泊旅游度假区。随着旅游度假市场的迅速发展，进入21世纪以来，依托湖泊的旅游度假地产开发逐渐增多。尤其是在长江流域，湖泊分布广泛，形成了一系列著名的湖泊旅游度假地，如太湖、浙江千岛湖、江西庐山西海、云南滇池、洱海等。

在湖泊型旅游度假地产开发中，对湖泊环境和水生态的保护要求高，旅游建设和旅游活动不应对湖泊环境和水质造成影响和破坏。在功能和项目设计上，与滨海类旅游度假地产相比，其居住、商业等设施的规模稍小。滨水的环境特点也决定了水上运动是主要的游憩方式，在滨水区规划设计人行道、自行车道及野营、垂钓区等项目，既能保证开敞空间的存在，又能增加娱乐性。

案例11-2

江苏溧阳天目湖

天目湖地处江苏省溧阳市境内，长江三角洲中心地带，素有“江南明珠”之称，是首批国家级旅游度假区、国家生态旅游示范区、国家5A级景区、国家级森林公园、国家级湿地公园。天目湖度假区以自然山水为主题，拥有四大核心景

图 11－3　江苏天目湖湖滨景观

区：天目湖山水园、南山竹海、御水温泉以及每年夏季开放的天目湖水世界景区。在主打山水田园和农家乐旅游产品的同时，不断开发新产品，在海洋世界、生态风光、乡村田园风光、动感地带等主要旅游产品中，开发了动感电影、同乐跳泉等科技旅游产品，提高了景区产品开发中的科技含量；拥有星级宾馆酒店 40 多家以及众多乡村旅游农庄，已成为我国首选旅游度假目的地之一。优越的生态环境造就了天目湖的“三绝”——水甜、茶香、鱼头鲜。天目湖度假区历史文化底蕴深厚，有蔡邕读书台和距今 4 500 万年前“中华曙猿”化石，被誉为“中华第一诗”的《游子吟》就在此写作而成，是著名的“焦尾琴故里”。

（三）山地型旅游度假地产

山地型旅游度假地产是依托山地自然环境、气候环境和人文资源所开发的旅游度假地产。山地型旅游度假区是以山地自然人文旅游资源为吸引物，以完善的山地旅游基础设施和休闲度假设施为载体，为旅游者提供休闲度假为取向的综合性旅游地。

我国是一个内陆多山国家，山岳与中国宗教、哲学、养生、民居、文学、绘画、风俗民情有着深厚的渊源，为发展山地旅游休闲度假奠定了良好的基础。我国山地旅游度假区的建设兴起于近代，如江西庐山、浙江莫干山、河南鸡公山、湖北薤山等都留存有大量由西方传教士兴建的避暑度假居住场所。

改革开放以来，随着现代旅游度假活动的蓬勃开展，我国山岳观光旅游发展迅速。但在山岳地区，由于风景名胜区的环境承载能力较弱、可建设用地紧缺、建设准入严格，一般不在核心保护区范围内建设旅游度假地产。但在山岳景区核心范围之外区域，依托名山胜景的旅游度假地产发展迅速，如黄山、庐山、武夷山等著名山岳风景区，在核心保护区外的旅游城镇，旅游度假地产都得到了一定程度的发展。

案例 11－3

长白山国际度假区

长白山国际度假区依托长白山西坡的自然资源，以“原始山林，纯净呼吸”为特色，是白山市、抚松县与万达、泛海、一方、亿利、用友、联想 6 大集团等国内著名企业合作的区域旅游开发项目。该项目由万达集团牵头，总投资 230 亿元，位

图 11-4 长白山国际度假区一景

于吉林省白山市抚松县松江河镇，距长白山机场 15 km，距长白山天池风景区 20 km，总面积 21 km^2。项目整体分为南北 2 区：北区规划为旅游新城，将建设抚松县行政中心及会议中心、文化中心、购物中心、学校、医院、住宅区等生活设施。南区为国际度假区，由高档度假酒店群、国际会议中心、大型滑雪场、小球运动场、森林别墅、国际狩猎场、漂流等项目组成。位于长白山国际度假区的中心，由滑雪服务中心、大剧院、商业街、娱乐中心、温泉洗浴中心、公寓式酒店及人工湖等设施组成。通过借鉴欧美滑雪小镇的形式，项目充分体现了国际级旅游度假区的高端品质。项目的酒店区环绕度假小镇，共同形成旅游度假村的核心区域。

项目规划了 10 个度假酒店及配套设施，万达集团要求酒店以及里面的其他内容，在规定的时间、规定的标准、规划范围之内完成开业的建设，集众多要素产生聚合的效应，集中开业，以便产生巨大的品牌影响力、市场影响力。

（四）温泉型旅游度假地产

温泉型旅游度假地产是度假旅游的重要类型之一。早在罗马帝国时期，温泉的治疗作用就已受到人们的重视，并由希腊人、土耳其人和罗马人传播到北非海岸、希腊、土耳其、德国南部、瑞士以及英国。1326 年，第一个温泉疗养地“斯巴”(SPA)在比利时南部一个靠近列日的小镇缘起，SPA 后来演化成为温泉旅游度假区的代名词。20 世纪 20 年代，以温泉治疗为主导的传统温泉旅游度假区开始向以温泉治疗和休闲娱乐并重发展的现代温泉旅游度假区转变。温泉旅游在世界范围内得到发展，其中尤以日本的温泉旅游度假区最为闻名。

早在唐代，我国的泡汤之风就十分盛行。新中国成立后，温泉旅游地产则以小汤山和全国总工会疗养院等一系列疗养院的形态出现。由于起步时间早，温泉旅游地产在市场化运作的过程中并没有水土不服的表现，经过20多年的发展，已经成为中国旅游度假产品系列的重要组成部分。由于温泉所特有的受众和市场半径有限的特点，温泉旅游区都受制于自身的服务半径，但近年来也形成了如天沐温泉、海泉湾、碧桂园温泉等连锁品牌。温泉在健康养生与旅游休闲上的巨大价值，为旅游度假地产的开发创造了非常突出的资源基础，往往能以“养生休闲”特色在地产市场上形成巨大的竞争力，从而取得非常可观的市场认可度。“温泉＋旅游度假地产”模式已经成为全国绝大多数温泉旅游产业最优先考虑的经营方式之一。

案例 11－4

庐山天沐温泉度假村

图 11－5 庐山天沐温泉度假村室外温泉景观

庐山天沐温泉度假村位于庐山山南景区温泉镇，是由天沐集团在江西开发的首家大型集温泉、餐饮、客房、会议、娱乐于一体的四星级度假村。庐山天沐温泉度假村建立在庐山山南八景之一“庐山温泉”的旧址上，其前身为江西省庐山工人疗养院。它是全国最大的富氡温泉，素有“江南第一温泉”之美誉，温泉水富含钙、镁、硫、钾等二十余种有益于人体的微量元素和矿物质，日出水量5 000吨，出口水温高达72.5度，泉水高温、清澈，对人体消化系统、神经系统、心血管系统和皮肤病等多种疾病具有良好的保健作用和医疗作用，同时能强身健体，养颜护肤，深受大众的喜爱。

庐山天沐温泉度假村整合了庐山地理位置资源、庐山温泉历史文化资源、独特的水质资源以及现代理疗保健资源，设计和开发了系列产品。一期服务设施应有尽有，如：可容纳500人会务的多功能大会议厅和商务小会议室、绿色餐饮大厅和包房、小食坊，休闲垂钓区、野趣烧烤场、网球场、棋牌室、网吧、拓展培训基地等。同时建设有四十多种功能各异、设计新颖的露天温泉浴池和大型室内温泉游泳馆、光波浴、桑拿浴、健身房、休息厅、香薰屋、各式温泉理疗及各类高档客房多套。二期建设有高档五星级度假酒店一座、多套高档精装修别院（美庐荟）、风情小镇购物街、超五星级豪华温泉理疗会所、文化景观长廊、高档体育场。美庐荟兼有休闲、娱乐、度假、居住等功能，同时强化生活配套功能，让它成为本地人和外地人都能聚居的，环境一流、风格一流的"山水"式高档现代居住旅游地。

（五）文化型旅游度假地产

文化型旅游度假地产是文化、旅游、房地产等产业链有效整合的产业集群发展，其实质是以地产作为载体的文化创新，借助开发区域所特有的文化旅游资源作为开发基础，将文化理念全方位地贯彻到房地产开发的全过程，用文化提升建筑价值，从而满足当代中国人日益提高的居住需求和精神需求，并推进传统文化更好地传承与发展。文化型旅游度假地产的发展能够将特色文化进行传承，将旅游资源更加充分展示。

文化型旅游度假地产有三个方面的发展趋势：一是从个体化向区域化整合转变。文化型旅游度假地产作为文旅产业的重要组成部分，已经越来越成为区域发展的重要力量，未来将会与区域发展定位、发展方向、核心产业等紧密结合，与区域内旅游、商业、文化、创意等产业融合互动，与养生养老、社区建设等热点模式高效联动，强化区域效应。二是从商品化向资本化运作转变。一直以来，文化旅游地产由于受到资金、土地、融资渠道，以及开发商的投机心理等方面的制约，短周期"商品化"开发一度成为主流，企业目标就是短期收益最大化。而未来，重视服务运营的"真旅游、实产业"将逐步成为主流，长线投入、持续经营，把项目作为资产，通过导入经营与资源管理，实现资产的持续使用。三是从地产化向品质化回归转变。当前消费群体的需求正在不断升级，人们对于生活导向型的消费产品，环境优美、配套全面的"旅居一体化"生活方式有着越来越强烈的向往，品质化的生活回归成为主流。回归文化传统、回归健康生活、回归田园牧歌、回归人文情怀、回归体验导向的新生活方式运营将是文旅地产未来发展方向和经营重点，围绕需求体验"十二头"——"有看头、有玩头、有住头、有吃头、有买头、有说头、有拜头、有疗头、有行头、有学头、有享头、有回头"全面升级打造。

案例11-5

灵山小镇·拈花湾

拈花湾位于无锡太湖边马山半岛的环山西路，处于长三角的地理中心，是集旅游度假、会议酒店、商业物业于一体的禅意特色文化旅游目的地。通过禅意山水、建筑、景观、活动、业态等，将佛禅经典的东方文化融入度假生活体验，传达简单、健康、快乐的生活方式。

拈花湾规划面积 1 600 亩，建筑面积约 35 万平方米，小镇规划有禅意主题商业街区、生态湿地区、度假物业区（竹溪谷、银杏谷）、论坛会议中心区（禅心谷）、高端禅修精品酒店区（鹿鸣谷）以及可供千人同时禅修的胥山大禅堂。

图 11－6　灵山小镇·拈花湾鸟瞰图

无锡灵山已被确定为世界佛教论坛永久会址，作为核心会址的灵山小镇拈花湾，将建成融东方禅文化内涵和禅文化特色的禅意度假小镇。拈花湾在向世界各地游客展示中国传统优秀文化的独特魅力的同时，也将被打造成一个世界级禅意旅居度假目的地。

禅是灵山小镇拈花湾的核心文化内涵，云门谷是拈花湾的主入口，跨过云门便从红尘进入了禅境。位于竹溪谷和银杏谷中的禅意度假公寓和度假别墅，无论从外立面还是空间尺度都呈现出质朴精致的禅意。无论从哪个窗口眺望，都是浓浓的禅意景观。围合的庭院，退台式的建筑，随阳光下的楼梯拾级而上，风景无处不在。室内空间设置淡雅，与室外景色相互辉映，透过每个窗都可以欣赏到一幅美丽的画卷，一砖一石、一花一草无不透着禅意，建筑空间给人带来自然的静与平和。位于禅心谷中的会议中心，其庭院式的设计亦充满禅意，与之配套的主题酒店掩映在山湾深处，半圆形的围合设计是种抱缺的禅意，告诉我们人生不能太满。鹿鸣谷中高端禅修精品酒店仿佛从林中坡上长出，与自然相融。胥山是位于禅心谷太湖中的一座半岛，胥山大禅堂由世界著名建筑师隈研吾亲自操刀，这是一座可以容纳千人同时参禅的“色空奇观大禅堂”，将演绎一场“禅的奇观”。

二、旅游度假地产的特征

（一）健康的宜居环境

旅游度假地产开发多选择在风景名胜区，风光秀丽、气候宜人，同时也注重当地历史文化氛围及文脉的开发。传统房地产出于区位的考虑，对自然环境的要求往往不是很高，局限于小区的绿化环境，无独特性。虽然近年来传统房地产在环境的营造上已经有了较大的突破，但旅游度假地产的消费环境相较其而言有着无可比拟的优势。

此外，旅游度假地产的设计要求具有概念主题，强调外部环境的设计，侧重于配套设施的建设，如餐饮、清洁等。旅游地产的开发注重营造和谐、舒心、安静、轻松的气氛，营造一种旅游文化。漫漫沙滩、青青草地、悠悠蓝天均是旅游度假地产开发所追求的，其建筑风格多突出休闲色彩。

（二）综合的度假功能

传统房地产的功能相对较为单一，一般只要能满足消费者日常生活工作起居（如住宅、商务或工业）等功能即可，属于广义房地产的基本功能。旅游度假地产则既要有住宅的基本功能，又要满足休闲度假旅游的特色需求，即其必须具备娱乐性和休闲性。旅游度假地产虽然产权所有方式有所差异，但同传统酒店在住所形式、管理方式上有着较大差异，游客在度假期间，不但拥有更良好的物业服务和娱乐设施，还可以拥有更加便捷和舒心的个人空间享受。因此，可以说是家庭生活向外的延伸。

（三）较高的溢出价值

旅游度假地产相对于其他一般地产领域，具有更高的溢出价值。旅游资源赋予地产的溢价较高，这就使旅游度假地产不仅具备基本的度假休闲价值，还对区域经济社会发展具有较强的带动价值。

旅游度假地产是一个可循环再生的商业生态系统，会带动项目地块的价值提升，以及同区域的土地价值、建筑价值、产业价值和价格的提升，同样会带动整个区域房地产业的价值提升。同时，旅游度假地产是与地方文化高度融合的项目。成功的旅游地产项目能够成为区域文化的符号与灵魂，是一个地方区域商业价值最大化的具体体现，是区域经济发展的带动者，对加快区域商业升级换代、产业结构优化调整、经济转型升级和区域资源的合理配置与整合都能起到很大的促进作用。

第三节　旅游度假地产的开发模式与策划案例

一、旅游度假地产开发模式

（一）以提供居所为主的景区住宅开发

这类开发模式的旅游地产是为本地置业者提供的居住场所，大多建在旅游资源突出的大中型城市市郊。借助于旅游资源，如优美的自然风光、主题突出的人文景观、多种休闲娱乐设施等，直接提升住宅的环境品质，增加休闲功能，提高居民生活质量。此类开发模式下的房地产有三类：

1. 靠近现有旅游景区开发景区住宅

这类景区住宅开发借助周围风景区的环境，为住宅营造了良好的氛围。这类开发对住宅的建筑风格、建筑外观的颜色、建筑材料都有严格要求，必须做到住宅与景区的融合。目前，大多数旅游城市中景区周边住宅都属于此类。

2. 自我营造的旅游景区附近开发景区住宅

这类景区住宅不依附现有旅游资源、旅游景区，往往先投入巨资，专注于大型旅游项目开发，营造具有影响力、冲击力的旅游景观景区，改善区域基础设施与环境质量，以带动关联产业吸引人流、物流，促进景区附近地产升值。深圳华侨城是此类景区住宅的典型代表。

3. 与旅游景观开发合二为一的房产开发

此类房地产开发与旅游景观开发高度融合，房地产开发即为景观开发，景观房产本身就是景观构成的有机组成部分，房产本身即是旅游景观载体或表现形式。景即是房，房即是景，景中有房，房中有景。宋城集团在杭州乐园开发的荷兰水街私人酒店、地中海公寓、地中海别墅、高尔夫酒店即是此类景观房产的典型代表。

（二）以旅游度假为主的度假房产开发

休闲度假是此类房地产的最大特点，为旅游产业链条的重要一环，多建于大中城市远郊或远离大中城市的著名风景区附近，或建在旅游资源突出的旅游目的地城市；既依托现有的优秀旅游资源，又建设了休闲度假设施，从而大力营造旅游度假氛围。开发商的目的是为异地置业者提供第二居所度假休闲区，业主以度假置业和投资置业为目的。

1. 产权酒店

产权酒店是指将酒店的每个单位分别出售给投资人，同时投资人委托酒店管理公司或分时度假网络管理，获取一定的投资回报。通常情况下，投资人每年拥有一定时间的免费居住权。

2. 时权酒店

时权酒店是指将酒店的每个单位分为一定时间段，如一年分为52周，出售给消费者每个时间段的一定年限的使用权，消费者拥有一定年限内在酒店每年一定时间的居住权。

3. 时值度假酒店

时值度假酒店是指消费者购买一定数量的“分数”，这些“分数”就成为他们购选产品的货币。他们可以使用这些“分数”在不同时间、地点、档次的度假村灵活选择住宿设施，消费者不拥有产权或使用权。

4. 养老型酒店

投资人在退休前购买退休养老度假的某一单位，委托管理公司经营管理直至退休后自用。管理期间，投资人将获取一定的投资回报。一般情况下该物业在产权人去世后由管理公司回购，再出售，收益归其家人所有。

5. 分时度假

分时度假是把酒店或度假村的一间客房或一套旅游公寓的使用权分成若干个周次，按10至40年甚至更长的期限，以会员制的方式一次性出售给客户，会员获得每年到酒店或度假村住宿7天的一种休闲度假方式。通过交换服务系统，会员把自己的客房使用权与其他会员异地客房使用权进行交换，以此实现低成本到各地旅游度假的目的。

（三）以旅游综合体形式的旅游度假地产开发

旅游综合体是在一定规模的空间尺度范围内，基于休闲度假的主体功能，集聚多种关联功能业态，如特色购物、休闲娱乐、酒店集群、主题公园、文化演艺、商业购物、度假地产等，形成主题创意化、环境景区化、产品休闲化、空间集聚化、服务社区化的一种全新生活方式的载体。这类房地产多出现于旅游目的地城市，兼有第一居所和第二居所两种功能。

如万达在滇池国家旅游区内4 000亩土地上投资30多亿元进行的旅游房地产开发，包括大型游乐园、湖滨高尔夫球场、园林五星级酒店、英式马术俱乐部、旅游风情小镇、产权式度假公寓、联排别墅、独栋别墅等项目。社区配套有中小学、幼儿园、医保中心、购物中心等生活场所，是集旅游度假、大型休闲体育设施、产权式酒店、别墅等为一体，兼具第一居所和第二居所功能的大型综合度假休闲社区。

二、旅游度假地产策划案例——庐山西海

（一）项目背景

1. 项目简介

庐山西海旅游度假区位于江西省北部九江市永修县庐山西麓云居山——柘林湖风景名胜区，昌九工业走廊中段，地跨永修、武宁两县，地处“鄱阳湖经济区”及“沿江经济带”，2005年被授予国家重点风景名胜区。庐山西海旅游度假区规划总面积680平方公里，湖域面积308平方公里。其中项目启动区面积34平方公里，预计总投资120亿元。该项目由中信集团承担完成。中信集团是改革开放总设计师邓小平亲自倡导和批准、前国家副主席荣毅仁先生于1979年亲自创办的国有大型企业，在美国《财富》杂志2012年度“世界500强”企业排行榜上排名第194位。

图11-7 庐山西海鸟瞰图

2. 发展条件

(1) 自然资源

——拥有最怡人的空气：15万/cm^3负氧离子的一级空气。

——拥有最健康的水质：拥有国家一级水质；11米能见度，80亿方水量。

——拥有最唯美的岛屿：其中3亩以上岛屿1 667个，5亩以上岛屿997个。

——拥有最有灵气的山：项目内的云居山，有着丰富的动植物资源，是世界禅宗文化胜地，全国佛教三大样板丛林之首。

——拥有最原生态温泉：达到国家医疗矿泉水标准的原生态温泉资源。

——拥有最原生态的动植物资源：森林覆盖率85%以上，珍稀动植物丰富，有着6亿年桃花水母，是全国最大的水母繁衍地，拥有以250万年红豆杉为代表的原生态植物群，拥有植物2 000余种。

(2) 人文资源

——真如禅寺：有着1 200年的历史，高僧辈出。

——易家河村：全村80岁以上的老人近百人，被誉为全国长寿村。

——陶渊明墓：位于庐山脚下的九江县马回岭镇，距离本项目80公里。

——星子县：陶渊明的故乡，世外桃源的原型。

(3) 交通资源

项目所处区域交通优势不足，距离南昌、九江约100 km，距离武汉、长沙、合肥约300 km，距北京、上海、深圳超过1 000 km。

(4) 市场资源

项目地处长江中游城市群核心地带，周边范围内集中有南昌、武汉、合肥、九江、黄石、安庆等大中城市，市场潜力巨大。

(5) SWOT分析

表11-2 庐山西海SWOT分析表

优势(Strengths)	劣势(Weaknesses)
1. 生态环境、空气及湖水等资源国内一流； 2. 周边拥有丰富的人文资源； 3. 交通条件优势，3小时车程可辐射武汉、合肥、长沙，至南昌机场40分钟； 4. 规模较大，有利于分摊配套成本；中信地产及其强大资源整合能力。	1. 在全国知名度较低，区域旅游发展基础较弱，区域度假氛围不足； 2. 位于国内高端客户度假版图之外； 3. 项目距离一线城市较远； 4. 缺乏独具特色的度假项目，吸引力不够。
机会(Opportunities)	**威胁(Threats)**
1. 国内养生需求大，但目前国内养生度假项目发展滞后，存在巨大的市场机会； 2. 江西度假产业发展尚处于初级阶段，度假需求仍以传统旅游度假项目为主，针对高端客户的度假及圈层交际需求未得到满足； 3. 江西商务会议需求旺盛，存在较大的商务会议旅游度假市场。	1. 省内的星子镇旅游已具有一定的知名度，开发较为成熟，已吸引了不少投资商与度假旅游者，与本项目会形成一定的竞争关系； 2. 项目规模较大，前期需要较大的投资资金，开发周期长，受政策、经济环境、市场、资金等因素影响较大。

资料来源：卿乐平(2013)。

本项目优势在于本身具有的规模和生态、景观资源的纯粹性，而劣势主要来自区域认知及配套的缺乏。本项目要实现全国突围，必须站在市场最前沿，选择适合自身条件的度假发展模式。

(二) 开发定位

结合项目独特的自然资源优势及人文特点，本项目适合打造成为身心颐养的度假地。整体开发模式选择以生态导向为主，结合文化导向的综合型旅游度假模式。目标客户群定位为以养生度假的高端客户为主。

（三）度假产品体系设计

1. 设计思路

庐山西海旅游度假区的规划，将以独特的景观资源为载体、多元的地域文化为依托、禅修疗养度假为主题，打造可持续发展的旅游度假产品。通过尽量保留原有村落的规划结构与机理，汲取提炼地域文化特色，将新产品与旧建筑改造统一考虑。

庐山西海的整体规划思路为围绕庐山西海的三个产业半径进行打造，其中第一个产业半径是指庐山西海观光产业；第二个产业半径是指庐山西海周边度假配套产业；第三个产业半径是指庐山西海高端地产业。以庐山西海为核心吸引，通过资源、资产、资金、资本的有效流转，实现商业、地产、文化产业的联动经营，最终打造“生态西海、运动西海、养生西海”的休闲度假目的地。

图 11-8 庐山西海整体规划的三个产业半径

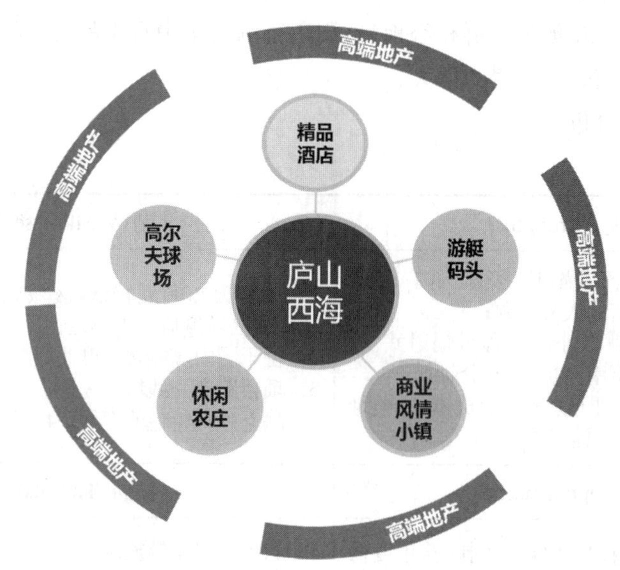

2. 品牌构建

以休闲疗养为核心主题，建设基地品牌形象。以商务会务为次核心主题，满足国内高端商务会务市场，兼顾休疗养客户和高尔夫客户群的商务需求。两个主题的支撑产品互有侧重，满足客户群的多元需求。

利用“核心产品＋支撑产品＋地产商业＋配套产品”的产品体系，实现“品牌形象建设＋功能完善＋投资盈利”的综合效果。每个主题设置 1 至 2 个核心产品，配以功能互补的支撑类产品，以及盈利性强的配套地产和商业设施。

3. 主题打造

(1) 疗养主题打造

以优质的自然生态环境为基底，营造高端、低密的整体度假氛围。提供完整的休闲、运动、度假配套设施，提供一流的度假体验。通过突出修心健体治病的综合理念，吸引高端客户群。

① 引入世界顶级休疗养机构，作为庐山西海旅游度假区的健康保健配套，构建核心吸引力。

② 利用西海温泉资源优势，引入国际领先水疗机构，结合本土特色，创造西海水疗品牌。

③ 依托在“寺院禅”方面拥有品牌优势的云居山千年禅寺，利用禅寺资源吸引高端客群，开设养心讲座，作为庐山西海旅游度假区的养心配套，形成归隐、静思的“自然禅”的修学高地，与云居山禅修产品差异互补，相得益彰。

④ 与生态农场结合，践行真如禅寺“农禅并重”之祖训，并将饮食调养与禅修结合，文化静修、身心调节并举。并为高端客户提供无污染的食物，结合优良的空气和水质资源，作为庐山西海旅游度假区的养生配套。

(2) 商务会务主题的打造

① 依托中信集团的商业网络进行打造，服务全国与区域高端会务市场的商务需求，完善核心概念的功能体系，成为庐山西海度假品牌的有力支撑。利用中信在政界与商界的网络，打造重大事件与论坛高端会议型目的地，推动该项目成为某些高级别的政治论坛、国际合作会议、经济发展论坛、企业峰会的固定会址。

② 打造国际会务度假庄园，成为商务会谈、社交、企业休整平台。并通过后期的运营，将基地打造成为“成功企业休整、会务基地”，使选择在西海进行商业社交成为企业成功的一个标志。

③ 发动中信集团及大型的战略合作伙伴企业成为首批选择西海会务产品的客户，使庐山西海旅游度假区成为服务于中信集团及战略合作伙伴的会议会务与长期培训基地。

4. 营销推广策略

(1) 完善配套设施，吸引培育客户

庐山西海旅游度假区由于项目所在地区经济欠发达，对度假物业的需求本身就较为有限，而如果用传统的房地产开发模式进行开发，由于置业门槛较高，在每批意向客户购买庐山西海的度假物业后，出现下一批的新客户需要培育很长时间。而旅游度假地产本身需要投入大量资金进行度假设施配套，只有项目的配套设施尽快成熟，才能吸引投资者购买度假物业产品。

(2) 拓宽营销渠道，发展圈层营销

在营销推广渠道方面，由于庐山西海旅游度假区处于发展初期，旅游度假配套尚未成熟，项目初期的目标客户还是以三缘(地缘、工作缘及血缘)类客户为主。在推广宣传项目时，一方面要加大在当地的宣传力度;同时应利用政府的驻京办、江西同乡会、江西企业家协会等渠道，对项目进行圈层营销及针对性推广。

(3) 采用分时度假，降低置业门槛

根据对南昌目标客户群体的投资意向调查，有 41%的被访者有可能会在庐山西海置业，66%的被访者会考虑分时度假物业，采用分时度假物业可有效降低置业门槛，提升投资客户购买旅游度假物业的性价比。

(4) 发挥中信会的协同优势，分享度假资源

利用中信会的网上协同平台，提供可交换的分时度假服务，为投资度假物业的客户提供更齐全的度假选择，为客户提供更完美的度假体验，从根本上改变客户的生活方式。

思考题

1. 旅游度假地产的几类开发模式有什么特征？
2. 庐山西海策划的启示是什么？
3. 针对庐山西海所策划的旅游产品体系可以进行怎样的品牌营销？

参考文献

1. 陈丽如.城市传统步行商业街区地域性旅游环境塑造研究[D].成都：四川师范大学,2014.

2. 陈少峰,王起,王建平.中国文化旅游产业报告[M].北京：华文出版社,2015.

3. 陈少峰,张立波.文化产业商业模式[M].北京：北京大学出版社,2011.

4. 陈雪钧.国外乡村旅游创新发展的成功经验与借鉴[J].重庆交通大学学报(社会科学版),2012(5).

5. 程东东.旅游节事与城市旅游发展的互动研究[D].开封：河南大学,2010.

6. 戴光全,张洁,孙欢.节事活动的新常态[J].旅游学刊,2015,30(1).

7. 丁姗.中国旅游地产开发研究[D].上海：复旦大学,2009.

8. 丁绍莲,保继刚.传统商业街区风貌变迁的文化诠释——以中山市孙文西路为例[J].中国园林,2012.

9. 葛荣玲.景观的生产：一个西南屯堡村落旅游开发的十年[M].北京：北京大学出版社,2014.

10. 耿进娜.吉林省养生旅游产品开发研究[D].长春：东北师范大学,2014.

11. 郭紫红.西安市西大街特色商业街区发展评价研究[D].西安：西安建筑科技大学,2014.

12. 国家旅游局.发展乡村旅游典型案例[M].北京：中国旅游出版社,2007.

13. 韩飞,林峰.游在农家：沪地“农家游”模式解读[M].北京：中国社会出版社,2008.

14. 何峰.道教的养生思想及其现代价值[D].乌鲁木齐：新疆师范大学,2008.

15. 何建超.创意乡村[M].北京：人民日报出版社,2015.

16. 侯兵,陈肖静.现代城市节庆活动旅游效应研究与思考——以扬州“烟花三月”国际经贸旅游节为例[J].人文地理,2008,23(4).

17. 侯建娜,杨海红,李仙德.旅游演艺产品中地域文化元素开发的思考[J].旅游论坛,2010(6).

18. 胡浩.基于时权和产权相结合的旅游房地产发展的新模式[J].社会科学战线,2014(7).

19. 蒋佳倩,李艳.国内外旅游“民宿”研究综述[J].旅游研究,2014,6(4).

20. 解学芳,黄昌勇.国际工业遗产保护模式及与创意产业的互动关系

[J]. 同济大学学报(社会科学版),2011,22(1).

21. [美] 克莱尔・A・冈恩,特格特・瓦尔. 旅游规划理论与案例[M]. 吴必虎,吴冬青,党宁,译. 大连：东北财经大学出版社,2005.

22. 李锋,李萌,等. 旅游策划理论与实务[M]. 北京：北京大学出版社,2013.

23. 李娌. "乌镇戏剧节"与旅游节庆活动品牌化发展[J]. 戏剧文学,2015(12).

24. 李南燕. 互联网时代下中国旅游地产的营销策划[D]. 西安：西北农林科技大学,2013.

25. 李倩仪. 大型节事活动举办城市的城市品牌传播策略研究——以上海世博会为研究样本[D]. 杭州：浙江大学,2011.

26. 李莺莉,王灿. 新型城镇化下我国乡村旅游的生态化转型探讨[J]. 农业经济问题,2015(6).

27. 李幼常. 国内旅游演艺研究[D]. 成都：四川师范大学,2007.

28. 李真真. 主题公园的策划与发展研究[D]. 南京：南京林业大学,2008.

29. 李宗诚. 节事活动与城市形象传播[J]. 当代传播,2007(4).

30. 林南枝. 旅游经济学[M]. 3 版. 天津：南开大学出版社,2009.

31. 刘敦荣. 旅游商品学概论[M]. 北京：首都经济贸易大学出版社,2013.

32. 卢素兰. 森林养生旅游消费意向研究[D]. 福州：福建农林大学,2008.

33. 马聪玲. 中国节事旅游研究：理论剖析与案例解读[M]. 北京：中国旅游出版社,2009.

34. 卿乐平. 旅游度假地产开发研究[D]. 合肥：安徽大学,2013.

35. 邱云美. 乡村养生旅游发展研究[J]. 农业经济,2015(3).

36. 邱振国. 主题公园创意策划的理论与实践应用研究[D]. 成都：四川农业大学,2011.

37. 沈龙,陈东田,满秀允,等. 龙凤山旅游度假区中养生文化的运用[J]. 山东农业大学学报(自然科学版),2014(5).

38. 沈祖祥. 旅游策划——理论、方法与定制化原创样本[M]. 上海：复旦大学出版社,2007.

39. 盛永利,杨小兰,赵永忠,等. 谁的地产被旅游照亮——中国旅游地产十大模式分析[M]. 北京：化学工业出版社,2012.

40. 宿琛欣. 西安市文化旅游地产开发模式的选择与评价[D]. 西安：西安建筑科技大学,2014.

41. 唐燕,[德] 昆兹曼,等. 创意城市实践：欧洲和亚洲的视角[M]. 北京：清华大学出版社,2013.

42. 涂菁. 成都市旅游房地产项目开发对策研究[D]. 成都：西南财经大学,2007.

43. 王栋. 养生旅游产品创新设计初探[D]. 上海：华东师范大学,2014.

44. 王欣. 国外主题公园发展成功经验对我国主题公园发展的启示[D]. 大连：辽宁师范大学,2014.

45. 王衍用,宋子千. 旅游景区项目策划[M]. 北京：中国旅游出版社,2007.

46. 吴必虎,徐小波.旅游导向型土地综合开发(TOLD):一种旅游—房地产模式[J].旅游学刊,2010,25(8).

47. 吴必虎,俞曦.旅游规划原理[M].北京:中国旅游出版社,2010.

48. 吴承照,高国相.国家旅游度假区持续发展的动力与问题——以上海佘山国家旅游度假区为例[J].同济大学学报(社会科学版),2013,24(2).

49. 吴挺可.西南地区乡村旅游度假区旅游地产化倾向规划控制对策研究[D].重庆:重庆大学,2015.

50. 向勇.文化产业导论[M].北京:北京大学出版社,2015.

51. 谢飞帆.新型城镇化下的工业遗产旅游[J].旅游学刊,2015,30.

52. 辛建荣.旅游商品概论[M].哈尔滨:哈尔滨工程大学出版社,2012.

53. 胥兴安,李柏文,杨懿,等.养生旅游理论探析[J].旅游研究,2011,3(1).

54. 徐智丽.论节事活动的网络营销传播[D].上海:上海师范大学,2010.

55. 闫妮.休闲度假旅游房地产发展机制研究[D].南京:东南大学,2008.

56. 杨俊,赵洪丹,席建超,等.大连金石滩旅游度假区居住用地的空间分异[J].地理研究,2015,34(1).

57. 杨萍芳,曾祥添.城市旅游休闲街区业态研究[J].三明学院学报,2015,32(3).

58. 杨振之.旅游原创策划[M].成都:四川大学出版社,2005.

59. 俞娜.旅游节事活动的社区参与研究[D].海口:海南大学,2014.

60. 张成.城市历史文化题材商业街区规划设计研究[D].南京:南京大学,2015.

61. 张靖.海南省旅游房地产发展及两种主要模式研究[D].海口:海南大学,2011.

62. 张凌云.西方文化(产业园)区利益相关方研究[D].济南:山东大学,2012.

63. 张胜.养生旅游度假区规划设计创新研究[D].天津:天津大学,2014.

64. 张学冬.文化创意产业园发展模式研究[D].长春:吉林大学,2013.

65. 张祖群.当前国内外乡村旅游研究展望[J].中国农学通报,2014(8).

66. 赵旭.旅游区旅游演艺项目规划策略研究[D].武汉:华中科技大学,2011.

67. 钟蕾,李杨.文化创意与旅游产品设计[M].北京:中国建筑工业出版社,2015.

68. 钟晟.旅游产业与文化产业融合发展[M].北京:中国社会科学出版社,2015.

69. 周波.广西巴马养生旅游研究[D].南宁:广西大学,2011.

70. 周国梁.美国文化产业集群发展研究[D].长春:吉林大学,2010.

71. 周静,卢东,杨宇.乡村旅游发展的起源及研究综述[J].资源开发与市场,2007,23(8).

72. 周琼,曾玉荣.台湾民宿发展分析及其启示[J].中国乡镇企业,2013(9).

73. 周尚意,吴莉萍,张瑞红.浅析节事活动与地方文化空间生产的关系——以北京前门—大栅栏地区节事活动为例[J].地理研究,2015,34(10).

74. 朱鹤,刘家明,李玏,等.中国城市休闲商业街区研究进展[J].地理科学进展,2014,33(11).

75. 朱轶.基于整合节事营销传播(IEMC)理论的城市节事旅游研究[D].厦门:厦门大学,2014.